FOLIO BIOGRAPHIES
collection dirigée par
GÉRARD DE CORTANZE

Debussy

par

Ariane Charton

Gallimard

Ariane Charton s'est spécialisée dans la littérature romantique. Elle a publié *Le Roman d'Hortense* (Albin Michel, prix de la ville de Mennecy), consacré à Hortense Allart, la dernière maîtresse de Chateaubriand. Elle a aussi établi l'édition des *Lettres pour lire au lit*, la correspondance amoureuse entre Marie Dorval et Alfred de Vigny (Mercure de France) ainsi que des lettres d'Alain-Fournier à Jeanne Bruneau (Mercure de France). Elle est également l'auteur d'une anthologie, *Cher papa, les écrivains parlent du père* (J.-C. Lattès). Elle a aussi publié un *Petit éloge de l'héroïsme à travers des écrivains de la Grande Guerre* (Gallimard, Folio 2 €). Dans la collection Folio Biographies, elle est l'auteur d'*Alfred de Musset* et d'*Alain-Fournier*.

Années d'apprentissage (1862-1879)

Né pauvre, il entra dans la vie avec des goûts, des besoins et une insouciance de grand seigneur[1][*].

« En vérité, on n'y peut rien, on a l'âme que vous ont léguée un tas de gens parfaitement inconnus, et qui, à travers les descendances, agissent sur vous sans que trop souvent, vous y puissiez grand-chose[2]. » Si Debussy, à la veille de ses cinquante ans, parlait ainsi de ses origines, toute sa vie prouvait pourtant combien il avait su se démarquer de ses aïeux.

Petits-fils d'un menuisier et d'une couturière du côté paternel, d'un charron et d'une cuisinière côté maternel, Achille-Claude naquit le 22 août 1862, 38 rue au Pain à Saint-Germain-en-Laye, dans les Yvelines. Ses parents, Manuel-Achille et Victorine Debussy, née Manoury, étaient marchands faïenciers. Ils s'étaient mariés le 30 novembre 1861 à Clichy avant de s'installer à Saint-Germain-en-Laye. Auparavant, Manuel-Achille avait passé

---

* Les notes bibliographiques sont regroupées en fin de volume, p. 315.

sept ans au deuxième régiment d'infanterie marine.
D'un caractère aventureux, il n'était guère plus
cultivé que son épouse. Son goût pour l'opérette,
un divertissement alors très populaire, ne reflète
pas une véritable sensibilité pour la musique.

Le couple eut quatre autres enfants : Adèle née
en 1863, Emmanuel qui vit le jour en 1867 puis
Alfred en 1870 et Eugène-Octave en 1873. Ce dernier mourut à l'âge de quatre ans. Adèle travailla
chez un marchand de confection. Elle resta céliba-
taire et s'éteignit à la veille de ses quatre-vingt-
dix ans.

Emmanuel, simple d'esprit et d'un caractère difficile, quitta sa famille de bonne heure et mena
une vie errante avant de devenir ouvrier dans une
ferme du Gers. Il eut quatre enfants dont un fils,
Claude, né en 1908. Celui-ci eut, à son tour, trois
filles et un fils puis trois petits-enfants nés entre
1959 et 1964. Alfred, quant à lui, mena des études, apprit l'anglais et fut, durant sa jeunesse, le
plus proche d'Achille-Claude. Employé dans une
compagnie de chemin de fer, il entra ensuite chez
Dufayel, concurrents du Bon Marché et de la
Samaritaine. De son premier mariage avec une
couturière, il eut une fille qui mourut sans descen-
dance.

Dans cette famille, Achille-Claude apparaît bel
et bien comme une exception. Émile Vuillermoz
note avec justesse : « Rien ne favorisa extérieure-
ment l'éclosion de son génie qu'il portait enfermé
au fond de lui-même comme un féerique trésor et
qu'il fut toujours préoccupé de protéger jalouse-

ment contre les ignorants ou les importuns à qui il opposait un visage hostile et fermé[3]. »

Achille-Claude ne fut baptisé que le 31 juillet 1864, après sa sœur Adèle, et ne devait jamais recevoir d'éducation religieuse. Son parrain, Achille Arosa, courtier d'origine espagnole, menait une vie aisée avec sa maîtresse, Clémentine Debussy, tante du compositeur. Sur l'acte de baptême, Clémentine, la marraine, couturière de son état, signa du nom d'Octavie de la Ferronnière. Ce nom d'emprunt, qui ne dut pas passer inaperçu à Saint-Germain-en-Laye, aurait été choisi pour cacher la liaison entre l'homme d'affaires et Clémentine. Si les parents de Debussy n'étaient pas très pieux, la date tardive du baptême de leur aîné et la discrétion du musicien sur ses origines donnèrent naissance à un bruit selon lequel le parrain était le père naturel.

La sensibilité et la culture d'Achille Arosa, grand collectionneur de tableaux, et l'attention qu'il accorda à son filleul durant les premières années ne pouvaient qu'alimenter cette rumeur sans aucun fondement. D'ailleurs, en 1867, Achille Arosa et Clémentine étaient déjà séparés et, bien vite, le parrain disparut définitivement de la vie de Debussy, ne lui laissant en souvenir qu'une palette de peintre, offerte en cadeau. En 1871, Clémentine, installée à Cannes depuis cinq ans, épousa Alfred Roustan, un maître d'hôtel.

À la fin de l'année 1864, les Debussy abandonnèrent leur commerce, qu'ils n'avaient pas réussi à rendre prospère. Manuel semble avoir eu du mal à trouver un travail stable et rémunérateur car la famille vécut chez la mère de Victorine, à Clichy, pendant près de trois ans. En septembre 1867, les Debussy s'installèrent 11, rue de Vintimille, près de la place de Clichy. Manuel était alors vendeur d'ustensiles ménagers. Un an plus tard, la famille déménagea 69, rue Saint-Honoré près de l'imprimerie Paul Dupont où Manuel avait une place qu'il garda jusqu'en novembre 1870. Victorine effectuait des travaux de couture pour arrondir les fins de mois toujours difficiles.

Outre l'inconfort et la pauvreté, les enfants ne bénéficiaient pas même de la tendresse et de l'attention de leur parent. Manuel préférait les jeux de cartes et l'ambiance des cafés. Quant à Victorine, elle ne cachait pas combien sa progéniture l'embarrassait. Elle envoya d'abord Adèle chez sa belle-sœur à Cannes avant de la rejoindre au début de l'année 1870 avec Achille et Emmanuel, peu avant la naissance d'Alfred.

Clémentine menait une existence plus confortable sur la Côte d'Azur et aimait les enfants. Elle procura ainsi à ses neveux et à sa nièce une qualité de vie et une affection qui leur manquaient d'ordinaire. Le long séjour ou les deux séjours que le futur musicien effectua à Cannes furent à peu près le seul souvenir d'enfance qu'il accepta d'évoquer à l'âge adulte. Le seul qui lui était agréable sans doute :

Je me rappelle du chemin de fer passant devant la maison, et la mer au fond de l'horizon, ce qui faisait croire à certains moments que le chemin de fer sortait de la mer, ou y entrait (à votre choix ?).

Puis aussi, la route d'Antibes où il y avait tant de roses que, de ma vie, je n'en ai plus jamais vu autant à la fois — l'odeur de cette route ne manquait pas d'être « enivrante »[4].

Sans qu'on sache comment elle en eut l'idée ou comment elle devina quelques prédispositions musicales chez son neveu, c'est aussi la tante Clémentine qui permit à Achille, âgé de huit ans, de prendre ses premières leçons de musique auprès d'un médiocre violoniste d'origine italienne, Jean Cerutti. Première tentative sans grand bénéfice puisque le professeur ne trouva rien de remarquable chez son élève.

En juillet 1870, la guerre éclata entre la France et la Prusse. Après la défaite de Sedan et la chute de Napoléon III, les Prussiens assiégèrent la capitale. En novembre, Manuel, à nouveau sans emploi, trouva un poste à la mairie du Ier arrondissement. En mars 1871, il s'engagea dans la garde nationale et devint vite sous-lieutenant. Cet acte lui fut-il dicté par une conviction politique ou tout simplement parce qu'il lui fallait gagner de l'argent ? C'est cette raison que Victorine invoqua plus tard comme circonstance atténuante pour obtenir la grâce de son mari. Entre le 21 et le 28 mai 1871, durant la Semaine sanglante, les communards furent battus par l'armée menée par Mac-Mahon. Manuel, comme des milliers d'autres communards, rendit les armes et se retrouva prisonnier au camp de Satory, un quartier de Versailles. Les conditions de détention étaient épouvantables et des milliers de prisonniers qui avaient échappé au peloton d'exécution moururent de maladie ou des suites de leurs blessures. En décembre 1871, Manuel Debussy fut condamné à quatre ans de prison et passa encore tout l'hiver à Satory avant de pouvoir solliciter sa grâce. Au bout d'un an, la peine de prison fut commuée en quatre ans de suspension de ses droits civiques et familiaux.

Pendant ce temps, Victorine et ses enfants vivaient tant bien que mal dans un deux pièces rue Pigalle avec l'aide financière de Clémentine. De retour de Cannes, il n'était plus question pour Achille de poursuivre son éducation musicale. Il n'allait même pas à l'école, à la différence de ses frères et de sa sœur, sa mère préférant se charger elle-même de lui apprendre à lire et à écrire. Debussy, en dépit de sa culture acquise par la suite en autodidacte, devait, toute sa vie, faire des fautes d'orthographe et de grammaire, comme en témoigne sa correspondance.

Outre un environnement familial des plus modestes, l'Histoire rendait l'enfance du compositeur encore plus instable. De tous ces événements, Debussy ne souffla jamais mot publiquement : cet artiste, aristocrate dans l'âme, préférait oublier les douze premières années de sa vie, si loin de son inclination naturelle pour l'art et le raffinement :

Il était gourmet, non gourmand. Il adorait les bonnes choses et la quantité lui importait peu. Je me souviens encore fort bien de la manière dont il savourait une tasse de chocolat que ma mère lui offrait chez Prévost, en sortant du Conservatoire, ou bien de la manière dont il choisissait chez Bourbonneux, dans la vitrine réservée aux produits de luxe, un minuscule sandwich ou une petite timbale aux macaronis au lieu de se contenter comme ses camarades de gâteaux plus substantiels. [...]

Il témoignait d'une prédilection particulière pour les objets minuscules, pour les choses fines et délicates[5].

Cette attitude d'aristocrate, Debussy la conserva toujours. René Peter écrit à propos de la vie du musicien : « Celle-ci fut torturée, brutale, pavée d'ennuis sombres et prosaïques que son génie ne voulait point apercevoir et de quoi même il se dégageait plus hautain, comme offusqué d'une semblable compagnie[6]. »

Après Clémentine, c'est pourtant à l'Histoire et à la détention de son père que Debussy dut d'accéder, cette fois sérieusement, à la musique. À Satory, Manuel Debussy rencontra Charles de Sivry. Celui-ci était pianiste dans des cabarets, notamment au Chat noir, et faisait partie du groupe d'artistes appelé les Vilains Bonshommes. Manuel Debussy évoqua avec lui l'initiation musicale reçue par son fils aîné et Charles de Sivry lui conseilla de demander conseil à sa mère, Mme Mauté de Fleurville. Après un premier mariage et la naissance de Charles en 1848, Antoinette-Flore de Sivry, née Chariat, s'était retrouvée veuve à vingt-six ans. Elle avait épousé en secondes noces Théodore Mauté de Fleurville, fils d'épicier prospère dont elle avait eu deux filles. L'aînée, Mathilde, avait épousé le 11 août 1871 Paul Verlaine. La belle-mère du poète ne ressemblait en rien à sa petite-bourgeoise d'épouse. Mme Mauté de Fleurville était une excellente pianiste, dotée d'un vrai sens artistique et de qualités pédagogiques. Elle prétendait avoir été une élève de Chopin, sans qu'aucune trace ne l'atteste. Elle sut en tout cas faire apprécier ce compositeur à Debussy et l'initier à sa technique particulière. En outre, Mme Mauté, à qui on prêtait des mœurs légères, fréquentait aussi le milieu littéraire et artistique. Elle rédigea des articles sur la musique dans *Le Rappel*, quotidien républicain radical fondé notamment par Rochefort et Hugo. Elle fut pour Debussy son premier professeur et « s'occupa de lui avec une bonté d'aïeule[7] ». C'est à elle que « je dois le peu de ce que je sais de piano[8] », devait-il écrire à la fin de sa vie.

Si Mme Mauté de Fleurville n'appartient pas à l'ascendance réelle de Debussy, elle fut sa grand-mère spirituelle. Décelant immédiatement les qualités du petit Achille, elle lui donna avec assiduité des leçons gratuitement chez elle, 41 rue Nicolet, tout près du domicile des Debussy. Verlaine y vivait aussi avec Mathilde et commençait à fréquenter Rimbaud. Le petit garçon, cependant, ne semble pas avoir été témoin des querelles entre le poète souvent ivre et son épouse et ne croisa pas Rimbaud. Il est probable que la bonne Mme Mauté lui cachait ces scènes pénibles. Étrange hasard des rencontres et des non-rencontres, le compositeur ne fit pas davantage la connaissance de Verlaine lorsqu'il mit en musique certains de ses poèmes et ce bien qu'ils eussent des relations communes, en premier lieu Mallarmé.

Même si les parents d'Achille ne voyaient pas d'un mauvais œil ces cours de piano, Manuel Debussy envisageait encore pour son fils aîné une carrière dans la marine. D'après Émile Vuillermoz, Mme Mauté de Fleurville « usa de toute son autorité pour décider ses parents à en faire un musicien professionnel plutôt qu'un navigateur. Elle ne put triompher de leur résistance qu'en laissant ces petits commerçants s'hypnotiser ingénument sur les gains considérables que l'on peut attendre d'une carrière de pianiste-virtuose[9] ». Les aptitudes de l'enfant pouvaient alors inspirer bien des espoirs. En effet, au bout d'un an de leçon, le 22 octobre 1872, Achille joua l'*Opus 65* d'Ignaz Moscheles et fut reçu au concours d'entrée au Conservatoire. Seul un quart des cent cinquante-sept candidats furent admis. Âgé de dix ans, il entra au cours d'Albert Lavignac pour le solfège et d'Antoine Marmontel pour le piano. Le Conservatoire, situé jusqu'à sa destruction en 1912 à l'hôtel des Menus-Plaisirs, rue Bergère, dans le quartier des Grands Boulevards, était imposant par sa façade et par l'ambiance qui y régnait. Déjà Berlioz en son temps avait critiqué la rigidité de l'institution pour laquelle il réclamait des réformes. Entre les années 1820 et les années 1870, rien n'avait changé si ce n'est le nom des professeurs dont les méthodes et l'autorité restaient les mêmes. Debussy devait lui aussi faire souvent preuve de sévérité à l'égard de l'établissement. En

1909, devenu jury au concours d'admission, il déclara à André Caplet : « Le Conservatoire est toujours cet endroit sombre et sale que nous avons connu, où la poussière des mauvaises traditions reste encore aux doigts[10]. » Erik Satie, qui fut exclu de l'institution, ne fut pas moins sévère en décrivant le Conservatoire comme « un vaste bâtiment très inconfortable & assez vilain à voir — une sorte de local pénitencier sans aucun agrément extérieur — ni intérieur, du reste[11] ».

Debussy avait de quoi surprendre ses camarades et ses professeurs. N'ayant connu aucun cadre scolaire, il était indiscipliné et renfermé. Doué pour la musique, il ne cherchait pas à cacher ses élans d'inspiration en marge des principes académiques inculqués. Le témoignage de l'un de ses premiers amis, Gabriel Pierné, qui devait diriger plus tard certaines de ses œuvres, est très révélateur :

C'était un gros garçon d'une dizaine d'années, court, massif, trapu, habillé d'une veste noire qu'égayait une cravate flottante à pois et d'une culotte de velours. Il habitait alors au quatrième étage de la rue Clapeyron. Sa gaucherie, sa maladresse étaient extraordinaires. Avec cela timide et même sauvage.

À la classe de piano de Marmontel il nous étonnait par son jeu bizarre. Maladresse naturelle ou timidité, je ne sais, mais il fonçait littéralement sur le clavier et forçait tous les effets. Il semblait pris de rage contre l'instrument, le brusquant avec des gestes impulsifs, soufflant bruyamment en exécutant des traits difficiles. Ces défauts allaient s'atténuer et il obtenait par moments des effets de douceur moelleuse étonnante. Avec ses défauts et ses qualités, son jeu restait quelque chose de très particulier[12].

Son jeu n'évolua guère durant ses années d'études. Marguerite Vasnier se souvient ainsi de lui âgé de dix-huit ans : « Ses mains étaient fortes, osseuses, les doigts carrés ; son jeu, au piano, était sonore et comme martelé et parfois aussi doux et très chantant[13]. »

Paul Vidal fit sa connaissance dans la classe de Marmontel en 1878. Il fut lui aussi frappé par son aspect physique avec « ses cheveux noirs, frisés, rabattus sur le front, ses yeux ardents et l'expression concentrée et farouche de sa physionomie[14]... ». Raymond Bonheur témoigne de même : « Il m'apparut [...] renfermé et un peu distant, avec un goût déjà très marqué pour tout ce qui était rare et précieux, singulièrement séduisant d'ailleurs, en dépit d'une certaine brusquerie au premier contact[15]. »

Julien Tiersot se souvient de lui en 1876 entrant en classe, « tout essoufflé, d'avoir couru : je remarquai son front bombé sous ses cheveux noirs, son œil volontaire, indiquant une personnalité tenace[16] ». Camille Bellaigue, qui devait toute sa vie être un sévère critique de Debussy, n'oublia pas les fréquents retards de ce « petit garçon d'aspect malingre. Vêtu d'une blouse serrée par une ceinture, il tenait à la main une sorte de béret, bordée d'un galon et portant au centre, comme le bonnet des matelots, un pompon de laine. Rien de lui, ni sa physionomie, ni ses propos, ni son jeu ne révélait un artiste, présent ou futur. Son visage n'avait de saillant que le front. Pianiste, il était un des plus jeunes, mais non pas, encore une fois, des meilleurs d'entre nous[17] ».

Achille, son prénom usuel alors, s'entendait bien avec Albert Lavignac, jeune professeur de vingt-six ans qui devait lui faire découvrir Wagner. Antoine Marmontel, âgé de cinquante-six ans, était d'un abord plus difficile. Il était très réputé comme pédagogue et, avant Debussy, avait été notamment le professeur de Bizet et de Vincent d'Indy. Sans avoir étudié avec lui, il avait pu entendre jouer Chopin, qu'il admirait.

S'il n'applaudissait pas aux excentricités pianistiques de Debussy et ne lui épargna pas des critiques sévères au cours de sa scolarité, Marmontel sut aussi se montrer indulgent, devinant dès le début son « véritable tempérament d'artiste » et lui prédisant « beaucoup d'avenir[18] ».

En juin 1874, Achille Debussy remporta un deuxième accessit de piano et une troisième médaille en solfège. L'année suivante, il obtint en piano un premier accessit avec la difficile *Première Ballade* de Chopin. La vie matérielle rue Clapeyron où la famille s'était installée à l'automne 1873, sans être très confortable, était plus stable depuis la libération de Manuel Debussy. Ce dernier avait trouvé une place comme auxiliaire d'écriture à la compagnie Fives-Lille, spécialisée dans la construction de matériel pour le chemin de fer. Les réussites du fils aîné donnaient de grandes espérances à Manuel et Victorine qui voyaient déjà en Achille un grand et riche virtuose.

Le 16 janvier 1876, sur la recommandation de

Marmontel, l'adolescent participa au concert organisé par la fanfare des manufactures de glaces de Chauny, dans l'Aisne. Certes, ce concert n'avait pas le prestige des premières du petit Mozart de cinq ans, à Salzbourg ni même du petit Franz Liszt âgé de dix ans à Vienne, ou de Saint-Saëns, salle Pleyel, à onze ans. Il ne s'agissait même pas d'un récital car Achille se contenta d'accompagner au piano une jeune chanteuse ainsi qu'un violoniste et un violoncelliste. Le 18 mars, il donna dans la même ville un second concert qui, comme le premier, lui valut cependant les éloges de la presse locale. « Quelle verve ! Quel entrain ! Quelle fougue de bon aloi ! [...] ce petit Mosart [*sic*] en herbe est un vrai diable à quatre. Quand il s'empare du piano, il fait passer dans les cordes son âme tout entière[19]. » Mais ce qui semblait prodigieux à un modeste public n'éblouissait pas les professeurs du Conservatoire. « Son jeu, très intéressant, n'était pas pianistiquement sans défaut ; il exécutait le trille avec difficulté mais, par contre, il avait une main gauche d'une habileté et d'une capacité d'extension extraordinaires[20]. »

Si, à dix ans, Achille impressionnait, on attendait de l'adolescent de quatorze ans qu'il se démarque. Il se démarquait, en effet, mais en affichant son indépendance, renâclant à travailler, préférant laisser libre cours à son inspiration. Certes, il faisait mieux qu'Erik Satie, renvoyé à quinze ans du Conservatoire tant on le jugeait sans talent, et que Paul Dukas qui ne fut même pas admis à passer le concours de fin d'études en piano. Mais plusieurs de ses condisciples, comme Gabriel Pierné, restés moins célèbres, obtenaient de meilleurs résultats. En juin 1876, Achille finit l'année sans récompense : le morceau d'examen était l'allegro de la *Sonate n° 32* de Beethoven, compositeur pour lequel Debussy n'eut jamais d'affinités. L'année suivante, avec le premier mouvement de la *Sonate en sol mineur* de Schumann, il se rattrapa avec un second prix. Deux ans plus tard, en 1879, il ne parviendra pas à obtenir le premier prix, « ce qui fut pour lui, et surtout pour sa famille, qui espérait lui voir suivre une brillante carrière de pianiste, un gros désappointement[21] ».

En 1877, Achille entra dans la classe d'harmonie d'Émile Durand. Né en 1830 à Saint-Brieuc, Durand s'attacha à mettre en valeur le patrimoine musical breton et reste connu pour ses traités de composition et ses ouvrages de solfège. Les rapports entre ce pédagogue scolaire et Debussy ne furent pas aussi mauvais qu'on aurait pu le craindre, même s'ils n'avaient pas l'un et l'autre la même conception du mot harmonie...

Émile Durand fut un professeur de premier ordre mais d'un rigorisme scolastique impitoyable. La moindre infraction aux règles du pur classique le mettait hors de lui. Debussy l'affola. Tout d'abord fort décontenancé devant l'originalité de ce débutant d'une indépendance si contraire aux théories de l'École, il finit peu à peu par devenir moins intransigeant. À la fin de nos classes, après avoir scrupuleusement examiné le devoir de chacun de nous, il se plaisait — non sans une certaine jouissance de gourmet — à s'attarder à la correction de celui du jeune Claude. Critique sévère, les coups de crayon rageurs pleuvaient sur la tête et le papier réglé de l'élève. Toutefois, aussitôt ce premier mouvement de magister passé, le maître se recueillait, relisait en silence les pages si cruellement sabrées et concluait à mi-voix, avec un sourire énigmatique : « Évidemment tout cela n'est guère orthodoxe, mais c'est bien *ingénieux* ! » [...]

À dix-sept ans, ses formules si personnelles et d'un charme si prenant germaient déjà au fond de son vaste cerveau. [Debussy] écrivait ce qu'il pensait, n'exprimant jamais que ce qu'il voulait précisément exprimer[22].

En 1909, dans une interview, Debussy avoua qu'il ne faisait pas grand-chose dans la classe d'harmonie dont l'enseignement lui « para[issai]t tout à fait défectueux[23] ». Il n'obtint aucun prix en harmonie en trois ans de cours. Il resta cependant en bons termes avec Émile Durand à qui il dédia sa première œuvre de musique de chambre, le *Trio en sol majeur pour piano, violon et violoncelle* avec ces mots : « Beaucoup de notes accompagnées de beaucoup d'amitiés. Offert par l'auteur à son professeur... »

En 1879, Achille se lance sérieusement dans la composition. Ses camarades du Conservatoire s'en souviendront :

[L]a classe terminée, nous partions souvent ensemble, souvent aussi j'allais le retrouver chez ses parents et il me jouait sur un vieux piano que je vois encore avec ses touches brûlées par les cigarettes, ses premiers essais[24]...

Déjà Debussy [...] chantait ses premières mélodies ; nous nous réunissions très souvent avec Pierné et Henri Passerieu pour ces sortes d'auditions qui nous emplissaient d'enthousiasme[25].

Bien qu'il n'eût reçu aucune éducation littéraire, Debussy se tourna spontanément vers des poètes en mettant en musique Musset (*Madrid* et *La Ballade à Lune**, en 1879) et Théodore de Banville (*Nuit d'étoiles*, *Mélodie*, puis, fin 1880, *Caprice* et *Aimons-nous et dormons*).

Parallèlement à ses premiers pas de compositeur, en 1879, Debussy suivit la classe d'accompagnement d'Auguste Bazille. Ce cours consistait notamment en déchiffrage et réduction pour le piano de pièces pour orchestre. Organiste réputé, chef du chant à l'Opéra-Comique et ancien prix de Rome, ce professeur âgé de cinquante-deux ans se montra, comme Marmontel, assez ouvert pour supporter les originalités de Debussy. Le 21 juin 1880, il notait ainsi son élève : bon harmoniste, un peu fantaisiste, beaucoup d'initiative et de verve. Debussy obtint le premier prix en accompagnement, son seul premier prix au bout de huit ans d'enseignement. Le musicien s'était singularisé au Conservatoire mais sans triompher. Il avait l'esprit ailleurs, croyait en son inspiration et repoussait les sirènes de la célébrité et de la facilité. L'adolescent était déjà l'artiste intransigeant qu'il devait être toute sa vie :

Son père a voulu l'exploiter, en faire un enfant prodige [...] ; mais lorsque le compositeur s'est éveillé en lui, il a envoyé le piano et l'harmonie à tous les diables et n'a plus fait qu'à sa tête, gardant pour son père une rancune mal dissimulée[26].

* La mise en musique de la fameuse *Ballade* de Musset est perdue.

Ses parents avaient rêvé pour lui une brillante carrière de virtuose, mais la discipline et l'entraînement indispensables à un exécutant ne tardèrent pas à le rebuter ; du moins son extrême facilité et la rare qualité de ses dons auraient pu lui assurer des succès de compositeur à un âge où bien peu y résistent ; en réalité, ses ambitions étaient plus hautes, et il eût plutôt consenti à fabriquer de la fausse monnaie qu'à écrire trois mesures sans éprouver l'impérieux besoin de le faire[27].

Une fois encore, c'est Antoine Marmontel qui aida le jeune homme en lui trouvant un travail agréable et rémunérateur pendant les grandes vacances : jouer du piano pour égayer les soirées d'une riche châtelaine, Marguerite Wilson-Pelouze. Pendant l'été 1879, Debussy quitta momentanément le petit appartement de ses parents pour loger au château de Chenonceau… Le père de Marguerite Wilson-Pelouze avait fait fortune en installant l'éclairage au gaz à Paris et avait laissé à sa fille un héritage lui permettant d'acquérir le château en 1864 et d'y mener d'importants travaux de restauration. Cette dernière s'était mariée en 1857 à un chimiste, Eugène Pelouze. Quant à son jeune frère, Daniel Wilson, il avait épousé l'une des filles de Jules Grévy[*].

Âgée de près de quarante-cinq ans lorsqu'elle rencontra Debussy, Marguerite Wilson-Pelouze était une belle femme blonde, séductrice, dotée d'un fort caractère et sachant recevoir avec faste.

---

* Sous-secrétaire d'État aux finances, Daniel Wilson se lança, depuis son bureau à l'Élysée, dans un vaste trafic de décorations qui obligea Grévy à démissionner en 1887. Le scandale ruina aussi Marguerite Wilson-Pelouze. Maîtresse de Grévy, elle avait arrangé le mariage de son frère cadet.

« Les fêtes succédaient aux fêtes. Le petit bourg de Chenonceau [... était] devenu fiévreux, bruyant, ressemblant, à certaines heures, aux coulisses encombrées d'un gros théâtre de féerie[28]. » Un an avant le séjour de Debussy, Marguerite Wilson-Pelouze avait invité Flaubert qu'elle admirait également et lui avait demandé d'écrire un poème sur la Fontaine au Rocher. Mais l'auteur de *Madame Bovary*, s'il appréciait le cadre, était resté peu de temps car il détestait la musique. Or, Marguerite Wilson-Pelouze se plaisait à faire jouer à longueur de temps le prédécesseur de Debussy, José Manuel Jimenez, pianiste d'origine antillaise, et son jeune frère, Nicasio, qui posa nu avec son violoncelle pour l'une des fresques de l'orangerie du château. Un an plus tard, si Flaubert était revenu, qu'aurait-il pensé des interprétations de Debussy ? Sans doute autant de mal que des prestations de Jimenez. Quant à Debussy, faute de témoignages, on ne sait rien de ses lectures à cette période. Quelques années plus tard, en 1885, il caressera le projet de composer une musique d'après *Salammbô*. En réponse à un questionnaire à la Proust en février 1889[29], il citera Flaubert avec Poe et Baudelaire comme ses écrivains favoris. Par la suite, Debussy semble pourtant avoir oublié Flaubert dont l'univers et l'esthétique étaient bien loin des siens.

En attendant, à Chenonceau, auprès de Mme Wilson-Pelouze, Achille était pour le moins dépaysé et voyait son goût pour le luxe flatté au-delà de ses rêves. En outre, ce séjour lui permit de se familiariser davantage avec l'œuvre de Wagner que son hôtesse connaissait très bien pour s'être rendue à Bayreuth et pour avoir organisé des soirées musicales à Paris dans son hôtel particulier de la rue de l'Université. Cet été, comme les suivants, devait participer aussi à la formation musicale du jeune compositeur, mais de façon plus informelle que le rigoureux enseignement du Conservatoire.

Premières compositions,
premier amour (1880-1884)

*Claude-Achille s'est préparé pendant plus de vingt ans
à devenir Debussy [1].*

Durant l'été 1880, Debussy bénéficia à nouveau
de la bienveillance de Marmontel qui le recom-
manda auprès d'une veuve russe fortunée à la
recherche d'un pianiste pour l'accompagner au
piano et donner des cours aux plus jeunes de ses
enfants. Nadejda Philaretovna von Meck, âgée de
cinquante et un ans, vivait à Moscou et possédait
un grand domaine en Ukraine. Attachée à son
pays, elle appartenait aussi à cette élite cosmopolite européenne, cultivée et esthète, qui connut ses
plus beaux jours au XIXe siècle et au début du XXe.
Comme Marguerite Wilson-Pelouze, la baronne
von Meck était une musicienne avertie. Elle avait
connu Liszt, admirait Wagner mais, surtout, manifestait une passion platonique pour Tchaïkovski.
Ses rapports avec le compositeur russe ont été souvent romancés alors qu'ils ne se sont jamais adressé
la parole. À partir de 1876, devenue veuve,
Mme von Meck commença à verser à Tchaïkovski

une rente confortable tout en lui adressant régulièrement des lettres passionnées. En signe de reconnaissance pour cet invisible mécène, Tchaïkovski lui dédia sa *Quatrième Symphonie* dont il réalisa une transcription pour quatre mains que Debussy joua avec la baronne von Meck. « Hier, pour la première fois, j'ai eu le courage de jouer notre symphonie avec mon petit Français. C'est pourquoi je me trouve aujourd'hui dans un terrible état de nerfs. Je ne puis la jouer sans qu'une fièvre pénètre toutes les fibres de mon être, et il me faut toute une journée pour me remettre de cette impression[2]. » La baronne alla jusqu'à arranger un mariage entre l'un de ses fils et une nièce de Tchaïkovski et ne renonça à ses générosités que lorsqu'elle eut la certitude que son idole était un homosexuel.

Après Mme Wilson, le jeune Achille allait donc vivre quelques mois auprès d'une femme non moins originale. Debussy se rendit d'abord à Interlaken, en Suisse, fin juillet 1880, où Mme von Meck l'attendait. Ensuite, la famille se rendit dans le Midi puis à Arcachon. La baronne avait un train de vie qui n'avait rien à envier à celui de Marguerite Wilson-Pelouze et Debussy connut à nouveau une existence faite de luxe, de domestiques et de confort, une existence où l'on peut se permettre de faire de la musique sans se soucier d'autre chose. Une vie aussi faite de voyages puisque, durant les trois longs étés qu'il passa auprès de la baronne, Achille Debussy séjourna aussi en Italie, en Russie et en Autriche.

Ce contexte était très favorable à son développement musical. Durant l'été 1880, il composa ainsi sa première œuvre pour piano, une *Danse bohémienne*, puis, près de Florence, à Fiesole, en septembre et octobre 1880 un *Trio en sol majeur* pour piano, violon et violoncelle qui ne fut publié qu'en 1986. La *Danse bohémienne* fut soumise au compositeur du *Lac des cygnes* qui la jugea sévèrement : « C'est une gentille chose, mais tellement courte, avec des thèmes qui n'aboutissent pas et une forme chiffonnée qui manque d'unité[3]. »

Les lettres de la baronne au compositeur russe permettent de connaître son avis sur Debussy. Le premier abord n'est pas très élogieux et laisse entendre qu'Achille ne se sentit pas d'emblée très à l'aise chez Mme von Meck : « Ce jeune homme joue bien, sa technique est brillante, mais il est dépourvu de sensibilité[4]. » Heureusement, l'atmosphère se détendit rapidement. Debussy sut plaire à la baronne et à ses enfants et flatter le goût de son hôtesse pour Tchaïkovski de sorte qu'à son départ, fin octobre 1880, la baronne écrivait à son idole : « Ce garçon a pleuré en me quittant. Cela m'a naturellement fort touchée : il a un cœur si aimant[5]. » Bien sûr, Debussy joua beaucoup Tchaïkovski, des transcriptions pour deux mains ou quatre mains, certaines réalisées par le compositeur, d'autres par lui-même. Il avait ainsi l'occasion de mettre en pratique les leçons de Bazille. Quelques mois plus tard, Debussy dédia à sa bienfaitrice sa *Symphonie en si mineur* pour quatre mains dont elle le remercia chaleureusement :

Quoique le plaisir de correspondre avec ses amis, est un *fruit défendu* pour moi (à cause des souffrances nerveuses), dans le cas présent, je ne peux pas me refuser le plaisir de vous écrire ces quelques mots pour vous dire combien je suis touchée de l'aimable surprise que vous m'avez faite, par l'envoi de votre charmante symphonie. Je regrette vivement de ne pas vous posséder ici, pour l'entendre exécutée pour n[ou]s : ce serait un double plaisir pour moi, mais hélas les hommes sont toujours esclaves de quelqu'un ou de quelque chose et il ne me reste qu'à reposer mes espérances sur l'avenir et maintenant de vous remercier, bien, bien vivement, cher Monsieur Debussy, et de vous souhaiter tous les biens possibles, et avant tout les plus brillants progrès, dans votre belle carrière[6].

Mme von Meck réinvita Achille l'été suivant, alors qu'elle avait déjà un pianiste. En 1881, Bussik, comme on le surnommait dans la famille, séjourna deux mois en Russie puis deux mois en Italie, notamment à Rome, et manqua le début de l'année scolaire au Conservatoire en ne rentrant à Paris que début décembre 1881. Enfin, le dernier été — plutôt l'automne car il n'arriva que le 8 septembre 1882 chez Mme von Meck — le ramena à nouveau en Russie puis à Vienne. Au bout de ce troisième séjour, Debussy avait définitivement conquis la famille et s'était lié d'amitié avec Nicolas et Alexandre, deux des fils de la baronne, comme en témoigne cette lettre enthousiaste de Mme von Meck à Tchaïkovski :

> Hier, à ma grande joie, est arrivé mon cher Achille Debussy. Maintenant, je vais avoir beaucoup de musique ; et il met de la vie dans toute la maison. Gamin de Paris des pieds à la tête, plein d'esprit, c'est un merveilleux imitateur : il singe entre autres Gounod et Ambroise Thomas de la façon la plus divertissante du monde. Il est si facile à vivre ! Content de tout, il nous amuse tous énormément ; un être charmant[7].

On est loin de l'adolescent sauvage du Conservatoire, souffrant de la médiocrité de son milieu. En fait, Debussy était charmant lorsqu'il évoluait dans un environnement aisé et cultivé dans lequel il se sentait mieux à sa place. Peu après, il se montrera aussi un agréable invité chez les Vasnier, chez Ernest Chausson ou dans la famille Fontaine, apparentée à Chausson. Un ouvrage sur Tchaïkovski et Mme von Meck, publié en 1938 sous le titre *Beloved Friend*, de Catherine Drinker Bowen et Barbara von Meck, une belle-fille de Nadejda, lança la légende selon laquelle Debussy aurait été renvoyé par la baronne quand il eut l'outrecuidance de demander la main de l'une de ses filles, Sonia, âgée de quinze ans. Cette histoire fut reprise par plusieurs biographes comme Léon Vallas et René Peter. Le fils de Sonia démentit plus tard et Sonia elle-même ne fit jamais mention d'une quelconque idylle avec Bussik, pas plus que Nadejda elle-même qui n'aurait sans doute pas manqué de rapporter le fait à Tchaïkovski et de chasser Debussy de son cœur. Au contraire, lorsqu'elle apprit que son protégé était lauréat du prix de Rome, elle annonça la nouvelle à Tchaïkovski en parlant de Debussy comme d'un « garçon fort bien doué[8] ». De plus, même si Achille aimait le luxe, ce n'était pas un arriviste. À vingt ans, sa seule ambition était la perfection artistique. Enfin, au moment de sa prétendue demande en mariage à Sonia, il était très amoureux de Mme Vasnier au point qu'il avait même hésité à partir une troisième fois rejoindre la famille von Meck.

Debussy ne se sentit jamais de grandes affinités avec Tchaïkovski et ne le rencontra même pas lorsque le Russe séjourna à Paris alors qu'ils avaient de nombreux amis et relations en commun. En revanche, ses séjours en Russie permirent au jeune homme de découvrir d'autres musiques : des airs tziganes et les mélodies de Balakirev qui enchantaient Mme von Meck. La baronne n'exagère pas quand elle écrit à Tchaïkovski, à propos du prix de Rome obtenu par Debussy : « Ses longs séjours auprès de moi l'ont mis à même d'élargir son horizon et d'affiner son goût par le contact des musiques étrangères[9]. »

Hélas, Debussy est resté secret sur ses voyages en Russie et il ne subsiste aucune des lettres qu'il a sans doute adressées à ses parents et ses amis et dans lesquelles il devait décrire les lieux et parler de la musique qu'il travaillait. En dehors de Tchaïkovski, il est donc difficile de savoir quels compositeurs il a pu alors découvrir. Sans doute a-t-il eu l'occasion de déchiffrer quelques œuvres du groupe des Cinq[*]

* Le groupe des Cinq rassemble cinq compositeurs russes nés entre 1838 et 1844, d'inspiration romantique et soucieux de mettre en valeur les traditions musicales de leur pays. Le groupe comprenait Balakirev, Rimski-Korsakov, Borodine, Moussorgski et César Cui.

mais de façon très ponctuelle et lacunaire. En revanche, de retour à Paris, sa curiosité aiguisée, il est possible que Debussy ait travaillé des partitions à sa disposition au Conservatoire. La bibliothèque possédait à l'époque un certain nombre de partitions de Glinka, Rimski-Korsakov ou encore de Cui, Serov, Liadov et une réduction de *Boris Godonov* de Moussorgski pour piano et chant. D'après Raymond Bonheur, il rapporta d'un séjour qu'il fit en Russie « la partition d'un opéra ancien de Rimski et quelques mélodies de Borodine et ne devait connaître que plus tard Moussorgski[10] ». Vingt ans plus tard, Debussy manifesta sa profonde admiration pour Moussorgski et sa *Chambre d'enfants*[11] sans préciser dans quelles circonstances il le découvrit.

Après avoir fait ses premiers pas de compositeur, Debussy s'inscrivit dans la classe de composition d'Ernest Guiraud[*] ouverte le 1er décembre 1880. Debussy avait dit à Mme von Meck être élève de Jules Massenet et il semble qu'il ait eu l'intention de s'inscrire dans sa classe, très réputée. Son retour tardif au Conservatoire l'obligea sans doute à se reporter sur la nouvelle classe de Guiraud, ancien professeur d'harmonie. La même année, Debussy s'inscrivit dans la classe d'orgue de César Franck mais semble ne l'avoir que très peu fréquentée. Comme les autres professeurs du musicien, et bien que Guiraud soit d'une nature moins rigide

[*] Fils de musicien, Ernest Guiraud, né en 1837, avait obtenu le prix de Rome à l'unanimité et composé des opéras. Ami et collaborateur de Bizet, il compta également parmi ses élèves Dukas et Satie.

qu'Émile Durand, il fut d'abord décontenancé et peu séduit par son élève. En janvier 1883, il rédige ainsi une appréciation peu engageante : « Nature bizarre mais intelligente. Écrit mal la musique. A fait cependant des progrès[12]. » Quelques années plus tard, Debussy devait se lier d'une franche amitié avec Guiraud, grâce, notamment, à leur admiration mutuelle pour Wagner. Jacques Durand, futur éditeur de Debussy et élève au Conservatoire, se rappelle que « [l]e maître et l'élève s'entendaient à merveille [...]. Souvent, le soir, ils se rencontraient dans un petit café de la rue La Bruyère ; ils jouaient au billard et il fallait la fermeture du café pour les arracher à leurs carambolages. Puis, une fois dehors, les conversations esthétiques continuaient dans la fumée des cigarettes, pendant qu'ils se reconduisaient mutuellement, plusieurs fois de suite, à leurs domiciles respectifs[13] ».

En 1881 et 1882, Debussy compose quelques morceaux : un *Andante cantabile*, *Diane* et le *Triomphe de Bacchus*, tous trois pour piano à quatre mains ainsi qu'un *Nocturne et Scherzo* pour piano et violoncelle et un *Intermezzo* pour orchestre. Outre ces compositions dont certaines sont des travaux pour le Conservatoire, toutes les autres œuvres sont des mélodies. La composition sur des poésies, la partie de l'œuvre de Debussy la moins connue aujourd'hui, restera son genre de prédilection jusqu'en 1888 :

D'un esprit largement ouvert et curieux de sensations nouvelles et d'autant plus avide de lecture qu'il n'avait reçu qu'une instruction des plus rudimentaires, sans autre guide qu'une sorte de mystérieux instinct, il alla, dès le premier âge, aux deux poètes dont la fantaisie et la sensibilité avaient le plus d'affinité avec la sienne, à Banville d'abord, puis à Verlaine[14]...

À partir de 1881, l'inspiration naturelle du musicien se trouva un nouvel aliment et non des moindres : son amour pour Marie Vasnier, une soprano à qui il dédiera vingt-neuf de ses mélodies.

Parmi les poètes que Debussy met alors en musique, on retrouve Musset et, surtout, Théodore de Banville que le compositeur affectionne particulièrement en écrivant d'après ses poésies quinze mélodies. Il s'inspire aussi de Gautier, Charles Cros, Leconte de Lisle et Maurice Bouchor qu'Ernest Chausson mit aussi en musique. Peu après, Debussy s'intéressera à Verlaine, écrivant d'après ses vers sa première mélodie, *Fantoches*, le 8 janvier 1882. Un an plus tard, il composera des mélodies à partir du recueil de Paul Bourget, *Les Aveux*.

Au printemps 1882, Debussy se présente à l'examen d'essai du prix de Rome qui consiste à composer une fugue à quatre voix d'après Gounod et un chœur pour femmes d'après un poème d'Anatole de Ségur. Debussy échoue. Le lauréat ne sera autre que son ami Gabriel Pierné. L'année suivante, il est admis à concourir et se retrouve en loge du 5 au 11 mai 1883 pour composer une fugue pour voix et un chœur avec orchestre d'après *Invocation* de Lamartine. Le 23 juin, il est admis pour la seconde épreuve : composer une cantate à partir du *Gladiateur* d'Émile Moreau, poète originaire de l'Yonne et dessinateur au ministère de la Marine. Debussy finit derrière son ami Paul Vidal :

[I]l n'obtint que le second grand prix et certainement la satisfaction de rester à Paris dut plus que compenser sa déception s'il en eut ; la seule idée d'être enfermé pendant des semaines l'horripilait. Pendant qu'il était en loge, souvent le soir nous allions lui faire visite au Conservatoire. Les logistes recevaient leurs parents et amis dans une cour-jardin où nous restions le plus longtemps possible pour le réconforter. Il nous avait montré l'emplacement de la fenêtre de sa chambre et, comme je lui demandais pourquoi il y avait des barreaux : « C'est parce qu'on nous considère sans doute comme des bêtes féroces[15]. »

Pour gagner de l'argent, Achille prit la place que Paul Vidal lui avait laissée comme accompagnateur à la Concordia. Cette chorale d'amateurs, qui donnait des concerts au profit d'œuvres de bienfaisance, interprétait régulièrement des œuvres de son président d'honneur, Charles Gounod. Debussy ne se montra pas toujours assidu aux fréquentes répétitions, au grand dam de la présidente, Henriette Fuchs, qui songea même à le renvoyer.

Durant cette année scolaire 1883-1884, Debussy prend plus que jamais son indépendance par rapport au Conservatoire où il est encore inscrit. Après Pierné, Bonheur et Vidal, Maurice Emmanuel eut ainsi l'occasion de l'entendre, en l'absence de Léo Delibes, leur professeur de composition.

Ses improvisations sont devenues encore plus riches et personnelles :

Il se livra à une débauche d'accords, que, malgré leur anomalie, nous ne pouvions moins faire que d'admirer, béats. Et ce fut un ruissellement d'accords biscornus, un gargouillement de trilles à trois notes, simultanées, aux deux mains, des séries d'enchaînements harmoniques inqualifiables, si l'on se référait au sacro-saint Traité, et qui nous bousculaient. Pendant plus d'une heure, haletants, nous fîmes cercle autour du piano devant lequel frémissait la tignasse bouclée de « l'énergumène » : ce fut le surveillant Ternusse qui le qualifia de la sorte. Mis en éveil par un tumulte insolite, le terrible homme avait flairé quelques espiègleries. Sa brusque irruption mit fin à la « leçon ». Il fallut déguerpir. Mais on se rassembla dans la rue, au coin du boulevard, et tout enfiévrés par l'affaire, nous délibérâmes : « Si c'est sur ce ton-là qu'il doit débiter sa cantate, dit le plus sage d'entre nous, il peut s'attendre à de la casse[16] !... »

Maurice Emmanuel et ses condisciples étaient les premiers debussystes, émerveillés par une musique aussi libérée des dogmes enseignés au Conservatoire. Outre son travail à la Concordia et la composition de mélodies, Debussy se plie encore aux obligations du Conservatoire en vue de se présenter à nouveau au prix de Rome. Maurice Emmanuel brosse un portrait pertinent du jeune compositeur :

À force de patience et de tâtonnements, à travers des essais dont quelques-uns sont œuvres exquises, il a fixé le langage qu'à l'âge de quinze ans il ébauchait au piano, dans des improvisations, après la classe, à l'insu de ses professeurs ; quelquefois avec leur consentement tacite. Cette langue si personnelle, il la possédait intégrale, à vingt ans, à l'époque où ses études de composition l'amenaient au seuil des grands concours. Mais s'il la pratiquait en cachette, aux claviers du Conservatoire, autant pour son plaisir que pour l'effarement de ses camarades, dans ses « devoirs », il n'en usait pas. Et qu'on ne voie pas là une prudence calculée ! Ses cantates pour Rome, où annonce une nature de musicien tranchant sur l'ordinaire, mais qui demeurent académiquement sages, ne sont pas des concessions faites en vue du succès. Il y avait alors en Claude-Achille deux personnages qui voisinaient sans heurts : un musicien libéré de mainte contrainte, et qui avait débridé l'harmonie ; un praticien assez timide pour ne pas croire à la possibilité de fixer par l'écriture les audaces de son génial instinct[17].

Debussy hésitait pourtant à retenter le prix de Rome, non tant en opposition à une institution, contre laquelle il se montrera très sévère par la suite, que par amour et par goût pour la liberté. Certes, ce prix représentait une forme de reconnaissance mais Debussy ne caressait pas ce type d'ambition. Si la récompense pouvait faire avancer sa carrière et lui permettre de vivre de sa musique par la suite, il savait également qu'il devrait mettre une partie de son inspiration sous l'éteignoir pour convenir aux attentes du jury. En obtenant ce prix, n'allait-il pas passer à côté de la vraie vie et de la vraie composition ? Paul Vidal et Ernest Guiraud, notamment, durent insister pour qu'il se présente au concours d'admission le 10 mai 1884. Classé quatrième, il pouvait concourir. Le 24 mai, il commença à composer une cantate d'après le sujet imposé : *L'Enfant prodigue* d'Édouard Guinand.

Debussy sortit premier avec 22 voix sur 28, notamment grâce à l'appui de Charles Gounod. Le vieux maître et le jeune compositeur avaient sympathisé à la Concordia. Le tutoiement et le ton de camaraderie dont use Gounod dans la seule lettre à Debussy retrouvée et datée du 18 octobre 1884 reflètent bien la nature de leurs rapports. Léo Delibes, plus partagé que Gounod mais tout de même fasciné, nota : « Tonalité indécise d'un grand charme... un peu trop cherché. Bizarre. Jolie sonorité. Tonalité trop indécise... Manque de simplicité ! Toujours violent[18]. » Charme et indécision devaient être deux termes employés régulièrement par les critiques et contemporains du musicien, en bonne comme en mauvaise part. Des élèves du Conservatoire, comme Maurice Emmanuel, furent déçus pour des raisons contraires à celles du jury :

[L]orsque vibrèrent les premiers accords de *L'Enfant prodigue*, nous échangeâmes des regards où se lisait de la volupté. Mais ils ne tardèrent pas à se ternir : au lieu du scandale que nous escomptions, et bien que quelques chefs vénérables s'agitassent par instants, comme surpris et prêts à protester, par comparaison avec les harmonies truculentes que Debussy nous avait servies, la cantate de Claude-Achille nous parut débonnaire. [...] Nous attendions des accords baroques et des protestations furieuses : nous n'entendîmes que des accords catalogués[19].

Charles Darcourt, critique au *Figaro*, commenta avec justesse le résultat : « Le concours de cette année a révélé un jeune musicien de talent, un élève qui ne surclasse peut-être pas ses condisciples par ses réalisations actuelles, mais qui montre dès les premières mesures de sa composition qu'il est d'une autre essence. Et cela prend une valeur particulière à une époque où tout le monde a du talent, et aucune personnalité... M. Debussy est un musicien à qui seront décernés les plus grands éloges... et les plus grandes insultes[20]. »

L'accueil paradoxal de cet *Enfant prodigue* reflète l'ambivalence intérieure de Debussy, à la fois heureux, flatté d'être lauréat et en même temps accablé à l'idée de s'éloigner de Paris, de la femme aimée et d'être redevable d'une institution qui l'a distingué :

La meilleure impression que je reçus du prix de Rome fut indépendante de celui-ci... C'était sur le pont des Arts où j'attendais le résultat du concours en contemplant l'évolution charmante des bateaux-mouches sur la Seine. J'étais sans fièvre, ayant oublié toute émotion trop spécialement romaine, tellement la jolie lumière du soleil jouant à travers les courbes de l'eau avait ce charme attirant qui retient sur les ponts, pendant de longues heures, les délicieux badauds que l'Europe nous envie. Tout à coup quelqu'un me frappa sur l'épaule et dit d'une voix haletante : « Vous avez le prix !... » Que l'on me croie ou non, je puis néanmoins affirmer que toute ma joie tomba ! Je vis nettement les ennuis, les tracas qu'apporte fatalement le moindre titre officiel. Au surplus, je sentis que je n'étais plus libre.

Ces impressions disparurent dans la suite ; on ne résiste pas tout d'abord à cette petite fumée de gloire qu'est provisoirement le prix de Rome ; quand j'arrivai à la villa Médicis, en 1885, je n'étais pas loin de me croire le petit chéri des dieux dont parlent les légendes antiques[21].

Si Achille était partagé, ses amis, ses professeurs et surtout ses parents se réjouirent.

Bien qu'écrit après la mort de Debussy, le commentaire de Satie est sans concession pour l'institution :

> J'avoue que Debussy ne tirait aucune gloire de ce titre saugrenu. *L'Enfant prodigue* l'ouvrage avec lequel il concourut pour l'obtenir *(un éditeur parisien a eu l'idée assez fâcheuse de publier cette cantate)*.
>
> Mais n'est-il pas étrange de voir un homme d'un esprit si élevé — qui blâmait l'enseignement de Franck & de mon cher maître d'Indy — accorder sa confiance à un enseignement d'État ? à un enseignement dont l'essence est aussi grossière ? à un enseignement qui conduit à la plus odieuse vulgarité[22] ?

Émile Vuillermoz a une vision plus positive des années d'études du compositeur. « Il y rencontra de précieuses sympathies et y acquit une technique de base qu'il allait subtilement affiner mais qui lui rendit de grands services. [...]Il ne faut pas prendre trop au sérieux les anathèmes dont il accabla toute sa vie ce vénérable établissement. Une certaine ingratitude fut toujours le péché mignon de ce musicien de génie[23]. »

Ces deux opinions, très tranchées, montrent surtout que Debussy sut durant ces années garder un certain équilibre entre la musique enseignée et celle qui germait déjà dans son esprit.

Comme par la suite à la Concordia, c'est avec l'aide de Paul Vidal et le soutien de Charles Gounod que Debussy devint, durant l'hiver 1880, accompagnateur dans la classe de chant de

Mme Moreau-Sainti, fille d'un ténor de l'époque romantique.

Les leçons, qui s'adressaient à des femmes de la bonne société, avaient lieu deux fois par semaine. L'atmosphère était plus légère qu'à la Concordia et le jeune Achille se retrouvait à nouveau dans un univers agréable, aisé et féminin, pouvant lui rappeler ses séjours auprès de Mme von Meck. Le travail d'accompagnateur permettait au musicien d'améliorer l'ordinaire de sa famille et de s'offrir quelques objets luxueux ou anciens qu'il aimait collectionner. Il lui apporta bientôt l'amour. Parmi les élèves se trouvait Marie-Blanche Vasnier[*], épouse d'un fonctionnaire occupant un poste de greffier des bâtiments. De onze ans son aîné, Henri Vasnier, homme érudit et raffiné, procurait une existence aisée mais un peu austère à sa femme. Le couple avait deux enfants, Marguerite et Maurice. Marie, qui avait une belle voix de soprano, s'était inscrite à ce cours pour travailler le chant et se divertir. Née en 1848, elle avait trente-deux ans lorsqu'elle rencontra Achille. Celui-ci venait de passer un premier été chez Mme von Meck et avait déjà composé quelques mélodies et morceaux de musique de chambre. Marie Vasnier, plus âgée que Debussy, mais plus jeune que Mme Wilson-Pelouze et Mme von Meck, avait le cœur libre. Elle s'éprit de son jeune accompagnateur :

---

[*] À l'exception d'une dédicace, Debussy écrit Vanier au lieu de Vasnier.

Debussy à dix-huit ans était un grand garçon imberbe, aux traits accentués, avec d'épais cheveux noirs bouclés qu'il portait aplatis sur le front ; mais lorsqu'à la fin de la journée il était décoiffé (ce qui lui allait beaucoup mieux), il avait, aux dires de mes parents, un type original de Florentin du Moyen Âge, c'était une physionomie très intéressante ; les yeux, surtout, attiraient le regard ; on sentait une personnalité[24].

Marie Vasnier, quant à elle, était une femme assez plantureuse, si on en juge par le tableau de Paul Baudry peint, peu après la liaison entre le musicien et sa muse, et le pastel de Jacques-Émile Blanche. Pour ce dernier, « cette femme fatale était une simple bourgeoise idéalisée par le jeune prix de Rome[25]. » Mme Vasnier appartenait certes à la bourgeoisie aisée, mais elle avait aussi une sensibilité artistique et appréciait la musique de Debussy. Comment ce dernier aurait-il pu résister ? « Son succube le tient par tous les côtés faibles. Jolie femme, elle est très poursuivie d'adoration, cela tient sa vanité jalouse ; chanteuse de talent [...] elle interprète supérieurement ses œuvres et tout ce qu'il écrit est pour elle et par elle[26]. »

Même si d'autres passions peuvent avoir de l'importance, le premier amour occupe souvent une place particulière dans l'existence d'un artiste et donne naissance à des œuvres spécifiques. Cela se vérifie chez Debussy. En effet, Marie Vasnier est la femme qui a le plus inspiré le musicien et à qui il a dédié le plus d'œuvres : 28 mélodies. Il faut dire que, contrairement aux deux femmes qui lui succéderont dans son cœur, Marie Vasnier est la seule qui soit musicienne, c'est-à-dire avec laquelle Debussy pouvait entretenir une véritable complicité artistique propre à alimenter leur amour. Il retrouvera une musicienne comme compagne avec Emma Bardac mais l'âge et les épreuves de la vie l'empêcheront de renouer avec l'énergie créatrice de ce premier amour. L'apparition de Marie Vasnier va inciter Debussy à poursuivre sur la voie mélodique et, par la même occasion, à approfondir son goût pour la poésie de Banville, de Verlaine, de Paul Bourget et, à partir de 1884, de Mallarmé. « [Q]uand il lisait un volume de poésie, le choix d'une pièce à mettre en musique était le sujet de longs débats[27]. » La première mélodie dédiée à Mme Vasnier, *Caprice*, sur un poème de Théodore de Banville date de la fin 1880, soit quelques semaines après leur rencontre. La dédicace a été en grande partie rayée. La partie biffée (« ces mélodies conçues en quelque sorte par votre souvenir ne peuvent que vous appartenir comme vous appartient l'auteur[28] ») révèle que les rapports entre Mme Vasnier et Achille étaient déjà plus personnels que ceux d'un accompagnateur et son élève. À l'exception des travaux pour le Conservatoire et des morceaux d'examen, les compositions de Debussy, jusqu'à son prix de Rome, sont des mélodies pour Marie dont certaines sont des poésies d'amour où la sensualité n'est pas absente.

Toutes les lettres échangées avec Marie ont disparu à l'exception d'un billet pour la bonne année qui s'accompagnait d'un fragment musical de *Mandoline* d'après le poème de Verlaine.

Seules les dédicaces sur les partitions permettent d'imaginer le dialogue amoureux et la complicité entre la soprano et le compositeur. Marie lui fait découvrir l'amour. Il lui offre de la musique, écrivant des mélodies qui n'existeront que par sa voix :

> Parmi les souhaits qui montent vers vous, permettez-moi de former celui-ci.
> Que vous soyez toujours celle qui a donné la forme rêvée par les musiciens en délire, à la pauvre musique de celui qui sera toujours votre ami et compositeur dévoué[29].

Le Rondel chinois, composé début 1881, est dédié à « Mme Vasnier, la seule qui peut chanter et faire oublier tout ce que cette musique a d'inchantable et de chinois[30] ». *La Fille aux cheveux de lin*, sur le poème de Leconte de Lisle, composé aussi début 1881, porte ces lignes au style maladroit assez typique du musicien dans ses dédicaces amoureuses :

> À Mme Vanier, qui a réalisé ce problème que ce n'est pas la musique qui fait la beauté du chant, mais le chant qui fait la beauté de la musique (surtout pour la mienne), l'auteur humble et reconnaissant. Ach. Debussy /Tout ce que je peux avoir de bon, dans le cerveau est là-dedans — Voyez et jugez. Ach. Debussy[31].

On ignore quand Debussy devint l'amant de Marie. Leur liaison était en tout cas suffisamment discrète pour que le jeune musicien soit reçu chez les Vasnier, dans leur appartement rue de Constantinople. Henri Vasnier n'apprit que des années plus tard l'infidélité de son épouse avec leur protégé :

Il n'était pas heureux dans sa famille, entre son père prétentieux, peu intelligent, et sa mère aux idées étroites et mesquines. Peu encouragé, mal soutenu, mal compris, il demanda à mes parents la permission de venir travailler chez eux, et de ce jour la porte lui fut ouverte comme à l'enfant de la maison.

En une image lointaine et un peu effacée, je le revois dans ce petit salon du cinquième de la rue de Constantinople où il a composé la plus grande partie de ce qu'il fit pendant cinq années. Il y venait presque tous les soirs, souvent aussi l'après-midi, laissant les pages commencées qui, dès qu'il arrivait, prenaient leur place sur une petite table. [...]

Il composait au piano, un vieux piano Blondel de forme bizarre que j'ai encore. D'autres fois, il composait en marchant. Il improvisait très longuement, puis se promenait de long en large dans la pièce en chantonnant, avec son éternel bout de cigarette à la bouche en roulant entre ses doigts papier et tabac ; puis quand il avait trouvé, il écrivait. Il raturait peu, mais il cherchait longtemps dans sa tête et au piano avant d'écrire, du reste difficilement satisfait de son ouvrage[32].

Victorine Debussy, qui avait bien compris pourquoi son fils désertait la maison, voyait cette liaison d'un mauvais œil, comme en témoigne Paul Vidal, non moins sévère : « J'ai vu autrefois sa mère m'accusant d'être son complice dans cette histoire-là ; il me faisait servir de prétextes à un tas d'escapades, j'ai eu du mal à reconquérir la confiance de Mme Debussy et les pleurs que je lui ai vu verser sur l'inconduite de son fils sont peu faits pour me le rendre à l'heure qu'il est très sympathique[33]. »

Debussy ne cherchait pas à arrondir les angles avec ses parents. En 1882, il passa ainsi une partie des beaux jours avec les Vasnier, avant de rejoindre

Mme von Meck en Russie, en octobre. Comme toujours, le musicien se montre un hôte charmant lorsqu'il se trouve dans un univers distingué et cultivé où il se sent compris en tant qu'artiste en proie à des humeurs changeantes :

> L'été, mes parents louaient une petite villa à Ville-d'Avray ; Debussy y arrivait tous les jours dans la matinée, repartait le soir au dernier train, les cours de chant ayant cessé.
>
> Il travaillait beaucoup, mais quelquefois nous faisions dans le parc de Saint-Cloud de grandes promenades ou d'interminables parties de croquet ; quoique très adroit, il était mauvais joueur.
>
> À la campagne, il redevenait parfois insouciant et gai comme un enfant ; pour sortir dans les bois, dédaignant le canotier de paille, il se coiffait d'un grand feutre qu'il relevait de côté ; un jour, l'éternelle cigarette en ayant brûlé un peu le bord, on avait caché le trou en cousant dessus un morceau de velours bleu qui faisait ses délices.
>
> C'est alors que, faisant de sa canne une guitare, il prenait la pose du chanteur florentin et improvisait des chansonnettes et des sérénades ou parodiait la musique italienne qu'il n'aimait pas.
>
> Un jour, des chanteurs des rues s'étaient arrêtés devant la maison ; il se met à les accompagner du piano et de la voix, puis leur dit d'entrer et les fait jouer en ajoutant de ces boniments à nous faire tous mourir de rire ; il avait comme cela des moments de grosse gaîté, mais ensuite venaient les heures de tristesse et de découragement[34].

Premiers vrais pas de compositeur, initiation à l'amour, les relations entre Debussy et Marie procurèrent également au jeune homme une famille de substitution et contribuèrent à sa formation intellectuelle. En effet, il s'entendait bien avec

Henri, un érudit, et profitait de l'environnement culturel que lui offraient les Vasnier :

Très ignorant et trop intelligent pour ne pas s'en rendre compte, pendant ces longues journées d'été où il ne pouvait toujours composer et se promener, il lisait beaucoup, et je l'ai vu souvent chercher dans mes livres de classe le dictionnaire qu'il étudiait consciencieusement. « J'aime beaucoup lire le dictionnaire, disait-il ; on y apprend quantité de choses intéressantes. » Il avait un goût inné pour juger ce qui touchait à l'art, même pour les tableaux et gravures qui, en ce temps-là tout au moins, ne l'intéressaient guère. Quand mon père, grand amateur, le faisait causer, il trouvait dans ses paroles une grande sûreté de jugement et des appréciations tout à fait personnelles et remarquables[35].

Durant ces années marquant la fin de l'adolescence et le début de l'âge adulte, Debussy sut se fier à son instinct pour former sa sensibilité. Petit à petit, cette dernière s'affinera en s'ouvrant à d'autres formes d'art. « Les plus profitables leçons ne lui sont pas venues de musiciens, mais de poètes et de peintres[36] », écrit non sans justesse Louis Laloy, son premier biographe français. Musicalement, Debussy est alors influencé par Verlaine, ce poète qui dans son *Art poétique* proclamait désirer « de la musique avant toute chose ». À partir de janvier 1882, il compose une mélodie sur *Fantoches*, puis, entre janvier 1885 et mars 1887, *En sourdine*, *Mandoline*, *Clair de Lune*, *Pantomime* et *Ariettes oubliées*.

Une page se tourne lorsqu'il obtient le prix de Rome en 1884, une véritable reconnaissance certes, mais qui allait l'obliger à quitter Paris et à se séparer de Marie Vasnier.

« Donc notre ami Achille a eu le prix malgré lui ! Voilà longtemps que dure cette sinistre comédie d'adultère. Déjà l'an dernier j'ai dû le décider à entrer en loge et à faire le grand concours. Il ne voulait pas. Cet hiver, il m'a dit qu'il ne partirait pas pour Rome, alors même qu'il aurait le prix, que cela lui était bien défendu[37]. »

Debussy tenta même le prix de composition de Paris qui était récompensé par une forte somme pour échapper aux deux années d'exil romain, mais il n'eut pas le temps d'achever une œuvre selon les délais, en dépit d'un « travail forcé [après lequel il eut] la tête un peu démolie[38] ». La tête mais aussi le cœur... à la perspective de quitter sa maîtresse. Avant de partir, il recopia les mélodies composées pour Marie et lui offrit le volume avec une dédicace mélancolique mais résignée :

À Madame Vasnier. Ces chansons qui n'ont jamais vécu que par elle et qui perdront leur grâce charmeresse, si jamais plus elles ne passent par sa bouche de fée mélodieuse.
L'auteur éternellement reconnaissant[39].

À la villa Médicis (1885-1887)

Tout ce que je rapporterai de Rome, sera la fièvre[1].

Le 27 janvier 1885, Claude-Achille se mit bon gré mal gré en route pour Rome. Le lendemain, arrivé à Marseille, il donne de ses nouvelles à Henri Vasnier en s'adressant secrètement à Marie : « Je n'ai que peu de choses à vous dire, surtout parce que je craindrais de vous ennuyer, de mon ennui et je vous assure, que je fais tout ce que je peux pour avoir du courage, voire même vous oublier. Ce n'est pas l'ingratitude, allez, puis, soyez tranquille, je n'y arriverais pas[2]*. »

Outre son chagrin d'amour, l'ennui de Debussy venait aussi de son caractère peu enclin à la vie en communauté comme elle s'organisait à la villa Médicis :

Il était très ombrageux, très susceptible, impressionnable au suprême degré ; un rien le mettait de bonne humeur, mais aussi un rien le rendait boudeur et rageur. Très sauvage, il ne cachait pas son mécontentement lorsque mes parents rece-

---

* Nous avons conservé dans les citations de Claude Debussy la syntaxe et l'orthographe d'origine.

vaient, ce qui l'empêchait de venir, car il n'acceptait pas souvent de se trouver avec des étrangers. S'il en arrivait par hasard et que ces favorisés eussent l'heur de lui plaire, il savait être aimable, jouait et chantait du Wagner, imitait et chargeait quelque compositeur moderne ; mais quand on ne lui plaisait pas, il savait le montrer[3].

Debussy arriva de mauvaise humeur à Rome. Il était d'autant moins disposé à se lier car il avait la nostalgie du salon de Marie, rue Constantinople. Face à la femme aimée, la muse perdue, le cocon familial qu'il s'était créé, rien ne pouvait avoir grâce à ses yeux et surtout pas la villa Médicis, « cette affreuse caserne[4] », située à des centaines de kilomètres de Paris. « M'y voilà dans cette abominable villa. Et je vous assure que ma première impression n'est pas bonne, il fait un temps épouvantable, de la pluie, du vent. [...] Ah, quand je suis rentré dans ma chambre[*] qui est immense, où il faut faire une lieue pour aller d'un meuble à l'autre, que je me suis senti seul et que j'ai pleuré[5]. » Même si le sauvage Achille retrouve Pierné et Vidal, il ne fait guère d'efforts pour être aimable avec ses amis. « Bien que vivant côte à côte, il n'y eut pas entre lui et ses camarades de véritable intimité. Il restait très solitaire et fuyait notre compagnie[6] », raconta Pierné. La communauté de la Villa aurait pu paraître un idéal pour Debussy qui se voyait ainsi entretenu matériellement. Au contraire, autant il aimait être dans un milieu aisé où il était le seul artiste ou

---

[*] Debussy était installé dans la chambre surnommée le « Tombeau étrusque », voir *Monsieur Croche et autres écrits*, Gallimard, coll. « L'Imaginaire », 1987, p. 189.

presque, autant il ne supportait par la société d'un groupe où tout le monde rivalise de génie :

> Les conversations que l'on tient autour de cette table ressemblent forcément à des propos de table d'hôte, et il serait vain de croire qu'on y commente les esthétiques récentes ou bien l'ardente rêverie des anciens maîtres. Si par cela la villa Médicis est un foyer d'art médiocre, on y apprend très vite le côté pratique de la vie, tant on s'y préoccupe de la figure que l'on fera de retour à Paris[7]...
>
> [C]ette vie de « pensionnaire » [...] tient à la fois de l'hôtel cosmopolite, du collège libre, de la caserne laïque et obligatoire... Je revois la salle à manger de la Villa où s'alignent les portraits des prix de Rome de jadis et d'hier. Il y en a jusqu'au plafond ; on ne les distingue même plus très bien ; il est vrai que l'on n'en parle même plus du tout. Dans toutes ces figures, on retrouve la même expression un peu triste ; elles ont l'air « déracinées... ». Au bout de quelques mois, la multiplicité de ces cadres aux dimensions immuables donne à qui la contemple l'impression que c'est le même prix de Rome répété à l'infini[8] !

Debussy avait déjà séjourné assez brièvement à Rome avec Mme von Meck. La perspective d'y rester deux ans avec l'obligation de composer pour l'Académie aurait suffi à lui rendre le séjour peu supportable. Être séparé de la femme aimée en fait un calvaire.

Comme Berlioz, qui échoua plusieurs fois au concours de Rome avant de tout faire pour écourter son séjour à la Villa, Debussy s'est plié aux règles de l'Académie avec en même temps des envies de révolte et d'évasion. Tous deux étaient partagés entre leur esprit créatif singulier et le souci d'être soutenu par une institution pour vivre de leur art. La marginalité telle que la pratiqua Erik Satie réclame un caractère encore plus indépendant et un désintérêt pour le matériel parfois difficile à assumer.

Debussy ne devait pas s'avérer le lauréat le plus docile et le bilan de ces deux années ne sera guère brillant musicalement et socialement, comme il le prévoit dès le début : « J'ai bien peur si je restais trop longtemps d'avoir perdu beaucoup de temps pour rien, que ça soit la mort de beaucoup de mes projets d'art[9]... » Paradoxe de l'inspiration, ce n'est pas forcément en procurant à l'artiste un contexte favorable au travail qu'il parvient à créer alors que les aléas d'une vie matérielle chaotique mais libre, comme en connaîtra Debussy par la suite, s'avèrent parfois une source d'énergie.

« Je suis un peu malade, toujours pour la même cause, mon diable de cœur est rétif aussi à l'air de Rome. Je voudrais tant travailler que je me disloque le cerveau, sans rien trouver, que la fièvre qui m'abat bêtement me laissant sans force[10]. »

Même s'il n'ira pas jusqu'au bout de sa révolte contre l'Académie, Debussy, notamment au début de son séjour, n'a de cesse de se plaindre :

J'étouffe et suis parfaitement incapable d'un bon mouvement pour secouer toute cette torpeur mauvaise qui me fait voir les choses sous un jour détestable, ça ne va pas jusqu'à avoir perdu le sens des belles choses, mais je ne les aime, comme il faudrait que je les aime, et pour que cela me soit vraiment profitable.

Tout cela parce que je suis ici, en vertu d'un décret qui m'y a forcé, que je sens peser sur moi l'ombre de l'Académie. Ah ! La villa Médicis elle en est remplie de la légende académique, depuis le portier qui a un habit vert, jusqu'au directeur qui lève les yeux au ciel d'un air extatique toutes les fois qu'il en parle, et les éloges que l'on fait de Michel-Ange, Raphaël, etc. ressemblent à un discours de réception[11].

En 1903, livrant ses impressions sur ce prix et au risque d'être traité d'ingrat, il se montrera bien critique sur le principe en tirant parti de sa propre expérience : Debussy avait conscience que ce séjour à la villa Médicis lui avait été finalement inutile et qu'il n'était pas le seul lauréat dans ce cas :

Sans vouloir discréditer l'institution du prix de Rome, on peut au moins en affirmer l'imprévoyance... je veux dire par cela qu'on abandonne froidement de très jeunes gens aux tentations charmantes d'une entière liberté dont, au surplus, ils ne savent que faire... [...] Or, en arrivant à Rome, on ne sait pas grand-chose, — tout au plus sait-on son métier ! — et l'on voudrait que ces jeunes gens, déjà troublés par un complet changement de vie, se donnent à eux-mêmes les leçons d'énergie nécessaires à une âme d'artiste. C'est impossible ! Et si l'on peut lire le rapport annuel sur les envois de Rome, on s'étonnera de la sévérité de ses termes ; ce n'est pas la faute des pensionnaires si leur esthétique est un peu en désordre, mais bien celle de ceux qui les envoient dans un pays où tout parle de l'art le plus pur, en les laissant libres d'interpréter cet art à leur guise[12].

Le jeune musicien écrit beaucoup à Henri Vasnier. On ne peut douter qu'il éprouvait de l'affection pour cet homme qui l'avait accueilli, qui avait contribué à élargir sa culture. Il n'en reste pas moins que l'attitude de Debussy est assez perverse dans sa façon de s'adresser au mari trompé.

En effet, certains de ses propos officiels semblent davantage s'adresser à madame plutôt qu'à monsieur et ce alors que le musicien entretenait une correspondance clandestine avec Marie.

À peine a-t-il posé ses valises qu'il songe déjà à regagner Paris. Seuls ses amis parviennent à le détourner momentanément de ses projets de fugue. Il s'échappe finalement de Rome fin avril pour un séjour éclair à Paris durant lequel il rend visite aux Vasnier.

Outre des confidences à Pierné et Vidal, également pensionnaires, Debussy épanche son cœur dans des lettres aux peintres Claudius et Gustave Popelin, le père et le fils. Si le musicien se comporte souvent comme un ours, il aime se confier par lettres. Tout au long de sa vie, il s'est trouvé des amis intimes qui changeaient au fil du temps et auxquels il se livrait comme dans une sorte de journal. Ainsi, il écrit à Claudius Popelin à propos de Marie, après sa fugue :

[C]es deux mois n'ont rien changé en moi, qu'ils n'ont fait qu'exaspérer certains de mes sentiments, je suis bien obligé d'avouer leur force, puisque sans ce qui en est la cause, je ne vis pas, car c'est bien de [ne] pas vivre, que de voir son imagination ne plus vous obéir, je vous l'ai dit, j'ai trop pris l'habitude de vouloir, et de ne concevoir que par elle. C'est avec une certaine crainte que je vous dis cela. Car, il y a loin, de ce que vous m'aviez conseillé, de tâcher à ramener à une amitié durable, cet amour qui est fou, je le sais, mais dont la folie m'empêche de réfléchir, non seulement, la réflexion n'aboutit qu'à plus de folie encore, mais elle est toute prête à trouver que je n'ai pas assez fait pour cet amour[13].

L'amoureux revint à la Villa résigné à rester... jusqu'à la fin de l'année 1885. « Mais si jamais l'année prochaine me retrouve à Rome, ça m'étonnera beaucoup[14] », affirme le pensionnaire récalcitrant. Henri Vasnier parvint à raisonner le jeune homme qui finit par promettre de ne plus fuir. Pour rester en communion avec Marie, Debussy continua à écrire des mélodies durant sa première année romaine avec *Romance* et *Les Cloches* sur des poèmes de Paul Bourget. Il composera aussi des *Ariettes oubliées*, d'après des poèmes de Verlaine, entre janvier 1885 et mars 1887. Compositions intimes qui n'entraient pas dans la catégorie des œuvres qu'il devait envoyer à l'Institut mais qui l'inspiraient davantage.

Le musicien ayant obtenu un congé officiel, il quitta Rome le 8 juillet 1885 pour Dieppe où les Vasnier étaient en villégiature. Il était décidé avec Marie que le séjour du musicien en Normandie se ferait à l'insu d'Henri, ce qui n'était pas sans tourmenter le jeune homme. Il cacha également son escapade à ses parents qui se doutèrent pourtant qu'il était en France :

[L]a dernière lettre d'elle que j'ai reçue avant-hier, cachait mal tout l'ennui que lui donnerait ma présence là-bas. Me disant qu'il serait très imprudent de nous voir, tu comprends que souffrance pour souffrance, j'aime mieux rester ici que de m'exposer aux rages folles que me donneront sûrement ces empêchements de la voir, tout en étant près d'elle, cette vie serait insupportable avec la jalousie que je me connais, la forcer à faire autrement serait la perdre, eh bien j'aime encore mieux la perdre, en gardant l'orgueil de mon amour, que de jouer ce rôle de chien suppliant, qu'on finit par laisser à la porte, je lui ai dit du reste, que je ne voulais rien de changé, et qu'elle soit toute à moi. Sa réponse me prouvera si j'ai bien fait, mais vois un peu comme je suis lâche, il me prend des envies de lui écrire, que tout m'est égal, pourvu que je la revoie, et pourtant je suis bien sûr que cela amènerait d'irréparables choses[15].

Et il confie à Gustave Popelin, à son retour de Dieppe :

[C]e voyage a été une souffrance de plus pour moi, et n'a fait qu'exagérer mes regrets ; il va me falloir pas mal de temps pour me remettre[16].

Le 31 août, Debussy repartit en Italie. Quelques jours plus tard, il adressa une lettre à Henri Vasnier dans laquelle il raconta avoir été à Fiumiscino, une petite station balnéaire située près de Rome, et prétendit avoir passé le reste de l'été dans la Ville éternelle. Le séjour à Dieppe, loin de réconforter le musicien, l'avait plongé en plein doute, ne sachant s'il devait ou non se résigner à mettre fin à une histoire d'amour compliquée et sans espoir.

Le 8 juin 1885, la Villa avait changé de directeur. Le peintre Ernest Hébert et sa jeune femme, Gabrielle, tous les deux mélomanes, s'attachèrent à rendre l'atmosphère plus amicale et se montrèrent sympathiques avec le compositeur. Sincèrement ou pour détourner une éventuelle jalousie de Marie, Debussy raconte à Henri Vasnier que les

Hébert lui « témoignent un intérêt un peu fatigant. Sous prétexte de chercher à me rendre la Villa sympathique, ils vont me la rendre un peu plus odieuse[17] ». Il est sans doute plus sincère lorsqu'il explique à Gustave Popelin que les attentions de Mme Hébert ne lui « sont qu'une cause d'irritation[18] ». Face à une femme à peu près du même âge que sa maîtresse et qui le « comble d'attentions délicates[19] », comment n'aurait-il pas pu sentir davantage encore l'absence de l'être aimé ?

En septembre, rentré à Rome, Debussy céda à nouveau au spleen et songea encore à démissionner. Il faut croire d'ailleurs que même lorsqu'on était bien disposé, l'ambiance à la Villa n'était pas très gaie. Gustave Popelin et Paul Vidal tardèrent également à revenir et les Hébert quittèrent Rome de la mi-septembre à la fin de l'année 1885. Hébert avait accordé à Debussy le congé réclamé pour l'été, mais l'accueillit un peu froidement à son retour, le pensionnaire ayant prolongé son absence plus que prévu. Le directeur était peut-être surtout fâché parce qu'il connaissait le but de son escapade estivale. En tout cas, Mme Hébert était au courant de cette liaison que Debussy lui avait peut-être confiée lui-même puisqu'elle la révéla à Paul Baudry, en décembre 1885, alors qu'elle séjournait à Paris. Paul Baudry exécutait alors le portrait de Mme Vasnier.

À la Villa, Debussy avait tout le loisir de s'abandonner à sa peine de cœur, à ses tourments créatifs et à la fièvre dont il se dit régulièrement atteint. Il ressasse son désespoir et son découragement à longueur de journée et dans ses longues lettres à Henri Vasnier, jusqu'à la dernière, du 29 janvier 1886, époque vers laquelle M. Vasnier apprend finalement l'infidélité de sa femme. Debussy renonça à Marie mais sa mélancolie se prolongea encore pendant des mois. « [J']ai trouvé Rome, de plus en plus : salement laid, c'est étonnant comme cette ville de marbre et de puces est peu sympathique, on s'y gratte et on s'y ennuie. La Villa est toujours la fabrique de produits spleeniques que je vous ai décrite trop souvent[20] », écrit-il encore, à l'automne 1886.

Grâce aux Hébert, Debussy se montra moins sauvage pendant sa seconde année. Le journal de Mme Hébert prouve que Debussy participait souvent aux soirées et sorties, même s'il ne se montrait pas toujours très aimable :

> En somme, s'il ne s'entendait pas très bien avec certains de nos camarades et s'il ne cherchait pas volontiers la société des pensionnaires, il ne cessa jamais durant son séjour à Rome de témoigner à Leroux* et à moi la plus cordiale amitié et sut à l'occasion se montrer mondain. [...]
> Il a pu arriver qu'il s'ennuyât un peu à Rome et qu'il désirât rentrer à Paris le plus tôt possible, mais dans ses lettres à ses amis de Paris il a fortement exagéré son abandon[21].

Les rares lettres de 1886 et 1887 conservées montrent que le compositeur était assez discret sur ses soirées et ses activités. À moins qu'une lettre ne manque, il ne souffla même pas mot à

---

* Xavier Leroux (1863-1919), compositeur et professeur d'harmonie. Il a laissé de nombreuses musiques de scène et des opéras.

Henri Vasnier de la visite de Liszt à la Villa début janvier 1886. Ce dernier y passa cependant deux soirées, les 8 et 13 janvier, et Debussy, Vidal et Hébert se rendirent une fois à son hôtel. Le 8, Debussy et Vidal interprétèrent devant Liszt sa *Faust-Symphonie* transcrite pour deux pianos. Le compositeur hongrois s'endormit pendant l'exécution. Même si, en 1915, Debussy rendit hommage à l'art de Liszt utilisant la pédale comme une respiration, on ne peut pas dire que ces rencontres marquèrent le jeune compositeur. Il ne montra d'ailleurs jamais beaucoup d'attirance pour la musique du beau-père de Wagner. Cette indifférence reflète bien aussi l'attitude de Debussy qui, à quelques exceptions près, n'aimait guère fréquenter les autres musiciens, préférant se lier avec des écrivains et des peintres.

Sa mère lui rendit visite en avril 1886, mais Debussy ne semble pas être retourné en France pendant l'été de la même année. Le musicien jugea sans doute préférable de ne pas s'approcher des lieux qui lui rappelleraient trop sa passion pour Marie. D'ailleurs, si on peut soupçonner un peu de complaisance à se plaindre de son ennui et si on excepte sa souffrance sentimentale, Debussy ressentira encore maintes fois le mal-être qui est le sien à la Villa. Durant toute son existence, en effet, il peinera à composer, en proie à des doutes qui le plongeront dans un état dépressif. À Rome, dans un contexte peu favorable à ses yeux, ses pannes d'inspiration lui semblent simplement plus grandes et plus angoissantes :

> Vous parlez de la tranquillité que vous donne la Villa, ah ! je donnerais dieu sait quoi pour en avoir un peu moins, cela à n'importe quel prix, car elle m'assomme et m'empêche de vivre.
>
> Mettons encore une fois que cela n'est pas sérieux ; mais le plus dur est que mon travail en souffre beaucoup, chaque jour me faisant tomber dans une médiocrité plus profonde, je ne trouve plus rien de bon, avouez que cela me donne le droit de réfléchir sur l'avenir[22].

On ne s'étonnera pas que ses compositions pour l'Académie aient été mal jugées.

Il envoie d'abord *Zuleima*, une ode symphonique dont il n'esquisse que les deux premières parties. En octobre 1885, il avait pourtant renoncé à terminer ce travail jugeant que « ces grands imbéciles de vers [de Georges Boyer] ne sont grands que par la longueur[23] ». Croyant mieux réussir avec Banville, il s'était lancé dans l'écriture d'une musique pour l'une de ses comédies, *Diane au bois*. Mais rapidement, il rencontra de nouvelles difficultés : il avait des idées mais ne parvenait pas à les mettre en musique. « J'ai [...] entrepris un travail peut-être au-dessus de mes forces ; cela n'ayant pas de précédent, je me trouve dans l'obligation d'inventer de nouvelles formes. [...]Je voudrais arriver à ce que l'accent reste lyrique sans être absorbé par l'orchestre[24]. » « Je voudrais trouver une musique qui habille en quelque sorte la poésie...[25] » Cette conception correspond à l'idéal auquel il a abouti avec *Pelléas et Mélisande*, idéal auquel il songeait donc depuis l'âge de vingt-trois ans mais qui ne trouvera son accomplissement définitif que près de vingt ans plus tard.

Au bout d'un an, Debussy abandonne *Diane*. « [L]'inspiration et moi, sommes un peu brouillés, et j'arrache les idées de ma tête avec la douce facilité qu'on a de se faire arracher une dent[26]. » Faute de mieux et pressé par l'Institut, Debussy exhume *Zuleima*, non sans mauvaise humeur. « Ce qui était fait me dégoûtait, et puis ce travail de raccommodage est tout ce qu'il y a de plus navrant[27]. » Le jury de l'Académie émettra un jugement négatif sur l'œuvre : « Ce pensionnaire, nous le signalons avec regret, semble aujourd'hui se préoccuper uniquement de faire de l'étrange, du bizarre, de l'incompréhensible, de l'inexécutable. Malgré quelques passages qui ne manquent pas d'un certain caractère, la partie vocale de l'ouvrage n'offre d'intérêt ni au point de vue mélodique, ni de celui de la déclamation[28]. » Après *Zuleima*, Debussy, en guise de second envoi, proposa une suite symphonique pour orchestre, piano et chœurs intitulée *Printemps*. Il expliqua à Émile Baron, un libraire parisien, qui était aussi son nouveau confident :

Je me suis mis en tête de faire une œuvre dans une couleur spéciale et devant donner le plus de sensations possibles. [...]

Je voudrais exprimer, la genèse lente et souffreteuse des êtres et des choses dans la nature, puis l'épanouissement ascendant et se terminant par une éclatante joie de renaître à une vie nouvelle, en quelque sorte : Tout cela naturellement sans programme ayant un profond dédain pour la musique devant suivre un petit morceau de littérature qu'on a eu le soin de vous remettre en entrant. Alors vous devez comprendre combien la musique doit avoir de puissance évocatrice, et je ne sais si je pourrai arriver à l'exécution parfaite de ce projet[29].

Le jugement de l'Académie de France ne fut pas plus élogieux pour *Printemps* :

M. Debussy ne pèche assurément point par la platitude et la banalité [...]. Il serait à désirer qu'il se tînt en garde contre cet impressionnisme vague qui est un des plus dangereux ennemis de la vérité dans les œuvres d'art. [...] Le premier mouvement du morceau symphonique est une série de prélude *adagio*, d'une rêverie et d'une recherche qui aboutissent à la confusion. Le second mouvement est une transformation bizarre et incohérente au premier, que les combinaisons de rythme rendent, du moins, un peu plus clair et appréciable. On attend et on espère mieux[30]...

Quant au troisième envoi, *La Damoiselle élue*, Debussy termina l'œuvre à Paris en 1888.

Le musicien français n'apprécie guère l'art italien, qu'il s'agisse de beaux-arts ou de musique, pas plus bien sûr qu'il n'est sensible à l'aspect religieux de la ville de Rome. Il y a « une orgie de sculpture, peinture, mosaïque, que je trouve d'un aspect un peu trop théâtral, dans ces églises le Christ a l'air d'un squelette égaré qui se demande mélancoliquement pourquoi on l'y a mis[31] ». Debussy est cependant touché par les deux messes qu'il écoute dans l'église Santa Maria dell'Anima. La première messe est de Palestrina, l'autre d'Orlande de Lassus, deux compositeurs du XVIe siècle :

Les deux bonshommes susnommés sont des maîtres surtout Orlando qui est plus décoratif, plus humain que Palestrina. Puis, je considère comme un véritable tour de force, les
effets qu'ils tirent simplement d'une science énorme du contrepoint, [car] le Contrepoint est la chose la plus rébarbative
qui soit en musique. Or, avec eux, il devient admirable ; soulignant le sentiment des mots avec une profondeur inouïe, et
parfois il y a des enroulements de dessins mélodiques qui
vous font l'effet, d'enluminures de très vieux missels. Voilà les
seules heures où le Monsieur à sensations musicales s'est un
peu réveillé en moi[32].

Achille Debussy quitta définitivement la villa
Médicis le 2 mars 1887.

Toutes ses compositions liées aux épreuves pour
le prix de Rome, puis celles qu'il envoya, pourraient ne pas figurer dans son œuvre sans que la
valeur du compositeur en soit affaiblie. Ces concessions faites à une institution constituaient une
expérience et à un moment de transition durant
lequel le jeune musicien, à défaut de bonnes compositions, avait conçu mentalement les grandes
lignes de sa quête musicale.

En revenant à Paris, une nouvelle page se tournait pour un musicien qui, à vingt-cinq ans, devait
se trouver une place dans le paysage musical français.

Années de bohème (1887-1889)

*[J]e me demande comment je vais faire, avec ma sau-
vagerie exagérée, pour trouver mon chemin et me
débattre au milieu de ce « Bazar au Succès » et je pressens des ennuis, des froissements sans nombre[1].*

Heureux de retrouver Paris après l'exil romain
mais sans projet, Debussy renoua difficilement
avec ses relations et ses habitudes. Dans une lettre
à Ernest Hébert, il se plaint ainsi de ses amis.
« Vidal, très occupé, m'accordant péniblement la
faveur de déjeuner avec lui ! Leroux me donnant
audience dans la rue entre deux rendez-vous !
Pierné ! Celui-là je n'ose même pas y aller[2]. »
Debussy, qui ne devait jamais faire de plan de carrière et ne jamais occuper un poste stable, était
surpris des avancées de ses camarades. Mais ses
conceptions lui interdisaient de se diriger vers les
voies du succès facile : « On devrait faire de l'Art
pour cinq personnes au plus et cinq personnes
qu'on aimerait bien ! Mais chercher à avoir la
considération des Boulevardiers, Gens du Monde,
et autres légumes, mon Dieu que ça doit être
ennuyeux[3]. »

Debussy s'est réinstallé chez ses parents, 27 rue de Berlin, dans un appartement un peu plus grand et où le musicien bénéficie d'une entrée particulière. Il retourne chez les Vasnier mais le cœur n'y est plus, ni d'un côté ni de l'autre. Marguerite Vasnier résume bien la position et l'attitude du compositeur dont le retour était plus dur qu'il ne l'avait sans doute imaginé :

[Q]uand il revint définitivement, l'intimité de jadis n'était plus la même. Il avait évolué, nous aussi de notre côté. Nous avions déménagé, fait de nouvelles connaissances. Avec son caractère sauvage et ombrageux, tenant à ses habitudes, il ne se retrouvait plus chez lui.

Néanmoins, il venait encore souvent le soir nous jouer ce qu'il avait composé loin de nous. Il nous avait laissé, en partant pour Rome, la plus grande partie de ses manuscrits, mais il en avait repris beaucoup dont il devait se servir ; il venait donc encore demander avis, conseil et même aide matérielle ; car, n'habitant plus dans sa famille, et n'étant pas encore connu, il lui fallait vivre pourtant ; c'est à ce moment qu'il mit à exécution ce vague projet de me donner des leçons de piano et d'harmonie, voulant faire plaisir à mes parents. Mais quel mauvais professeur ! Pas l'ombre de patience. Incapable, pour une explication, de se mettre à la portée de la très jeune intelligence qu'il avait devant lui ; il fallait comprendre avant qu'il eût fini de parler ; nous dûmes y renoncer... Puis, peu à peu, ayant lui aussi fait de nouvelles connaissances, il cessa de venir et nous ne l'avons jamais revu[4].

Debussy revient de Rome sans grande inspiration : son désir de se tenir loin de la facilité cache sa difficulté à mettre en musique ses idées novatrices. Entre décembre 1887 et 1889, il compose cinq mélodies sur des poèmes de Baudelaire qui seront publiées à cent cinquante exemplaires en février 1890 par souscription. Une publication pour quelques privilégiés que Debussy revendique : « [J]e n'ai nullement l'intention de déconcerter mes contemporains par d'insomnieuses harmonies. Je veux simplement l'assentiment des gens qui, comme toi, sont humainement désintéressés des programmes trop faciles et veulent bien croire à une musique sans alliage[5]. »

En 1888, la veuve Girod, que Debussy qualifie d'« éditeur compatissant et philantropique[6] » publie ses *Ariettes oubliées* composées à la villa Médicis d'après des poèmes de Verlaine. À la fin de cette même année, il termine une *Petite Suite* pour piano à quatre mains que les éditions Durand, Schoenewerk et Cie publient en février 1889.

Entre 1887 et 1889, Debussy fournit également aux éditions Durand, Schoenewerk et Cie des transcriptions : une version pour deux pianos à quatre mains de l'ouverture du *Vaisseau fantôme* de Wagner, une transcription des *Études en forme de canon* de Schumann. Il doit aussi s'atteler à Saint-Saëns en adaptant notamment l'un de ses opéras, les *Airs de ballets d'Étienne Marcel*. Travail vraiment alimentaire car il n'appréciait pas Camille Saint-Saëns qui, selon lui, « fit des opéras avec l'âme d'un vieux symphoniste impénitent[7] ». Toujours fin 1888, il termine le troisième envoi de son prix de Rome : *La Damoiselle élue* pour voix de femmes et orchestre sur un poème lyrique de Dante Gabriel Rossetti, plus connu comme peintre préraphaélite que comme poète. Bien que terminée avec retard, l'Académie apprécia l'œuvre parce que l'originalité de Debussy était moins frappante :

Le texte choisi [...] est en prose et assez obscur ; mais la musique qu'il y a adaptée n'est dénuée ni de poésie ni de charme, quoi qu'elle se ressente encore de ces tendances systématiques en vogue dans l'expression et dans les formes que l'Académie avait eu déjà l'occasion de reprocher au compositeur. Ici, toutefois, ses inclinations et ces procédés s'accusent avec plus de réserves et semblent, jusqu'à un certain point, justifiés par la nature même et le caractère indéterminé du sujet[8].

Entorse à sa sauvagerie naturelle, le musicien s'inscrit au comité de la Société nationale de musique[*] le 8 janvier 1888. Il s'engagea à donner pour la saison 1888-1889 un morceau d'orchestre... Faute d'une nouvelle œuvre, il proposa au printemps 1889 *La Damoiselle élue* mais l'exécution n'eut lieu que le 8 avril 1893.

Cette œuvre fut dédiée à Paul Dukas. Les deux musiciens s'étaient rencontrés brièvement lors d'un séjour de Debussy à Paris en 1885. Ils se virent régulièrement entre 1887 et 1893, le plus souvent chez les parents de Paul Dukas. Plus aisés que les Debussy, ils vivaient dans un grand appartement rue des Petits-Hôtels, près de la gare du Nord. Dans le salon trônait un piano à queue. Dukas faisait partie des nouveaux amis de Debussy auxquels s'ajoutèrent notamment des écrivains. « À

* La Société nationale de musique a été fondée en 1871 par plusieurs musiciens dont César Franck, Ernest Guiraud, Camille Saint-Saëns et Jules Massenet. Elle avait pour but de faire entendre uniquement des œuvres françaises.

son retour de Rome, il comprit que pour *sentir* juste, il fallait que l'esprit fût opulemment meublé ; et il fréquenta chez des lettrés qui l'y aidèrent. Il eut alors une ambition de plus, celle d'affiner ses perceptions et ses pensées[9]. » Tout en se cherchant musicalement, Debussy élargit, en effet, ses horizons intellectuels à la faveur de nouvelles lectures, de nouvelles relations mais aussi d'un événement : l'Exposition universelle de 1889. Cette manifestation lui permit de découvrir l'art et la musique d'Extrême-Orient. Il se prit ainsi de passion pour les estampes et objets asiatiques mais aussi pour le Théâtre annamite interprété par une troupe de Saïgon et l'orchestre gamelan, ensemble musical javanais composé essentiellement de percussions :

Nombreuses furent les heures que l'on passa dans sa compagnie au Théâtre annamite, dont il scandalisa plus d'une fois les rares spectateurs par des comparaisons irrévérentes avec Bayreuth. [...] Les heures vraiment fécondes pour Debussy, c'est dans le campong javanais de la section néerlandaise qu'il les goûta sans nombre, attentif à la polyrythmie percutée d'un gamelan qui se montrait inépuisable en combinaisons de timbres éthérées ou fulgurantes, tandis qu'évoluaient, musique faite image, les prestigieuses Bedayas[10].

Debussy fut frappé par ce type de musique *a priori* moins civilisé, loin des règles et conventions, dont le jeune compositeur rêvait justement de se libérer. Vingt-trois ans plus tard, il en faisait encore l'éloge, prouvant par là l'influence constante que cette musique exerça sur lui :

Il y a eu, il y a même encore, malgré les désordres qu'apporte la civilisation, de charmants petits peuples qui apprirent la musique aussi simplement qu'on apprend à respirer. Leur conservatoire c'est : le rythme éternel de la mer, le vent dans les feuilles, et mille petits bruits qu'ils écoutèrent avec soin, sans jamais regarder dans d'arbitraires traités. Leurs traditions n'existent que dans de très vieilles chansons, mêlées de danses, où chacun, siècle sur siècle, apporta sa respectueuse contribution. Cependant, la musique javanaise observe un contrepoint auprès duquel celui de Palestrina n'est qu'un jeu d'enfant. Et si l'on écoute, sans parti pris européen, le charme de leur « percussion », on est bien obligé de constater que la nôtre n'est qu'un bruit barbare de cirque forain[11].

Admiratif de ces musiques, Debussy sut les incorporer à son propre univers. On trouve ainsi des accents orientaux faits de mélodies simples et répétées dans plusieurs de ses œuvres comme dans la toccata de l'ensemble *Pour le piano* ou comme dans *Pagodes*, premières des *Estampes* composées en 1903. C'est aussi dans le cadre de l'Exposition universelle que Rimski-Korsakov et Glazounov dirigèrent des concerts aux programmes desquels se trouvaient des œuvres du groupe des Cinq. Debussy y assista et put élargir encore sa connaissance du répertoire russe. La musique découverte lors de l'Exposition universelle eut bien plus d'influence que les deux pèlerinages à Bayreuth que Debussy effectua en 1888 et 1889, grâce au financier mélomane Étienne Dupin qui paya ses voyages. Debussy y retrouva d'autres musiciens dont Paul Dukas et Ernest Chausson mais aussi le peintre Jacques-Émile Blanche qui devait faire son portrait et Mme Wilson-Pelouze. À cette occasion, il se lia aussi d'une amitié durable avec Robert Godet, musicologue, compositeur et critique suisse, collaborateur de la *Revue wagnérienne*. Debussy assista à *Parsifal*, aux *Maîtres chanteurs* et *à Tristan*. Outre ces représentations en Allemagne, il entendit *Lohengrin*, *L'Or du Rhin* et *La Walkyrie* à l'Opéra de Paris en 1893. En écoutant Wagner, il n'est pourtant déjà plus cet admirateur fou[12] qu'il prétend avoir été. Il entretient déjà une attitude ambiguë face au maître de Bayreuth qu'il n'hésite pas à tourner en dérision dans des lettres. Au fil des années, il prendra même publiquement ses distances face à l'autoritarisme de l'auteur de *Parsifal*. À son ancien professeur Ernest Guiraud, wagnérien convaincu, il exprime ainsi son impression pendant son second voyage à Bayreuth :

> Quelles scies, ces leitmotive ! Quelles sempiternelles catapultes ! Pourquoi Wagner n'a-t-il point soupé chez Pluton après avoir achevé *Tristan* et les *Maîtres* ? Les *Niebelungen*, où il y a des pages qui me renversent sont une machine à trucs. Même s'ils déteignent sur mon cher *Tristan* et c'est un chagrin pour moi de sentir que je m'en détache[13].

Debussy s'est toujours gardé d'être un théoricien et considérait que chaque artiste devait écrire ce qu'il sentait personnellement. Une discussion avec Ernest Guiraud et notée par Maurice Emmanuel nous permet cependant de connaître les positions esthétiques du jeune musicien, réflexions qu'il rêve de mettre en musique et qui annoncent

Pelléas et Mélisande. Réflexions qui marquent également son indépendance par rapport à la musique de Conservatoire mais aussi par rapport à l'opéra wagnérien, alors modèle par excellence. Le Debussy de vingt-sept ans est, dans l'esprit, celui qu'il restera jusqu'à sa mort. Il trouve l'habillage musical des opéras trop lourd, rêve d'une œuvre où l'on chante quand cela est nécessaire, d'une œuvre où le silence parle aussi.

Période de découverte, les années 1887-1889 marquent aussi pour Debussy la naissance de nouvelles amitiés dont certaines l'accompagneront une partie de sa vie. Il se rend chez le docteur Michel Peter qui organise des dîners littéraires et artistiques. Il se liera avec les fils de la famille, Michel et René. Ce dernier avait onze ans lorsqu'il le vit pour la première fois. « Son aspect assyrien, son ton noir, son parler martelé, son nom mythologique me firent peur[14] », racontera-t-il dans son livre de souvenirs sur le musicien. Debussy fit la connaissance des amis des Peter : le financier Étienne Dupin et le jeune peintre belge Léopold Stevens, fils d'Alfred, peintre également. Ce dernier avait obtenu du succès avec ses nombreux tableaux représentant des femmes élégantes dans des pauses assez mélancoliques. Installé à Paris dès l'âge de vingt et un ans, Alfred Stevens faisait partie des intimes de Degas, Manet et Berthe Morisot. Le musicien se rendit fréquemment chez les Stevens, rue de Calais. Il était sensible au cadre muséal de l'appartement, à la conversation d'Alfred et de Léopold mais aussi au charme de

Catherine, sœur de Léopold. Blonde, gracile, « jolie fille, aux yeux doucement pervers[15] », note Edmond de Goncourt, ami d'Alfred, elle correspond au style de femme apprécié par Debussy et que Mélisande symbolisera. En outre, Catherine pratiquait la musique et avait composé quelques airs d'après des poèmes de Musset. Quelques années plus tard, alors que les Stevens connaissaient des problèmes financiers, Debussy, non moins impécunieux, proposa à Catherine de l'épouser en lui disant que *Pelléas* allait être joué. La jeune femme refusa l'offre avec douceur.

Outre les salons de quelques amis fortunés, Debussy fréquente la Librairie de l'art indépendant et les cafés et cabarets de la bohème artistique et littéraire. La librairie se trouvait rue de la Chaussée-d'Antin. « Une étroite boutique dont la devanture offrait au passant un étalage de livres, accompagnés de tableaux et de gravures d'un symbolisme qui ne laissait aucun doute sur les tendances de la maison[16]. » L'établissement, fréquenté par Verlaine, Mallarmé, Villiers de L'Isle-Adam, Jules Laforgue était tenu par Edmond Bailly, « petit homme à lunettes d'or [...] personnage singulier, [il] n'était pas seulement éditeur, il était occultiste et musicien[17] ». « Si vous saviez ce que ce petit homme cache de haut-savoir et d'idées vraiment très artistiques », écrit Debussy à un ami, « et puis il est d'une intransigeance devant laquelle, la mienne s'effare quelquefois[18]. » Henri de Régnier, qui venait chez Bailly pour parler littérature, y voyait Debussy régulièrement :

Il entrait de son pas pesant et feutré. Je revois ce corps mou et nonchalant, ce visage d'une pâleur mate, ces yeux noirs et vifs aux paupières lourdes, ce front énorme singulièrement bossué sur lequel il ramenait une longue mèche crépue, cet aspect à la fois félin et tzigane, ardent et concentré. On causait. Debussy écoutait, feuilletait un livre, examinait une gravure. Il aimait les livres, les bibelots, mais il en revenait toujours à la musique, parlant peu de lui-même, mais jugeant avec sévérité ses confrères. Il n'épargnait guère que Vincent d'Indy et Ernest Chausson. [...] Il intéressait, en conservant toujours quelque chose de distant, d'évasif. Je l'ai rencontré très souvent et je l'ai très mal connu, en l'admirant très sincèrement[19].

Il y a une espèce de charme à sa voix un peu nasillarde, quelque chose de libre et de brusque, il y a du pâtre calabrais et du musicien d'orchestre en lui[20].

Debussy écoutait et s'abreuvait des discussions littéraires et ésotériques qu'entretenaient les habitués. Devenu familier à son tour, il fit mettre au début de l'année 1890 ses *Cinq poèmes de Baudelaire* en dépôt chez Bailly.

Le compositeur traversait aussi la Seine pour gagner le boulevard Saint-Michel et le Café Vachette, lieu de rendez-vous de poètes symbolistes, notamment Jean Moréas, auteur du *Manifeste du symbolisme*, publié dans *Le Figaro* du 18 septembre 1886. Là-bas, Debussy poursuivait son éducation littéraire, laquelle nourrissait également ses réflexions esthétiques et musicales, cherchant à appliquer à la musique les idées du mouvement symboliste. Les échanges avec Moréas, poète d'origine grecque, étaient parfois mouvementés. « Ils s'agaçaient mutuellement à tel point qu'ils finissaient par s'en divertir eux-mêmes, et qu'à suivre les progrès de leur mystification réciproque on ne savait bientôt plus quel était le doctrinaire et quel l'ironiste[21]. »

Mais Debussy avait davantage ses habitudes rive droite où il vivait depuis l'enfance. Il se rendait très souvent à la taverne Weber, rue Royale :

Il allait [...] déguster une pinte ou deux de *fin pale-ale* appuyées, selon les moments, de sandwiches foie gras pain mie ou de ces grillades tachées de roux, les flancs baveux de l'épais chesters et fleurant bon sous le nom de *welsh-rarebits*, desquelles il était grand amateur. S'il arrivait qu'il rencontrât là quelque agréable compagnon, la flânerie se prolongeait assez tard, parfois même suivie d'une escale « chez le voisin » : Reynolds, bar minuscule[22]...

La taverne Weber était aussi fréquentée par Paul-Jean Toulet, Charles Maurras, Léon Daudet, Jean Lorrain, Jean de Tinan, mais aussi Reynaldo Hahn et Proust avec lesquels Debussy se lia plus ou moins intimement au fil du temps.

Le musicien était également un familier du Chat noir[*], un cabaret à la réputation un peu sulfureuse, si on en croit Edmond de Goncourt rapportant des anecdotes grivoises tout en assurant qu'il n'y mettait pas les pieds. Quand le musicien le fréquenta, le cabaret était devenu une affaire prospère. Il se trouvait près de Pigalle, rue de Laval

[*] Le cabaret fut fondé par Rodolphe Salis en 1881 qui créa aussi la revue artistique et littéraire éponyme initialement pour promouvoir son établissement.

(aujourd'hui rue Victor-Massé) et proposait de nombreux spectacles musicaux et du théâtre d'ombre. À l'époque, Erik Satie y était pianiste. C'est probablement là que Debussy et lui se rencontrèrent, plus probablement en tout cas qu'au Conservatoire quelques années auparavant où Satie ne fit qu'un passage éclair. Encore moins disposé que Debussy à se plier à l'autorité, Satie menait une véritable vie de bohème. Aucun témoignage sérieux ne permet d'établir une date de rencontre entre les deux musiciens si ce n'est qu'elle eut lieu au plus tard en 1892 puisque l'auteur des *Gymnopédies* raconte avoir assisté à la composition du *Quatuor à cordes* commencé cette année-là. La camaraderie entre ces deux musiciens en marge étonna leurs amis mais se maintint jusqu'aux dernières années de la vie de Debussy, Satie venant déjeuner régulièrement chez ce dernier. Seules quelques lettres de Satie et ses écrits témoignent de ce lien dont on sait peu de choses, faute de documents :

Son caractère était, au fond, charmant ; & ses mouvements de mauvaise humeur se montraient purement « explosifs », n'emmenant pas, à leur suite, la moindre rancune : il ne vous en voulait pas de « ses » vivacités, en somme — sentiment d'un égoïsme naïf qui n'était pas sans attrait, je vous assure.

Dès que je le vis pour la première fois, je fus porté vers lui & désirai vivre sans cesse à ses côtés. J'eus, pendant trente ans, le bonheur de pouvoir réaliser ce vœu. Nous nous comprenions à demi mot, sans explications compliquées, car nous nous connaissions — depuis toujours, il semblait.

J'ai assisté à tout son développement créateur. *Le Quatuor*, les *Chansons de Bilitis*, *Pelléas et Mélisande*, naquirent devant moi & je ne puis encore oublier l'émotion que cette musique me donna ; car j'en savourais délicieusement la « nébulosité » nouvelle & précieuse, à ce moment[23].

Enfin, Debussy donnait régulièrement des rendez-vous chez Pousset, situé au carrefour Châteaudun et surnommé le Cul de bouteille alors que son frère, le Petit Pousset, était situé boulevard des Italiens. « [D]es physionomies notoires de l'époque joignaient des mots subtils en sablant la bière le long de choucroutes soyeuses ou d'écrevisses au ventre barbelé[24]. » La taverne du carrefour Châteaudun avait été ouverte en 1879 par Fernand Pousset et avait pour clients Villiers de L'Isle-Adam, Courteline et Feydeau ainsi qu'André Antoine, l'homme de théâtre, « grand timide secret, jaillissant de boutades paradoxales[25] », et Catulle Mendès.

En avril 1890, Debussy cède les droits de sa *Fantaisie pour piano et orchestre* à Paul de Choudens*. La partition gravée ne fut pas imprimée mais le compositeur se lia ainsi avec Paul de Choudens dont la maison d'édition musicale était prestigieuse.

La *Fantaisie* devait initialement être son quatrième envoi à l'Académie de Rome mais Debussy préféra la proposer à la Société nationale de musique et la dédia à son camarade de Conservatoire,

---

* Paul de Choudens, de son vrai nom Paul Bérel (1850-1925), est aussi l'auteur de livrets d'opéra. Il reprit la maison d'édition fondée par Antoine de Choudens en 1845. La maison fit fortune en publiant notamment les partitions du *Faust* de Gounod et *Carmen* de Bizet. Elle existe toujours et reste spécialisée dans l'édition d'œuvres lyriques.

le pianiste René Chansarel. Il travailla notamment à cette œuvre en avril et mai 1889 durant son séjour de deux mois à Saint-Énogat (actuellement Dinard), invité par Michel Peter fils. Terminée au début de l'année 1890, la *Fantaisie* devait être jouée le 21 avril de la même année avec Chansarel comme soliste mais le chef d'orchestre, Vincent d'Indy, annonça qu'on ne jouerait que le premier des trois mouvements car le programme de la soirée était déjà chargé. Debussy refusa d'entendre sa *Fantaisie* amputée des deux tiers et emporta les partitions de l'orchestre après une répétition pour empêcher l'exécution. Il écrivit peu après une lettre de remerciements et d'excuse à Vincent d'Indy, expliquant que « jouer seulement la 1re partie de la *Fantaisie* est, non seulement dangereux, mais, ne peut qu'en donner une idée fausse[26] ». Le témoignage de Paul Poujaud, avocat et mélomane, donne peut-être une autre raison au geste de Debussy en évoquant la seconde répétition de la *Fantaisie*, salle Érard :

Debussy était très beau, tout en noir, sa chemise souple à grands plis, sa cravate flottante. Notre Prince des ténèbres. Les quelques amis étaient très contents. Debussy muet, renfermé. Après, à la brasserie Muller, devant la fontaine Molière. En nous quittant, Debussy me confia : « Je vais retirer ma *Fantaisie* — Pourquoi ? Vous n'êtes pas satisfait de l'exécution ? — Si, si, mais mon final m'a déçu. » — Il n'y avait pas à insister : pour sa musique, il était alors intraitable[27].

Maurice Emmanuel témoigne également de l'insatisfaction du compositeur. « L'ouvrage achevé,

Debussy s'accusa d'inadvertance et de méprise : il s'aperçut que sa plume venait de trahir sa foi. Cette *Fantaisie*, il la renia. Elle lui parut puer l'école, à cause de ses développements prévus, de ses échafaudages contrapuntiques. Ce dont certains le louaient fut jugé par lui une erreur[28]. » Debussy n'hésita jamais à reprendre son travail et refusait de diffuser une version qui ne lui convenait pas. Ici, son souci de perfection tout autant que l'amputation dont cette œuvre allait être l'objet ont donc pu l'inciter à la retirer. Le compositeur devait par la suite retravailler l'orchestration de cette *Fantaisie* à laquelle il tenait. Elle ne fut jouée pour la première fois qu'après sa mort, en novembre 1919, à Londres avec Alfred Cortot au piano et fut publiée l'année suivante.

La *Fantaisie*, dont la naissance était donc repoussée, avait été achetée par Choudens grâce à l'intervention de Catulle Mendès. Poète parnassien, dramaturge, romancier, librettiste et wagnérien convaincu, Mendès avait épousé Judith, une des filles de Théophile Gautier, avant de la quitter pour la musicienne Augusta Holmès. De presque vingt ans son aîné, Mendès avait aidé le jeune musicien avec une idée derrière la tête. Robert Godet raconte que « Debussy reçut un petit bleu signé Catulle Mendès qui le rendit perplexe par le tour superlatif des éloges dont cet écrivain l'enguirlandait. […] Son petit bleu fut suivi d'une grande visite ; sa visite, d'une audition. Il loua la *Fantaisie,* pressa l'auteur de la terminer, s'offrit de la faire éditer ; et de fait, c'est par son entremise que la partition fut élégamment gravée sur beau papier[29] ». Auteur de plusieurs livrets, Catulle Mendès gardait depuis des années dans ses tiroirs un *Rodrigue et Chimène* d'après l'histoire du Cid qu'il proposa à Debussy de mettre en musique. Le jeune compositeur, qui lui était redevable et qui avait besoin d'argent faute de revenus réguliers, accepta. Le style poétique de Mendès n'était pas dans le goût de Debussy qui préférait à ses vers marmoréens de parnassien ceux des symbolistes. En outre, comme pour les morceaux de concours du prix de Rome et ses envois, Debussy avait beaucoup de mal à composer sur commande, dans un cadre défini qui ne correspondait pas à son inspiration et son inclination naturelle. Comme le dit Robert Godet : « Debussy n'agissait librement, force organisée, que sous la discipline de ses strictes lois. C'est la nature de son génie qui lui prescrivait le choix de ses poètes[30]. » Debussy composa deux actes puis abandonna. Une légende courut que, travaillant dans un café, sa table se serait renversée et que la partition aurait été brûlée, mettant ainsi fin au projet. Pure légende puisque Alfred Cortot acheta le manuscrit. La partition fut publiée pour la première fois en 2003, chez Durand. Si l'achat de Cortot balaye la vraisemblance de cette anecdote, c'est lui qui en forgea une autre[31]. Il prétendit, en effet, que Mendès avait rencontré Manuel Debussy au Café napolitain où il jouait aux dominos et que le père, inquiet, aurait demandé au poète, très introduit dans le milieu artistique, d'aider son fils. Outre que Claude-

Achille fréquentait plus que son père les cafés de la bohème artistique, on l'imagine mal accepter un projet né de l'intervention paternelle.

Si le travail sur *Chimène et Rodrigue* n'inspire pas Debussy, l'année 1890 marque cependant une période riche en compositions après deux ans de tâtonnements, de réflexions et de nouvelles expériences musicales et artistiques, année ponctuée également de nouvelles rencontres, notamment celle avec Mallarmé.

Autour du *Prélude à l'après-midi d'un faune* (1890-1894)

[C]hercher sans lassitude l'Inexprimable, qui est l'Idéal de tout art[1].

Dans une lettre à Robert Godet du 25 décembre 1889, alors qu'il se remet d'une pneumonie et lutte contre ses « tendances à de grosses tristesses[2] », Debussy ne signe plus ADebussy mais Cl.ADebussy, reprenant ainsi Claude, son second prénom, donné par ses parents pour en faire le premier puis bientôt le seul. En 1892, à la veille du printemps, le musicien abandonne Achille pour signer Claude seulement, ne signant Claude-Achille que quelques fois encore en 1893 en s'adressant à Chausson. Ce qui pourrait apparaître comme une coquetterie ou un détail révèle bien un désir de changement qui s'exprime en musique mais aussi dans la vie privée du musicien.

Depuis la fin de l'année 1889, une jeune femme, Gabrielle Dupont, est entrée dans la vie de Debussy. Depuis sa liaison avec Marie Vasnier, c'est la première relation sérieuse qu'on lui connaît. Il inscrit son nom en dédicace sur le premier acte de *Rodrigue et Chimène* en avril 1890. De quatre ans sa cadette, Gabrielle était originaire de Lisieux. Belle, avec une chevelure châtain qu'elle décolorait pour être blonde, et des yeux verts, elle avait quitté sa Normandie pour tenter sa chance à Paris. Un temps employée chez une modiste, elle avait eu une liaison avec un aristocrate, le comte de Villeneuve, quand elle rencontra le musicien. Ils se fréquentèrent durant plusieurs mois avant d'emménager ensemble. « Elle était bien [...] la blonde la moins frivole qu'il m'ait été donné de rencontrer. Le menton puissant, les attaches positives, le regard résolument félin, elle avait accepté avec stoïcisme, on pourrait dire avec sublimité, l'administration de la misère à deux[3]. » Gabrielle Dupont, énergique et courageuse, vécut auprès du compositeur les années les plus difficiles. « Nous avions de pénibles scènes, dues au manque d'argent[4] », avoua-t-elle plus tard. Gaby, physiquement, était le modèle de ces femmes poétiques décrites par un Baudelaire ou un Verlaine. Même si sa passion pour elle était bien différente de celle qu'il avait pu nourrir pour Marie Vasnier, Debussy en a été épris sincèrement. René Peter n'a pourtant pas tort d'écrire que « la femme l'a toujours intéressé plus que les femmes[5] ». Debussy exprime en musique son rêve féminin mais fait passer son art avant sa compagne. Dès lors, seules les musiciennes que furent Marie Vasnier puis Emma Barnac surent vraiment pénétrer son univers alors que Gaby comme Lilly plus tard restaient à la porte du cabinet de travail.

Pour l'heure, la liaison avec Gaby fait partie de cette évolution qui s'opère chez Debussy : mettre en musique le fruit de ses réflexions, prendre son indépendance par rapport à ses parents avec lesquels il est en conflit, faute d'avoir une position stable. De fin octobre 1889 au début de l'année 1890, il est même tellement en froid avec eux qu'il quitte l'appartement de la rue de Berlin pour être hébergé par Étienne Dupin, boulevard Malesherbes, et donne cette adresse à ses correspondants. *Rodrigue et Chimène* occupe Debussy par intermittence jusqu'en 1893, comme s'il s'était senti obligé d'honorer cette commande de Catulle Mendès. En janvier 1892, il a laborieusement composé deux actes. « Ma vie est tristement fiévreuse à cause de cet opéra, où tout est contre moi et, tombent, douloureusement les pauvres petites plumes dont vous aimiez la couleur[6]... » Gustave Samazeuilh, compositeur et critique de quinze ans le cadet de Debussy, a étudié la partition et nuance les propos du musicien : « Ne croyez pas que Debussy soit, quoi qu'il en ait dit, toujours absent de *Rodrigue et Chimène*. Le prélude du premier acte, d'une subtile couleur, nous met dans une ambiance poétique et musicale analogue à celle de *La Damoiselle élue* et de certains épisodes de cette *Fantaisie* pour piano et orchestre qui conservent encore aujourd'hui, à bien des yeux, tant de fraîcheur juvénile[7]. »

De son propre chef, Debussy ébauche une musique pour *Axel*, un drame de Villiers de L'Isle-Adam, autre familier de la taverne Pousset. Wagnérien comme Mendès, ami de ce dernier mais aussi de Baudelaire et de Mallarmé, Villiers de L'Isle-Adam, né en 1838, apparaissait dans le monde artistique comme l'un des premiers et des plus grands symbolistes. Même si Debussy ne se lia jamais intimement avec l'écrivain, alors déjà atteint du cancer qui allait l'emporter, ce travail fragmentaire sur *Axel* est pour le compositeur un pas de plus vers le symbolisme.

En 1890 et 1891, Debussy délaisse les mélodies pour renouer avec la composition pour piano seul à travers plusieurs œuvres. Ces dernières paraîtront durant l'année 1891 chez Choudens. Debussy lui cède une *Marche écossaise sur un thème populaire* pour quatre mains, commandée par un général écossais, une *Valse romantique*, une *Ballade slave*, une *Tarentelle styrienne* ainsi que *Rêverie* et une *Mazurka*. Debussy cède également pour deux cents francs[*] une première version de *Suite bergamasque* qui ne sera finalement publiée qu'en 1905 chez Fromont. Dans cette *Suite* figure le célèbre *Clair de lune* initialement intitulé *Promenade sentimentale*. Cette œuvre, tout comme *Rêverie*, fait songer aux *Préludes* et *Nocturnes* de Chopin par la légèreté des accords, l'atmosphère évanescente, le retour d'un même motif au caractère souple et lancinant. Ce romantisme se marie avec des tonalités déjà plus impressionnistes.

C'est aussi en 1890 que Debussy compose ses

[*] Pour donner un ordre d'idée de la valeur du franc de l'époque et du coût de la vie, indiquons qu'un plat de gigot à la taverne Pousset coûtait 1,5 franc.

Deux Arabesques et les cède cette fois aux éditions Durand, également pour deux cents francs. Les *Deux Arabesques* feront l'objet de plusieurs transcriptions entre 1906 et 1912. La première fait partie des œuvres les plus jouées du musicien. Malgré tout, comme pour le *Clair de lune*, la popularité de la première *Arabesque* se fera attendre. Entre 1891, date de sa publication, et 1903, la partition ne se vendit qu'à quatre cents exemplaires. Enfin, le 30 août 1890, Debussy céda aussi à Julien Hamelle trois mélodies sur des poèmes de Verlaine et une d'après Paul Bourget, qui ne parut jamais, ainsi que *Rêverie* et la *Mazurka* déjà cédées à Choudens en mars, sans qu'on sache si cette double vente était un oubli ou un acte volontaire destiné à récolter un peu plus d'argent. L'ensemble ne lui rapporta que cent cinquante francs. La veuve d'Étienne Girod, toujours philanthrope, publia deux autres mélodies, *Fleurs des blés*, d'après André Girod, composées en 1881 et *Beau soir*, encore d'après Paul Bourget.

En souvenir de sa liaison avec Marie Vasnier, le musicien gardait pour lui les mélodies qu'il lui avait dédiées à l'exception de *Mandoline*, d'après Verlaine, et *Paysage sentimental*, d'après Bourget, parues en revue. Du reste, s'il les avait cédées, ce sacrifice intime n'aurait pas davantage fait sa fortune et l'ensemble des sommes obtenues aurait été bien dérisoire. Durant la dernière décennie du XIXᵉ siècle, sa situation financière ne s'améliore guère et, par rapport à Pierné ou Vidal par exemple, il apparaît comme le vilain petit canard du prix de

Rome. Debussy ne cherche pas les honneurs et les institutions lui auraient de toute façon refusé une place. Au contraire, fâché de la banalisation de l'art, il revendique plus que jamais une musique réservée à une élite. Malgré la pauvreté, Debussy préfère sa situation à celle de ceux qui bradent leur art :

> Vraiment la Musique aurait dû être une science hermétique, gardée par des textes d'une interprétation tellement longue et difficile qu'elle aurait certainement découragé le troupeau de gens qui s'en servent avec la désinvolture que l'on met à se servir d'un mouchoir de poche ! Or, et en outre, au lieu de chercher à répandre l'Art dans le public, je propose la fondation d'une « Société d'Ésotérisme Musical »[8] ...

> [J]e dois, à cette faculté de tout voir à travers une optique idéale, de ne pas avoir été trop entamé par les influences des milieux soi-disant artistiques de Paris [...]. Mais si j'en fais partie, c'est, si vous le voulez, avec un insurmontable orgueil, me faisant trouver, malgré ma réelle misère, tous ces gens-là plus malheureux que moi[9]...

Cette attitude va de pair avec sa sauvagerie sociale et son refus d'obéir à des codes, attitude un peu excessive qui, par la suite, s'atténuera. Par exemple, c'est parce que sa mère lui dit qu'il faut qu'on le voie aux obsèques d'Ernest Guiraud que Debussy, « l'ingouvernable fils[10] » renonce à aller rendre un dernier hommage à son professeur. Il ne l'oublia pourtant pas. En effet, en 1896, lorsque le chef d'orchestre Gustave Doret lui demanda une petite notice biographique, il écrivit : « Il fut l'élève d'Ernest Guiraud », sans indiquer d'autres noms de professeurs...

À l'automne 1892, l'homme d'affaires André Poniatowski lui propose d'organiser une série de concerts aux États-Unis. Debussy hésite, doutant du succès « étant d'un côté, absolument inconnu, et de l'autre, faisant un art un peu abscons[11] ». Certes, le musicien a conscience que ces exécutions de ses œuvres pourraient lui apporter confort matériel et gloire loin de Paris. Pourtant, dans sa manière d'hésiter, de répondre tardivement à Poniatowski, on devine aussi son peu d'envie de quitter Paris, ses habitudes et son cercle amical. Debussy est un casanier et, jusqu'à la fin de sa vie, il répugnera toujours à voyager.

Les trois longues lettres que Debussy envoie à ce bienfaiteur à l'automne 1892 et en février 1893 sont précieuses car on peut y lire une sorte de manifeste de son art et de ses convictions. Il rappelle ainsi son idéal et son mépris pour le monde musical médiocre qui selon lui traîne la musique dans la boue. S'insurgeant contre le succès de *La Vie du poète* de Gustave Charpentier, il déclare :

Tous ces petits snobs, de crainte de passer pour de pâles crétins, crient au chef-d'œuvre ! (C'est étouffant.) Mais, sacristi, la Musique ! c'est du rêve dont on écarte les voiles ! ce n'est même pas l'expression d'un sentiment, c'est le sentiment lui-même ! et l'on voudrait qu'elle serve à raconter de basses anecdotes[12] !

La pureté et l'émotion, Debussy les trouve lors des concerts à l'église Saint-Gervais où se rend aussi régulièrement Mallarmé. Il avait découvert et apprécié la musique sacrée à Rome et pouvait en réécouter grâce à des concerts organisés par l'abbé de Bussy. Le compositeur décrivit à Poniatowski son admiration pour cette musique ancienne qui le conforte dans ses propres idéaux. Pour lui, la Musique (qu'il écrit avec une majuscule) est sa religion, son sacerdoce :

[O]n a chanté une messe de Palestrina, pour voix seules. C'est merveilleusement beau ; cette musique qui pourtant est d'une écriture très sévère, paraît toute blanche, et l'émotion n'est pas traduite, (comme cela est devenu depuis) par des cris, mais par des arabesques mélodiques, cela vaut, en quelque sorte, par le contour, et par les arabesques s'entrecroisant pour produire, cette chose qui semble être devenue unique ; des harmonies mélodiques ! [...]

Naturellement, il y avait très peu de musiciens là, ils ont peut-être le bon goût de penser qu'ils y seraient déplacés, puis, ils auraient un tel dégoût de leurs petites histoires et du vilain commerce qu'ils entretiennent[13]...

Debussy doit d'avoir pu suivre son chemin à son temps, à la générosité de mélomanes ou musiciens comme Étienne Dupin, la famille Peter, Ernest Chausson, André Poniatowski et d'autres amis à qui il demande des prêts d'argent, sans oublier les éditeurs Georges Hartmann puis Jacques Durand. Parfois, la somme est destinée à acquérir un objet, un livre dont il rêve, car ses goûts de luxe ne le quittent pas. Il « adorait ce qui était beau », témoigne Michèle Worms de Romilly, l'une de ses élèves. « Les antiquités lui plaisaient ; il faisait souvent de longues stations chez un antiquaire, proche de notre maison, avenue Victor-Hugo, et y laissait en acompte le prix de ses leçons (au grand désespoir de sa femme qui attendait anxieusement son retour pour acheter le dîner !)[14]. » Parfois, ses demandes d'argent ont une origine plus prosaïque. « Je suis très honteux de l'avouer mais j'ai bêtement faim[15] », écrit-il à un ami en sollicitant un prêt de vingt francs.

Satie, non moins miséreux, n'a pas tort d'écrire : « Sans fortune, la vie lui a été très dure, & d'autant plus dure qu'il n'avait rien du cynique non plus que de l'anachorète. C'est par pur miracle qu'il a pu écrire & poursuivre son œuvre ; & il faut s'étonner qu'il y soit parvenu[16]. »

Même si Debussy suit sa voie sans se trahir, cela ne passe pas sans moments d'abattement entre la difficulté à composer et les soucis matériels qui, toute sa vie, viendront l'empoissonner alors qu'il rêvait d'une existence aisée d'artiste et d'esthète étranger aux considérations financières. Des moments de spleen qu'il confie à quelques amis : « Ce sentiment insupportable parfois, que j'ai de vivre dans une ville d'exil, où rien ne m'attend, et où je suis destiné à un petit train-train mélancolique[17]. »

En 1892, il caresse le projet de séjourner un temps à Londres où son ami Robert Godet est correspondant du quotidien *Le Temps*. À défaut de pourvoir effectuer ce séjour, il cultive son goût pour la littérature et la peinture anglo-saxonnes : Rossetti qu'il a déjà mis en musique, Poe, Américain qui a conquis la France grâce à Baudelaire et que Debussy admira toute sa vie, Shakespeare, notamment à travers Hamlet et Rosalinde, dans *Comme il vous plaira*, ses deux héros préférés en fiction, sans oublier Turner et l'Américain Whistler qui fascineront et influenceront autant Debussy que certains peintres impressionnistes français.

Au cours des années 1890-1891, Debussy élargit encore son cercle de connaissances en allant dans deux lieux fréquentés par les écrivains et artistes. Il se rend à l'Austin Bar, 24 rue d'Amsterdam, dans le quartier de la gare Saint-Lazare, l'un des grands quartiers littéraires de cette fin de siècle. Cette taverne, aujourd'hui un hôtel, offrait un cadre anglais authentique. Fréquentée par Baudelaire, Huysmans qui la décrit dans *À rebours*, elle permit à Debussy de rencontrer le général Read, Écossais attaché d'ambassade des États-Unis qui lui commanda, comme on l'a vu, une marche. Debussy ne parlant pas anglais, c'est Alphonse Allais, qui vivait dans l'immeuble voisin, qui fit l'interprète :

> Debussy apprit à connaître l'officier écossais qui lui avait proposé par intermédiaire de faire un sort musical à une mélodie typique de son clan, la *Marche du comte de Ross*. Ils s'entendirent à merveille ; et après maintes offrandes de *long and short drinks* sur l'autel de la « couleur locale », ils se quittèrent enchantés l'un de l'autre. Le général le fut-il autant du travail du musicien ? On ne sait trop, et l'on croirait assez que le résultat passa ses ambitions[18].

D'après Robert Godet, c'est aussi à l'Austin Bar que Debussy aurait fait la connaissance de Camille

Claudel en 1891. Rien ne présageait qu'une amitié puisse naître entre eux. Camille Claudel « hait la musique, le dit tout haut comme elle pense[19] », raconte Jules Renard à l'occasion d'un dîner chez les Claudel. Quant à Debussy, s'il s'intéressait aux beaux-arts, la sculpture ne lui était pas encore très familière. Auprès de Camille Claudel, il forme son goût. « [Debussy] adorait la *Petite Châtelaine*, une des plus gracieuses évocations qu'aient inspirées à un poète du marbre l'appel interrogateur d'un visage d'enfant devant l'inconnu[20]. » Camille Claudel, de deux ans la cadette de Debussy, avait aussi choisi la marge. Après avoir tourné le dos à l'Académie des beaux-arts, elle était devenue l'élève puis la compagne de Rodin. Vers cette époque, selon le témoignage d'Edmond de Goncourt qui la voit lors d'un dîner chez Daudet, Camille Claudel avait une « tête enfantine, [de] beaux yeux, [des] dires originaux, [un] parler aux lourdeurs paysannesques[21] ». Des liens entre les deux jeunes artistes, il ne reste que le témoignage assez vague de Godet : « Non seulement Camille Claudel l'aborda sans méfiance et lui prêta une curiosité de plus en plus éveillée, mais elle finit par l'écouter avec un recueillement qui n'avait rien d'une résignation. Et le temps vint où l'on entendit, quand le pianiste quittait le piano les mains glacées, lui dire en le conduisant vers la cheminée : "Sans commentaire, monsieur Debussy".[22] » Récit bref et qui ne dénote pas une grande intimité. C'est pourtant à partir de celui-ci que quelques biographes, relayés par le cinéma avec le film

Camille Claudel de Bruno Nuytten, ont fait des deux artistes des amants. Ce passage assez obscur d'une émouvante lettre de Debussy à son ami Godet a été interprété comme l'annonce de leur rupture :

Je suis encore très désemparé ; la fin tristement inattendue de cette histoire dont je vous ai parlé : fin banale, avec des anecdotes, des mots qu'il n'aurait jamais fallu dire, — je remarquais cette bizarre transposition : c'est qu'au moment, où tombaient de ces lèvres, ces mots si durs, j'entendais en moi, ce qu'elles m'avaient dit de si uniquement adorable ! et les notes fausses (réelles, hélas !), venant heurter, celles qui chantaient en moi, me déchiraient sans que je puisse, presque comprendre : il a pourtant bien fallu comprendre, depuis, et, j'ai laissé beaucoup de moi, accroché à ces ronces, et serai longtemps à me remettre à la culture personnelle, de l'art qui guérit tout ! (ce qui est une jolie ironie, celui-ci contenant toutes les souffrances, puis on les connaît, ceux qu'il a guéris.) Ah ! Je l'aimais vraiment bien, et si avec d'autant plus d'ardeur triste, que je sentais par les signes évidents, que jamais, elle ne ferait, certains pas qui engagent toute une âme, et qu'elle se gardait inviolable à des requêtes sur ma solidité de son cœur ! Maintenant, reste à savoir, si elle contenait ce que je cherchais ! Si ce n'était pas le Néant ! Malgré tout, je pleure sur la disparition du Rêve de ce rêve ! Après tout ; c'est peut-être moins désolant[23] !

Rien dans ces propos n'indique que la femme aimée soit Camille Claudel. À l'époque, la jeune femme est si proche de Rodin qu'on l'imagine mal entretenir en même temps une liaison suffisamment passionnée pour inspirer de tels mots au compositeur. L'identité de la femme aimée reste donc inconnue. Notons enfin que si Debussy parle de rupture, rien n'indique que celle-ci ait été définitive. Il pourrait donc s'agir aussi d'une dispute violente avec Gabrielle Dupont qui les auraient conduits à se séparer. Une dispute peut-être liée à leur impossibilité de vivre ensemble à une époque où Debussy venait de se réinstaller chez ses parents puisqu'il demande à Robert Godet de lui répondre 27 rue de Berlin et non plus chez Étienne Dupin. Enfin, même si Debussy n'est pas un être très extraverti, il a eu quelques amis auxquels il se confiait intimement. Or, il n'a jamais fait la moindre allusion à une liaison avec Camille Claudel, ni Camille de son côté à qui que ce soit.

Debussy aimait d'elle *La Valse* dont il posséda toute sa vie un exemplaire en bronze (ou en plâtre) posé sur son bureau. Le fait de garder cet objet n'est pas forcément un hommage rendu à un amour défunt... surtout lorsqu'on songe à la folie de Debussy pour les belles choses et les œuvres d'art. Le musicien, d'ailleurs, possédait d'autres objets fétiches dont il ne se séparait pas comme un crapaud presse-papiers appelé Arkel, le nom du roi dans *Pelléas et Mélisande*.

La rencontre essentielle de l'année 1890 reste celle avec Stéphane Mallarmé.

Jusqu'ici Debussy a composé ses meilleures musiques d'après des vers de poètes qu'il aimait mais qui étaient morts ou dont il ne croisa jamais le chemin comme Verlaine et Paul Bourget. Quant aux pages écrites par un Catulle Mendès ou un Villiers de L'Isle-Adam, elles n'inspirent pas ou peu le musicien pour qu'il en vienne à bout avec succès. Debussy avait déjà vu Mallarmé à plusieurs concerts de Lamoureux[*], observant avec fascination le poète prendre des notes sur un carnet. Il avait déjà abordé ses vers en composant pour Marie Vasnier, en février 1884, une mélodie sur le poème *Apparition*. Mallarmé n'en avait pas eu connaissance, la mélodie, qui ne fut publiée qu'en 1926, faisant partie de celles que Debussy gardait pour lui seul.

En revanche, par l'intermédiaire d'André Ferdinand Hérold, poète et ami commun du musicien et de l'écrivain, Mallarmé découvrit les mélodies de *Cinq Poèmes de Baudelaire* et fut sensible à la beauté de la musique. Paul Fort, jeune poète et dramaturge, fondateur du Théâtre d'art, voulait représenter *L'Après-midi d'un faune* publié en 1876 en ajoutant pour ce spectacle « un rien d'ouverture musicale[24] ». Un projet qui plaisait à Mallarmé. Peu après, durant la fin de l'année 1890, Hérold présenta Debussy au poète. Une représentation de *L'Après-midi d'un faune* avec musique fut alors annoncée pour le 27 février 1891 avant d'être retardée quinze jours puis annulée, faute de musique. La lettre mystérieuse à Godet, le 12 février, indique que Debussy était en proie alors à une peine sentimentale peu propice à l'inspiration musicale, surtout pour mener à bien un tel projet avec Mallarmé. En effet, Debussy souhaitait composer un triptyque rassemblant un prélude, un

[*] Charles Lamoureux, violoniste et chef d'orchestre, fonda en 1881 un orchestre symphonique et proposait régulièrement des concerts. L'Orchestre Lamoureux existe toujours et donne de fréquents concerts dans diverses salles parisiennes.

interlude et une paraphrase finale. L'œuvre mûrit mais se limita finalement au prélude auquel le musicien travailla jusqu'en septembre 1894.

Tout en élaborant le *Prélude à l'après-midi d'un faune*, Debussy revient à la composition de mélodies d'après Verlaine avec *Trois Mélodies* pour une voix avec accompagnement au piano en 1891 et *Trois Mélodies* d'après les *Fêtes galantes* en 1891-1892. Ces compositions n'apportèrent dans l'immédiat rien à la fortune et à la réputation de Debussy puisqu'elles ne furent publiées et jouées qu'après 1900. Verlaine continuait à l'inspirer sans que, manifestement, le musicien cherche à rencontrer le poète. Certes, à l'époque, c'est un homme usé qui devait s'éteindre en janvier 1896. Ils auraient pourtant pu se croiser, soit dans des cafés ou tavernes, soit chez Mallarmé, où l'un et l'autre se rendaient assez régulièrement. Peut-être Debussy ne voulait-il pas affronter l'éventuelle indifférence ou hostilité de ce poète qui restait, notamment, lié à sa liaison avec Marie Vasnier. Debussy lui-même se lance dans l'écriture de quelques poésies dont il tire ensuite quatre mélodies.

Les années durant lesquelles Debussy travaille au *Prélude* marquent une nouvelle étape dans son œuvre. En abordant la trentaine, il gagne d'abord en indépendance en quittant le domicile familial. Il s'installe avec Gaby 42 rue de Londres à partir de juin 1891. Le petit meublé loué 120 francs par an est à son image : « La chambre de la rue de Londres est une sorte de galetas lambrissé où voisinent en un singulier désordre, une table bancale, trois chaises de paille, un semblant de lit et un splendide Pleyel, prêté naturellement[25]. » Les murs étaient tapissés d'un papier représentant « par une singulière fantaisie, le portrait de monsieur Carnot entouré de petits oiseaux ! On ne peut se figurer ce que la contemplation d'une pareille chose peut amener... ? Le besoin de ne jamais être chez soi — entre autres[26]... ». Malgré ce déménagement, les rapports avec ses parents restent tendus. « [M]a famille [...] me trouvant décidément un fils vraiment trop improductif, au moins comme gloire, s'est mise à me faire une guerre à coups d'épingle, les unes, sentimentales, les autres simplement méchantes ; d'ailleurs, il est évident que les château en Espagne, qu'on avait construits sur le rapport futur de ma gloire, se sont bien tristement laissés tomber dans l'eau[27] ! »

Contre vents et marées, Debussy travaille au *Prélude à l'après-midi d'un faune*. À en croire Raymond Bonheur, le morceau dans son premier état était déjà admirable. Depuis le Conservatoire, Debussy faisait preuve d'un vrai talent dans l'improvisation et dans l'ébauche :

[C]'est quand il jouait d'après une esquisse encore flottante et presque dans la fièvre de l'improvisation qu'il était vraiment prodigieux — combien, disait-il, j'envie les peintres qui peuvent conserver à leur rêve la fraîcheur de l'ébauche — et je me rappellerai toujours la sensation d'éblouissement que j'éprouvai lorsqu'il me montra, en son premier état, cet *Après-midi d'un faune*, ruisselant de lumière, brûlant de toutes les ardeurs de l'été, dont l'éclat aveuglant ne devait pourtant qu'à la longue désarmer certaines préventions. C'était par une radieuse fin de journée — il habitait alors rue de Londres, presque à l'angle de la rue d'Amsterdam — et, par la fenêtre grande ouverte, le soleil déclinant entrait jusqu'au fond de la chambre... Cet *Après-midi d'un faune*, je l'ai souvent entendu depuis, mais ces quelques minutes-là, nulle exécution, si parfaite fût-elle, n'a réussi à me les faire oublier[28].

Comme il le fit pour *Pelléas* et d'autres œuvres de longue haleine, Debussy joua son *Prélude à l'après-midi d'un faune* à plusieurs personnes, au fil de la composition, des changements, pour juger de l'effet, obtenir des avis. Raymond Bonheur entendit une des premières versions du *Faune*, Henri de Régnier l'écouta au bout de deux ans et demi de travail, en septembre 1893. « J'ai eu la visite d'Henry de Régnier [...] j'ai sorti mes amabilités des grands jours, et joué *L'Après-midi d'un Faune* où il trouve qu'il fait chaud comme dans un four ! Et dont il loue le frissonnement ! (arrangez cela comme vous le voudrez)[29]. »

Auparavant, avant juillet 1893, Mallarmé lui-même s'était déplacé rue de Londres pour écouter une des premières versions. Par cette audition, Debussy cherchait encouragement et assentiment du poète. « Mallarmé vint chez moi, l'air fatidique et orné d'un plaid écossais. Après avoir écouté, il resta silencieux pendant un long moment, et me dit : "Je ne m'attendais pas à quelque chose de pareil ! Cette Musique prolonge l'émotion de mon poème et en situe le décor plus passionnément que, la couleur"[30]. »

En juillet 1893, Debussy déménage avec Gaby 10 rue Gustave-Doré où il y achèvera le *Prélude à l'après-midi d'un faune.* L'œuvre est dédiée à son compagnon de jeunesse, Raymond Bonheur. Elle devait être jouée en mars à Bruxelles au concert de la Libre esthétique mais fut retirée du programme, faute d'être prête. Debussy y mit un point final en septembre 1894 et vendit la partition aux éditions Eugène Fromont pour seulement deux cents francs. Derrière Fromont se cachait George Hartmann, un éditeur de musique qui poursuivait avec ce prête-nom son activité après avoir fait faillite. Hartmann, comme Jacques Durand, aida beaucoup Debussy. Il lui versait régulièrement de l'argent et lui consentait des avances. L'éditeur œuvra aussi pour la représentation de *Pelléas et Mélisande* dans sa première version en 1895 mais mourut en 1900 avant son achèvement et sa création.

Le *Prélude à l'après-midi d'un faune* fut exécuté pour la première fois le 22 décembre 1894 salle d'Harcourt, 40 rue Rochechouart. Le concert était organisé par la Société nationale de musique avec le Suisse Gustave Doret à la direction d'orchestre. Doret, dans son livre de souvenirs, raconte la première audition qui obtint dans la salle un franc succès sans provoquer ni avant ni après les remous que connaîtra *Pelléas et Mélisande* :

Soudain, je sentis derrière mon dos — c'est une faculté particulière de certains chefs ! — le public complètement subjugué ! Le triomphe est complet, si bien que malgré le règlement qui interdisait le « bis », je n'hésitai pas devant l'offense au règlement. Et l'orchestre, ravi, répéta avec joie l'œuvre qu'il avait aimée et imposée au public conquis[31].

Dans le public se trouvait Mallarmé que Debussy avait invité en ces termes :

Cher maître,
Ai-je besoin de vous dire la joie que j'aurais, si vous voulez bien encourager de votre présence, les arabesques qu'un peut-être coupable orgueil m'a fait croire être dictées par la Flûte de votre Faune[32].

Même si le résultat était loin du projet initial d'ajouter « un rien de musique » à son intermède scénique, Mallarmé s'enthousiasma pour cette interprétation musicale de son œuvre :

Mon cher ami,
Je sors du concert, très ému : la merveille ! votre illustration de l'*Après-midi d'un faune*, qui ne présenterait la dissonance avec mon texte sinon qu'aller plus loin, vraiment, dans la nostalgie et dans la lumière, avec finesse, avec malaise, avec richesse. Je vous presse les mains admirativement, Debussy[33].

Mallarmé dédicacera un exemplaire de son texte à Debussy avec ces vers :

Sylvain d'haleine première
Si ta flûte a réussi,
Ouïs toute la lumière
Qu'y soufflera Debussy[34].

Pierre Louÿs, admiratif de l'œuvre, se montra sévère avec l'orchestre : « Les cors étaient infects et le reste guère meilleur[35]. » Une nouvelle audition eut lieu le 13 octobre 1895 aux concerts

Colonne. La critique, dans l'ensemble, fut moins dure pour l'orchestre. Mais même dans les articles élogieux, il était évident que la presse était surprise par la musique.

Willy écrit ainsi :

Exquis tableau orchestral, musique de rêve ; çà et là, d'adorables trouvailles d'instrumentation qui font songer à quelques pages de Chabrier sublimé, qui seraient épurées vingt fois (Faune y soit qui mal y pense !) Charme griseur de l'imprécis[36] !

Amédée Boutarel fait un sort en quelques lignes au *Faune* : « Il faut louer avec quelques réserves le prélude de *L'Après-midi d'un faune* de M. Debussy, dont la structure musicale sur un thème, ou plutôt sur un résidu de thème chromatique, ne manque pas d'un certain caractère[37]. » Charles-Henry Hirsch, pour *Le Mercure de France*, se montre plus enthousiaste :

M. Debussy a encouru le reproche d'être « trop original » lorsque pour la première fois, le *Prélude* à *L'Après-midi d'un faune* fut donné salle d'Harcourt par la Société nationale en décembre 1894. Certes la critique n'inflige pas souvent un tel blâme. On n'y verrait une louange implicite.

La vérité nous paraît que le musicien, s'il n'est pas exactement doué d'une inspiration abondante, sait à merveille les ressources de son art et que le *Prélude* à *L'Après-midi d'un faune* est un tableau symphonique plein d'imprévus. Le charme qui s'en dégage est réellement grand, et l'on a un plaisir rare à suivre cette description où, dans le développement d'un motif, de fréquents incidents surgissent, qui animent la scène de la plus heureuse manière[38].

Le Figaro défend aussi l'œuvre lors de la reprise :

Claude Debussy est encore ignoré du public qui, jusqu'à présent, n'a pu connaître ses compositions, tout à fait curieuses et originales, parmi lesquelles je veux citer au moins un quatuor à cordes d'une très libre fantaisie rythmique et des pièces de chants sur des poésies de Baudelaire et de M. Verlaine, atteignant à une intensité d'expression parfois surprenante.

M. Debussy, qui a l'horreur légitime du contenu du banal et qui — je le regrette un peu — recherche de plus en plus l'exceptionnel a entrepris de nous expliquer symphoniquement l'églogue de M. Stéphane Mallarmé l'*Après-midi d'un faune*. [...]

J'ai peur que le public hier, chaleureux du reste, n'ait pas bien compris ces choses. Il n'a pu pénétrer — je le crains — les brumes de rêve où, sous des harmonies imprécises de violon et de harpes, chantent les flûtes pastorales, et les hautbois champêtres, où sonnent les cors mystérieux. C'est grand dommage, car l'œuvre a des coins de musique vraiment exquis et, si ma franchise m'oblige à avouer mes préférences pour un art plus net, plus robuste, plus mâle, l'équité me force à reconnaître en M. Debussy un tempérament rare et original[39].

Le *Prélude à l'après-midi d'un faune* sera, du vivant de Debussy, son œuvre la plus jouée et sans doute celle qui lui valut le moins d'attaques par rapport aux autres. Debussy explore de nouvelles voies harmoniques dans le développement de son thème principal en accordant une place prépondérante aux instruments à vent (flûtes, hautbois, cors, bassons, clarinettes) mêlés subtilement aux cordes, notamment la harpe.

Après les compositions liées au prix de Rome, à trente-deux ans, il livrait son œuvre la plus longue, un morceau plus libre et personnel que les envois à l'Académie. Une œuvre d'envergure en annonçant une autre plus grande encore : *Pelléas et Mélisande* commencé en 1893 et achevé neuf ans plus tard.

Avec Ernest Chausson
(1893-1894)

> *Dans l'intimité, Debussy était charmant, primesautier,*
> *plein d'abandon. [...]Dès qu'il se trouvait en société, il*
> *se concentrait, craignant de se livrer à quiconque, pré-*
> *férant suivre sa chimère qu'une conversation générale.*
> *Au fond, un tendre doublé d'un grand passionné*[1].

Les années du *Prélude de l'après-midi d'un faune* furent aussi marquées par l'épanouissement de l'amitié entre Debussy et Ernest Chausson et son rapprochement avec Pierre Louÿs. Si la relation entre Satie et Debussy étonnait les amis de l'auteur de *Pelléas et Mélisande*, celle avec le discret et mélancolique Chausson peut aussi surprendre, d'autant que Debussy fait preuve d'une indépendance musicale peu propice à nouer des relations suivies et étroites avec un autre compositeur. Chausson, né en 1855, avait mené des études de droit avant de s'inscrire à l'âge de vingt-quatre ans au Conservatoire comme auditeur libre aux cours de Massenet et de César Franck. Auparavant, il avait déjà composé quelques pièces. Il tenta le prix de Rome mais échoua. Musicalement, il pouvait apparaître comme une sorte d'autodidacte. Chausson et Debussy se connaissaient depuis 1888 mais leurs rapports restèrent assez distants pendant quelques années jusqu'à devenir très affectueux au cours de l'année 1893. Leur amitié naît vraiment au moment où *La Damoiselle élue* est enfin jouée par la Société nationale de musique, le 8 avril 1893, grâce à Chausson qui, dès 1888, s'est attaché à soutenir Debussy. En février 1890, il avait ainsi organisé une audition privée chez lui durant laquelle avaient été joués les *Cinq Poèmes de Baudelaire*. En 1891, Debussy dédia à Chausson la première des trois *Mélodies* d'après Verlaine, « La mer est plus belle que les cathédrales ».

Chausson écrit :

Nous avons pris depuis quinze jours l'habitude de nous voir souvent. Je regrette les répétitions finies, qui nous en fournissaient l'occasion. Mais j'espère pourtant que nous saurons bien nous rencontrer, même sans répétitions[2].

Debussy répond :

Moi aussi, cher Ami ; je regrette le temps des répétitions ! Puis, les longs mois où la Bretagne va m'enlever votre amicale présence.

Enfin, n'attristons pas, maintenant, la joie que m'a donnée *La Damoiselle élue*, c'est-à-dire, une manifestation si complète de votre amitié, que je ne pourrais assez dire combien, elle m'est devenue et me sera précieuse[3].

Ernest Chausson partageait les mêmes aspirations musicales que Debussy et ne voulait pas céder aux succès faciles pour devenir célèbre. En 1893, il travaille ainsi depuis huit ans sur son unique opéra, *Le Roi Arthus*. Il en a écrit le livret en s'inspirant des romans de la Table ronde. Chausson compose avec difficulté et acharnement, comme Debussy. Alors que ce dernier désirait lui soumettre une première version de *Pelléas*, Chausson écrit à son beau-frère, le peintre Henry Lerolle : « Il est désolé que je refuse d'entendre son *Pelléas et Mélisande*. Vraiment, cette audition m'a fait peur. Je suis certain d'avance que sa musique me plaira infiniment et je crains d'être troublé par la fin de mon pauvre Arthus, si ballottée depuis un an. Je pense pourtant à ce malheureux. Lui aussi a droit à quelques précautions[4]. » Debussy lui-même a refusé plusieurs fois de se laisser distraire lorsqu'il était en pleine composition, sans peut-être faire preuve d'autant de délicatesse que Chausson.

Cette amitié, qui fut grande mais assez brève, a donné naissance à plusieurs interprétations. Debussy manifeste son affection d'une façon qui peut sembler excessive et certains critiques et spécialistes le soupçonnèrent de faire preuve de flagornerie. En effet, pour Debussy Chausson est un ami mais aussi un admirateur et un mécène. Il l'accueille chez lui, le reçoit dans sa maison de campagne, lui prête de l'argent sans toujours être remboursé et s'arrange pour l'introduire dans la société du faubourg Saint-Germain où le compositeur peut fréquenter des gens fortunés. Il demande ainsi à Debussy d'envoyer la partition de *La Damoiselle élue* à Mme Rouquairol afin de l'inciter à organiser une soirée musicale chez elle : « Je compte beaucoup sur ces auditions pour femmes du monde. Et si ça prend, vous voilà un des hommes les plus puissants de Paris, puisque, dit-on, la femme gouverne le monde[5]. » Debussy était reconnaissant à Chausson de ses efforts, même s'il avait parfois peine à se plier à l'exercice mondain : « Je me déclare incapable de faire le gentil avec des gens qui au fond ne me sont de rien[6] », écrit-il à Chausson en refusant une invitation de Mme Sulzbach, une bienfaitrice de la Société nationale de musique dont il est pourtant membre.

Mais Ernest Chausson, conscient de la sauvagerie de son confrère, savait en tenir compte avec tact tout en l'aidant. Il lui présenta ainsi sa belle-mère, Mme Escudier, qui accepta d'organiser chez elle, 77 rue de Monceau, une série de concerts-conférences durant lesquels Debussy devait jouer sur un piano à queue Érard des extraits d'opéras de Wagner et les expliquer à un cercle choisi composé notamment de femmes du monde. La première après-midi, le 3 février 1894, fut consacrée à *Parsifal*. « Ça a très bien marché et je crois qu'on était content [...]. Le fait est qu'il jouait et chantait avec un entrain ! [...] En somme ce brave Debussy fait cela comme d'autres portent une malle pour gagner quelque chose. Mais je crois qu'il est assez content de penser que Marie ait à peu près un millier de francs pour lui[7]. » Gustave Samazeuilh, jeune compositeur de dix-sept ans, assista à quelques séances :

Je ne manquai pas de m'y rendre chaque fois que j'en trou-
vai la possibilité. La fortune me favorisa, puisqu'elle me permit d'entendre, outre un deuxième acte du *Crépuscule des
dieux*, brossé au clavier, avec une fougue extraordinaire, les
derniers actes de *Tristan* et de *Parsifal*, interprétés avec cette
voix rugueuse, contenue, aux éclats sombres singulièrement
efficaces, avec cette sonorité pianistique unique, profonde,
veloutée, inimitable, dont mes oreilles conservent encore
aujourd'hui le souvenir ébloui[8] !

Chaque séance de deux heures devait rapporter
à Debussy la somme énorme de mille francs, sans
commune mesure avec le prix auquel le compositeur vendait les droits sur ses œuvres.

Certes, Debussy, toujours en manque d'argent,
pouvait se montrer intéressé avec Chausson et, en
dépit de ses protestations, il n'hésite guère à réclamer prêt et aide. Il est cependant excessif d'assimi-
ler Debussy à un écornifleur tant ses relations
avec Chausson sont plus riches que les seuls liens
financiers. Il est si peu diplomate, si sauvage qu'il
ne lui aurait pas écrit autant de lettres intimes
sans sincérité. Du reste, Chausson prévient les
demandes de Debussy : conscient des difficultés
matérielles de son ami, il en parle sans gêne
comme si cet aspect, certes important, devait être
vite résolu afin de pouvoir penser à l'essentiel : la
musique. Debussy voit en Chausson un grand
frère avec lequel il développe ses connaissances de
la musique russe et avec lequel il partage, comme
on l'a dit, des conceptions musicales même s'ils ne
comprennent pas toujours les œuvres de l'autre. À

défaut d'avoir les mêmes idées esthétiques, ils aspirent au même idéal de perfection. Gustave Samazeuilh note : « La diversité de leur tempérament devait les dissuader de suivre les mêmes routes, et d'adopter le même langage. Mais la qualité de leur sensibilité, leur aversion du gros effet, le respect de la valeur littéraire et politique d'un texte, leur compréhension de l'art en général, les rapprochaient fraternellement[9]. » La persévérance musicale de Chausson est un modèle pour Debussy à une époque où il se lance dans *Pelléas*, sans imaginer sans doute que l'opéra ne verra le jour sur scène que près de dix ans plus tard :

Et voici qu'a sonné pour moi l'heure de la trente et unième année ! Et je ne suis pas encore très sûr de mon esthétique, et il y a des choses que je ne sais pas encore ! (faire des chefs-d'œuvre par exemple ; puis, être très sérieux entre autres choses, ayant le défaut de trop songer ma vie, et de n'en voir les réalités qu'au moment où elles deviennent insurmontables)[10].

Ernest Chausson, en aîné, répond avec sagesse :

Être « très sûr de son esthétique » ; diable, c'est une grosse affaire. Vous vous plaignez de n'être pas fixé à trente et un ans. Que dirais-je, moi, qui n'ai plus trente et un ans, et suis ravagé d'incertitude, de tâtonnements et d'inquiétude ? Il me semble au contraire que vous savez fort bien, et très nettement, ce que [vous] voulez atteindre. Mais ce qu'il me semble, à moi n'est peut-être pas ce qu'il vous semble, à vous ; et c'est vous qui êtes le seul bon juge dans la question. Se trouver, se dégainer, se débarrasser d'un tas d'opinions qu'on a adoptées quelquefois sans trop savoir pourquoi (parce qu'elles vous ont séduit un jour, ou parce qu'elles vous ont été présentées par des gens que l'on aime ou qu'on admire) et qui pourtant ne correspondent pas absolument à votre nature intime, tout est là ; et ce tout est bien terriblement difficile[11].

Fils d'un entrepreneur, Ernest Chausson menait une vie aisée dans son superbe hôtel particulier 22 boulevard de Courcelles. Il recevait Renoir, Manet, Degas ou encore Rodin et collectionnait des œuvres d'art. Il accueillait aussi des musiciens comme Chabrier, Franck, Fauré, Satie, d'Indy, ainsi que des écrivains comme Henri de Régnier, Gide, Mallarmé, Colette et son mari Willy. Camille Mauclair décrit ainsi l'intérieur de Chausson :

Sa maison était une merveille de goût et d'art. Henry Lerolle l'avait ornée de ses décorations délicates où, parmi les arbres frêles, le geste des jeunes filles est d'une poésie si pénétrante. C'était un musée* où les Odilon Redon et les Degas voisinaient avec les Besnard, les Puvis de Chavannes et les Carrière. Chausson vivait là entre les hautes tentures closes, les pianos, les ameublements sobres, les partitions et les livres. Sa famille nombreuse réunissait à sa table un petit peuple gracieux d'enfants et de jeunes femmes, avec quelques hommes intelligents dont chacun savait sa distinction et son œuvre. Quant aux amis qui, souvent, passaient la soirée dans l'hôtel du boulevard de Courcelles ; c'étaient les premiers artistes de notre temps[12].

Au plus fort de leur amitié, Debussy, gâté et accueilli par le généreux Chausson, pouvait avoir ainsi l'illusion de mener une existence en rapport

* Jean Gallois fournit à la fin de sa biographie d'Ernest Chausson (éditions Fayard, 1994) une liste des œuvres du musicien vendues chez Drouot après la mort de son épouse en 1936. Outre de la peinture européenne, Chausson possédait des œuvres étrangères, notamment des dessins d'Utamaro.

avec sa nature mais non ses moyens. On peut supposer que c'est à cette période que Debussy approfondit ses connaissances dans le domaine des beaux-arts et exerce son jugement qui lui fait admirer particulièrement Degas, Whistler, Turner ou encore le norvégien Frits Thaulow. « J'aime presque autant les images que la musique[13] », affirme Debussy qui emploie volontiers des termes picturaux pour décrire sa musique et bien sûr dans les titres de ses œuvres : ses séries des *Images*, *Arabesques*, *Estampes*. « Il parlait d'une partition d'orchestre comme d'un tableau[14]... », écrit-il à propos de son double, Monsieur Croche. Si Debussy est si souvent rapproché des peintres, c'est bien parce que beaucoup de ses œuvres se présentent sciemment comme des tableaux où les effets de lumière du soleil et des nuages, les mouvements de la nature comme ceux de la mer, les éléments météorologiques (vent, pluie) sont évoqués sous forme de notes, d'accords et de mélodies pour les transcrire en musique. Chausson incarne aussi en partie ce que Debussy aurait voulu être, ce qui contribue à favoriser leur amitié.

C'est si bon, d'être en confiance sur toutes sortes de sujets, car, même en amitié, on sent bien souvent des reploiements de pensée, très pénibles, et cela ressemble à des gens qui, ayant un beau jardin, l'entoureraient de grilles en fer de lance. Donc, vive ce qui nous ouvre les portes grandes. Vous me répondrez qu'il y a des jardins, où les fleurs ne se laissent pas cueillir, mais nous n'en sortirions pas, et j'aime mieux vous dire, que, je vous aime vraiment bien affectueusement, et que votre intervention dans ma vie, est sûrement un des sentiments qui me soient le plus cher ! Et j'en pense là-dessus, encore plus que je ne puis dire[15].

Toute sa vie, Debussy a eut besoin d'un confident. On peut dire qu'en 1893-1894, c'est Chausson qui tient ce rôle, à l'écoute des hésitations artistiques mais aussi des crises de cœur que Debussy connaît encore durant le printemps et l'été 1893.

Fin mai 1893, Debussy va rejoindre la famille Chausson à Luzancy, en Seine-et-Marne. Durant ce séjour, les deux musiciens travaillèrent des œuvres de Moussorgski dont *Boris Godounov*. « [P]endant des heures, des soirées entières, Debussy, infatigable au piano, nous initiait à cette œuvre formidable qui devait, dans la suite, avoir un tel retentissement[16]. » Ce séjour avec la famille Chausson, les Lerolle et Raymond Bonheur pouvait rappeler à Debussy les heures douces passées à Ville-d'Avray avec les Vasnier. De retour à Paris, le jeune musicien ne cache pas combien ces journées lui ont été salutaires :

Ah ! Ce dimanche ! cher ami, ce dimanche sans joie, sans vous et ce qui vous compose une atmosphère si délicieuse à respirer, car si je vous aimais déjà beaucoup, ces quelques jours passés près de vous, m'ont fait pour toujours, votre ami *bien bien* dévoué, du reste, je n'essaierai pas de faire passer mon émotion à travers ces lignes, ça serait, certainement d'un lyrisme qui affadirait la sincérité !

Figurez-vous que, même mes yeux, ne veulent pas se réhabituer à Paris, il flotte toujours devant eux, certaine maison blanche, qui leur fut si joyeuse, et où ils ne contemplèrent, après tout, que des choses charmantes ; hier au soir en mangeant les cerises que j'ai rapportées de chez vous, il a fallu sangler mon cœur, pour ne pas pleurer [...]. Comme c'était bon, de faire un peu partie de vous, être en quelque sorte, de votre famille ! Mais est-ce que je ne vais pas trop loin, et n'allez-vous pas trouver mon amitié un peu encombrante ? Je veux tant vous plaire, que j'imagine souvent des choses assurément folles[17].

Chausson répond dans le même sens, manifestant avec autant d'ardeur son amitié pour Debussy. La complicité qui s'est installée entre les deux musiciens dépasse ici les considérations matérielles. La joie de Debussy qui trouve une vraie famille répond à celle de Chausson qui oublie sa mélancolie grâce à son cadet, capable d'une énergie et d'un enthousiasme communicatifs :

Que vous êtes ennuyeux de n'être plus là ! C'est d'ailleurs le seul reproche que je puisse vous faire. Je m'étais si bien habitué à vous voir ! Maintenant.

Les portes du château ont beau rester ouvertes, tout a changé d'aspect. Plus de musique russe, plus de promenade en bateau, plus de partie de billard. On vient de m'annoncer l'envoi d'un énorme ballon et cela me laisse froid.

Triste et lent.

Et ce serait pourtant bien amusant une belle partie de ballon ! Heureusement ça reviendra ; je m'en fie au moineau qui orne l'en-tête de votre double lettre. [...] On parle de chevaux de bois, de tirs, enfin des réjouissances exquises ; vous ne serez pas là !

Vraiment, je suis stupéfait moi-même. Des parties de ballon, des chevaux de bois ! ! ! Mais quel âge ai-je donc ? Je n'aime guère à y songer ; mais il me semble que ce printemps me fait presque retomber à l'enfance. Par moments. Car c'est déjà fini. Me voilà remis au travail, et dans ma tête se faufilent, une à une, des idées peu gaies. Cet état m'est plutôt normal, mais l'autre était bien agréable.

Nous avons eu une parenthèse de vraie « gosserie » ; c'est fini. Ce qui ne finit pas heureusement c'est l'intimité qui s'établit entre nous. L'affection que vous me témoignez m'est très douce et j'en suis profondément touché. J'en suis tellement certain que vous êtes sûrement un de ceux — et peut-être celui — avec qui je me livre le plus volontiers en conversation, parce que je sens que je n'ai rien à craindre, avec vous, de me montrer tel que je suis, même dans mes mauvais côtés. Et c'est là un des plus grands charmes, et le plus rare, de l'amitié. Vous savez que vous pouvez compter sur la mienne, absolument[18].

De cette joie enfantine, Debussy en tire une philosophie qu'il suivra jusqu'à la fin de sa vie, notamment en composant la *Boîte à joujoux* : renouer avec l'enfance, c'est refuser, au moins pour un temps, de s'enfermer dans les carcans des adultes :

Cher Ami : que votre lettre m'a rendu heureux ! Il m'est aussi très doux, d'être en si parfaite communion d'idées générales et particulières avec vous, et ne nous accusez pas trop de « gosserie » car il y a tant de gens qui ne veulent pas rester jeunes, de crainte qu'on ne les prenne pas au sérieux. [... A]u lieu d'être comme tous ces gens à programme, dont certainement quelques-uns sont recommandables, mais qui rétrécissent un peu l'univers et le champ des impressions ; soyons donc follement gais pour oublier le « bagne » qu'est trop souvent la vie, soyons aussi mélancoliques et tristes comme de vieilles ballades, ne négligeant jamais de faire faire de la gymnastique à notre sensibilité car il ne peut en sortir que de très bonnes choses[19].

Tout en débutant *Pelléas*, Debussy achève durant l'été 1893 son *Quatuor en sol* pour deux violons, un alto et un violoncelle qu'il vend aux éditions

Durand le 24 octobre pour deux cent cinquante francs. La partition ne paraîtra qu'en juin 1894. « Ils ont eu le cynisme d'avouer qu'ils ne me donnaient pas une somme en rapport du travail que représente cette "œuvre" », écrit Debussy à Chausson en parlant de ces « Barbares de la place de la Madeleine[20] », l'adresse des éditions Durand. À en croire Jacques Durand, les barbares tentèrent de promouvoir l'œuvre dans un monde musical encore mal préparé au style de Debussy : « Nous nous mîmes en devoir, mon père et moi, de recommander ce quatuor à tous les violonistes capables de le jouer […]. Notre action répétée fut vaine. On ne voulait pas s'occuper de cette musique que l'on réputait injouable[21]. » L'œuvre devait être dédiée à Chausson, qui l'appelait « mon » quatuor avant même qu'il fût achevé. Mais en l'écoutant, Chausson se montra critique. Peiné, Debussy le dédia au quatuor Ysaÿe* en promettant d'en composer un autre pour son ami. Ils se fâchèrent avant. La formation d'Ysaÿe créa l'œuvre le 29 décembre 1893 à la Société nationale de musique puis la rejoua le 1er mars 1894, à Bruxelles, lors d'un concert de la Libre esthétique, un cercle artistique d'avant-garde.

L'amitié avec Chausson se brisa suite à l'affaire Thérèse Roger.

Debussy annonça à Henry Lerolle, fin février 1894, qu'il allait épouser Thérèse Roger. La jeune

---

* Cette formation musicale fut fondée en 1884 et devait son nom à Eugène Ysaÿe (1858-1931), un violoniste belge que Debussy avait rencontré grâce à Chausson et avec qui il se brouilla en 1896.

femme, née en 1866, était pianiste et chanteuse. Elle avait fait partie des solistes lors de la création de *La Damoiselle élue* et avait interprété deux des *Proses lyriques* à la Société nationale de musique en février 1894, puis le 1er mars à Bruxelles où elle remplaça au pied levé une cantatrice souffrante. Thérèse Roger n'est pas passée à la postérité et semble avoir été une artiste bien moyenne à en croire une caricature la représentant chantant, juchée sur une casserole. Mais la médiocrité de la jeune femme importait peu cette fois à Debussy. « Il y a un projet de mariage entre Mlle Roger et Claude Debussy ! — et cela est tout à fait surnaturel mais c'est comme ça et c'est arrivé comme dans les Contes de Fées ! Voilà d'ailleurs longtemps que j'avais une profonde tendresse pour Mlle Roger mais cela me paraissait tellement inadmissible, que je n'osais penser[22] ! » Dans la même lettre Debussy prétend : « *Je suis tout à fait libre*, ma dernière petite amie s'étant en allée par un matin de Février[23]. » En réalité, Gaby vivait toujours avec le compositeur rue Gustave-Doré et n'aurait peut-être pas apprécié d'être désignée avec légèreté comme la « dernière petite amie ». Le mariage devait avoir lieu le 16 avril et le couple devait s'installer rue Vaneau. La nouvelle surprit Lerolle ainsi que tous les autres amis du compositeur, même Chausson qui connaissait pourtant Thérèse Roger et sa mère, également musicienne. « L'annonce de son mariage m'a littéralement stupéfait », écrit Chausson à Lerolle. « [...] Il est tout à fait amoureux ; je m'en réjouis, c'est si gentil quelqu'un amoureux ! Et puis ça devient presque une rareté, dans notre cercle de gens intellectuels, fin, raffiné etc, etc. [...] Moi j'ai grande confiance ; je crois que ce mariage sera fort heureux, justement parce qu'il n'est pas de ceux qu'une prudence méticuleuse eût conseillé[24]. »

En réalité, Debussy était surtout désireux de faire un mariage bourgeois pour être admis dans le monde comme il le sous-entend à Chausson tout en prétendant être très amoureux de Thérèse. Debussy était poussé dans sa démarche par certaines de ses relations, notamment Mme de Saint-Marceaux, une mélomane qui organisait chez elle des soirées musicales. La comédie ne dura pas longtemps car, quelques semaines plus tard, à la mi-mars, les fiançailles furent rompues. Chausson et d'autres proches des fiancés avaient reçu des lettres anonymes dénonçant le double jeu de Debussy, plus endetté qu'il ne le prétendait et encore en ménage avec Gaby dont les mauvaises langues disaient qu'elle avait usé de ses charmes pour faire vivre le couple.

Juste avant cette rupture, Debussy tenta de soutirer 1 500 francs à Chausson pour rembourser quelques dettes et acheter une robe pour sa mère. Chausson fut peiné et furieux de cette « lugubre affaire[25] » et se brouilla définitivement avec Debussy. Les après-midi Wagner chez Mme Escudier prirent fin prématurément.

Si Debussy perdit l'amitié de Chausson, celle qu'il avait nouée avec Pierre Louÿs se renforça.

Debussy ne fut jamais intime avec Mallarmé

qu'il appellera toujours respectueusement « maître », mais il se rendait assez régulièrement à ses mardis, soirées littéraires organisées par le poète dans son appartement du 89 de la rue de Rome. C'est lors d'un mardi que Debussy rencontra Pierre Louÿs au début de l'année 1892. Au fil de l'année 1893, l'écrivain et le musicien se lièrent davantage. « Leur amitié fut fondée sur une union d'humeurs et de curiosités plutôt que sur une entente profonde de goûts et de tempéraments. [...] Ils s'entendaient sur l'essentiel : le refus du succès facile et de la gloire de la foule, la nécessité de travailler à l'écart et de ne livrer au public que le meilleur de leur art[26]. » Dans l'affaire Thérèse Roger, Pierre Louÿs défendit Debussy dans une lettre à Mme de Saint-Marceaux, scellant ainsi leur amitié :

Un jeune homme ne peut pas renvoyer comme une femme de chambre une maîtresse qui a vécu deux ans avec lui, qui a partagé sa misère sans se plaindre, et à laquelle il n'a pas de reproche à faire, sinon qu'il est las d'elle et qu'il se marie. Ordinairement on s'en tire avec quelques billets de banque ; ce n'est pas d'une extrême délicatesse, mais c'est un moyen commode. Vous savez que Debussy ne pouvait même pas employer celui-là. Il s'est cru obligé à des ménagements. C'était une question de charité, et aussi de prudence, car elle eût pu se venger d'un traitement plus dur. Il fallait à cela quelques lenteurs. Si on avait mis moins de précipitation à publier les fiançailles, Debussy aurait eu le temps de se dégager tout à fait, avant le jour où un engagement formel lui interdirait son ancienne liaison.

[...] Je ne connais rien de plus pénible que de voir ainsi déshonoré en huit jours un homme qu'on aime et qu'on estime infiniment, qui a été malheureux quinze ans et qui voit se fermer toutes les portes au moment où l'on commence à s'apercevoir qu'il a du génie[27].

Henry Lerolle ne ferma pas non plus sa porte à Debussy et, avec Louÿs, s'attacha à le défendre quand on l'accusait surtout d'avoir continué à vivre en concubinage avec Gaby. Ce scandale se fit oublier, remplacé par d'autres et, même si Debussy perdit l'appui de la Société nationale de musique, il n'en continua pas moins à travailler avec ardeur à *Pelléas et Mélisande*. Certes, il avait cherché à changer de vie après avoir « marché dans la nuit » et « rencontré hélas de mauvais passants[28] » mais la musique demeurait plus importante que ces considérations sociales.

Pierre Louÿs, de huit ans plus jeune que Debussy, était alors un poète à tendance symboliste, aisé, esthète, fantaisiste et ambitieux. « Louÿs recevait ses amis comme aucun homme de lettres ne le fait plus, s'ingéniant, non seulement à leur faire plaisir, mais à leur venir en aide ; et il y parvenait avec une délicatesse telle que plusieurs ne s'en apercevaient pas[29]. » Pierre Louÿs était précoce. À vingt ans, il fréquente le groupe des poètes parnassiens et, en premier lieu, José Maria de Heredia. Il sera l'amant de sa fille, Marie, épouse d'Henri de Régnier, tout en se mariant avec la cadette, Louise. En 1891, il fonde *La Conque*, une revue qui en onze numéros rassemblera Verlaine, Leconte de Lisle, Valéry ainsi que Gide, connu à l'École alsacienne, et se lie davantage avec les symbolistes, notamment Mallarmé.

Auprès du jeune écrivain, Debussy approfondit ses connaissances littéraires et pouvait parler de musique, Louÿs étant un familier des salles de concerts et de l'Opéra. Par son intermédiaire, Debussy eut l'occasion de rencontrer Paul Valéry, Jean de Tinan, André Lebey, même si le musicien et l'écrivain se voyaient essentiellement en tête-à-tête. Il s'agissait d'une camaraderie plus franche et moins austère qu'avec Chausson du fait, surtout, de la jeunesse et du caractère extraverti de Louÿs qui ne dénigrait pas Gaby et incitait plus Debussy à s'encanailler qu'à s'embourgeoiser.

Fin octobre 1893, les deux artistes ne se quittaient guère et envisagèrent même de louer ensemble une maison à Neuilly où chacun aurait eu son indépendance. Louÿs proposa à Paul Valéry de venir habiter le second étage encore libre. Le projet n'aboutit pas, les deux amis ayant deviné que leur caractère n'était pas compatible avec une vie commune. Début 1894, Pierre Louÿs s'installa rue Grétry, à proximité du boulevard des Italiens, et prit l'habitude de recevoir chaque mercredi dans son trois pièces. L'appartement était meublé avec un luxe d'étoffes, de tapis et de livres joliment reliés.

En dépit de la générosité de ses divers amis, des quelques leçons données et de la vente d'œuvres, Debussy était toujours pauvre tout en gardant des goûts de luxe que la fréquentation d'esthète comme Louÿs ne pouvaient qu'alimenter. La façon dont Debussy lui demande un prêt d'argent est assez révélatrice de leur manière de communiquer :

Mon vieux Pierre,
On est dans la purée noire[a], verte, multicolore et jusqu'au cou ! Claude vient donc demander à son petit ami le service d'un LOUIS !! ! pour lequel il adresse un merci reconnaissant, pour Pierre, il reçoit son amitié dévouée.
[a] comme qui dirait fa # mineur[30].

Chaque fois, influencé par la personnalité de ses amis, Debussy adapte son ton à celui de son confident. Il y avait de la mélancolie dans ses lettres à Chausson. Il y a de la fantaisie, de l'humour et de la dérision dans celles à Pierre Louÿs.

Plus qu'aucun autre, Louÿs est aussi le compagnon des années de *Pelléas et Mélisande* et toute leur amitié est jalonnée par la composition de cette œuvre capitale.

Pierre Louÿs et *Pelléas*
(1893-1896)

J'ai en ce moment, l'âme gris fer, et de tristes chauves-souris, tournent au clocher de mes rêves ! Je n'ai plus d'espoir qu'en Pelléas et Mélisande et Dieu seul sait, si cet espoir n'est pas que de la fumée[1] !

Le 17 mai 1893, Debussy assista à une représentation de *Pelléas et Mélisande* de Maurice Maeterlinck aux Bouffes parisiens. Le drame se résume facilement. Golaud, un prince veuf, épouse Mélisande. La jeune femme et Pelléas, demi-frère de Golaud, s'éprennent l'un de l'autre. Le fils de Golaud, encore enfant, apprend à son père que Pelléas et Mélisande se voient en cachette. Golaud, jaloux, tue Pelléas et blesse Mélisande qui meurt après avoir mis au monde une fille. Le style et l'univers rappellent les contes moyenâgeux naïfs et symboliques, une simplicité féerique propre à séduire Debussy qui rêve d'un langage musical épuré et naturel loin des gros effets wagnériens :

Ma connaissance de *Pelléas* date de 1893... Malgré l'enthousiasme d'une première lecture et peut-être la secrète pensée d'une musique possible, je n'ai commencé à y songer sérieusement qu'à la fin de cette même année 1893.

Depuis longtemps, je cherchais à faire de la musique pour le théâtre, et la forme dans laquelle je voulais la faire était si peu habituelle qu'après divers essais j'y avais presque renoncé. [...]

Le drame de *Pelléas* qui malgré son atmosphère de rêve contient beaucoup plus d'humanité que les soi-disant « documents sur la vie » me parut convenir admirablement à ce que je voulais faire. Il y a là une langue évocatrice dont la sensibilité pouvait trouver son prolongement dans la musique et dans le décor orchestral[2].

En novembre 1893, alors qu'il avait déjà commencé à travailler sur *Pelléas*, Debussy part en Belgique avec Pierre Louÿs. Il séjourna essentiellement à Bruxelles pour voir Ysaÿe mais rendit aussi visite à Maurice Maeterlinck :

J'ai vu Maeterlinck, avec qui j'ai passé une journée à Gand, d'abord il a eu des allures de jeunes filles à qui on présente un futur mari, puis il s'est dégelé, et est devenu charmant, il m'a parlé théâtre vraiment comme un homme tout à fait remarquable, à propos de *Pelléas* il me donne toute autorisation pour des coupures, et m'en a même indiqué de très importantes, *même très utiles* ! Maintenant au point de vue musique, il dit n'y rien comprendre, il va dans une symphonie de Beethoven comme un aveugle dans un musée ; mais vraiment, il est très bien, il parle des choses extraordinaires qu'il découvre avec une simplicité d'âme exquise. Pendant un moment où je le remerciais de me confier *Pelléas*, il faisait tout son possible pour me prouver que c'était lui qui devait m'être redevable d'avoir bien voulu mettre de la musique dessus ! Comme j'ai un avis diamétralement contraire, j'ai dû employer toute la diplomatie dont la Nature ne m'a pourtant pas comblé[3].

Pierre Louÿs, de son côté, évoquant en 1914 le séjour dans une lettre à son frère écrit : « C'est moi qui ai parlé pour lui, parce qu'il était trop timide pour s'exprimer lui-même ; et comme Maeterlinck était encore plus timide que lui et ne répondait rien du tout, j'ai répondu aussi pour Maeterlinck. Je n'oublierai jamais cette scène[4]. »

Le début du travail correspond aussi au déménagement de Debussy 10 rue Gustave-Doré dans un trois pièces au cinquième étage avec une chambre lumineuse et calme. L'appartement était plus confortable et joli avec des meubles donnés par Chausson et des peintures offertes par Lerolle. Mais la situation matérielle de Debussy restait précaire et ses envies de raffinement toujours aussi vives. « Debussy, qui était pauvre, qui vivait de leçons, [...] ne pouvait souffrir l'idée de toucher les espagnolettes banales des appartements dont il changeait souvent ; il venait commander à Charpentier[*] une demi-douzaine d'espagnolettes "d'art" qu'il revissait partout où il passait[5]. » Debussy dépendait beaucoup de la générosité de ses amis et admirateurs comme Georges Hartmann qui lui versait une pension mensuelle de 500 francs. Gaby s'attachait également à améliorer le quotidien. « Tous les longs mois qu'il resta penché sur son *Pelléas*, elle vécut à pas feutrés, afin de ne pas "gêner le chef-d'œuvre", déployant cent moyens, sourires, grâces aux fournisseurs, et n'hésitant

---

[*] Alexandre Charpentier (1856-1909), grand représentant de l'Art nouveau comme sculpteur et ébéniste, réalisa notamment les décorations du cabaret le Chat noir.

devant aucune sorte d'activité pour maintenir au moins le train-train quotidien de la maison. Lui ne descendait guère de ses hauteurs que poussé par la nécessité barbare[6]. » Debussy faisait part à ses amis des avancées ou pas de sa composition. On peut suivre ainsi durant toutes ces années les évolutions de *Pelléas*, les moments d'exaltation succédant à des instants d'abattement. Debussy jouait souvent sa partition au piano pour recueillir les impressions de ses amis :

Je m'étais trop dépêché de chanter victoire pour *Pelléas et Mélisande*, car, après une nuit blanche, celle qui porte conseil, il a bien fallu m'avouer que ce n'était pas ça du tout ! Ça ressemblait au duo de Monsieur Un Tel, ou n'importe qui, et surtout, le fantôme du Klingstor alias R. Wagner, apparaissait au détour d'une mesure, j'ai donc tout déchiré, et je suis reparti à la recherche d'une petite chimie de phrases plus personnelles, et me suis efforcé d'être aussi Pelléas que Mélisande, j'ai été chercher la musique derrière tous les voiles qu'elle accumule, même pour ses dévots les plus ardents ! J'en ai rapporté quelque chose, qui vous plaira peut-être ? pour les autres ! Ça m'est égal — je me suis servi tout spontanément d'ailleurs, d'un moyen qui me paraît assez rare, c'est-à-dire du Silence (ne riez pas !) comme un agent d'expression ! Et peut-être la seule façon de faire valoir l'émotion d'une phrase, car si Wagner l'a employé, il me semble que ce n'est que d'une façon toute dramatique, un peu à l'imitation d'autres drames équivoques[7]...

Henry Lerolle, quelques jours plus tard, le 21 octobre, a l'occasion d'écouter une scène de Pelléas : « Ça c'est étonnant. Je trouve ça très — très... Et puis ça fait froid dans le dos... Enfin,

c'est très bien — Du reste il en paraît content[8]. »
Ce témoignage, comme d'autres, vont tous dans le
même sens : dès le début *Pelléas* déconcertait les
auditeurs, même avertis. Debussy suivait une
forme et une musicalité dont il n'allait pas changer mais il lui fallait matérialiser avec des notes ce
que son esprit concevait :

[I]l avait l'inspiration aisée, mais l'exécution soucieuse. Un
détail l'irritait. Et il restait des nuits à guetter la nuance,
comme un fauve en arrêt. Cinq actes résolus ne valaient pas
pour lui, sur le moment, du moins, tel accord de neuvième
bien tapé[9].

Au fil des jours et des mois, Debussy prend
conscience des difficultés auxquelles il doit faire
face pour rendre en musique ce qu'il ressent :

J'ai passé la journée à la poursuite de ce « rien » dont elle
est faite (Mélisande) et je manquais parfois de courage pour
vous raconter tout cela, ce sont d'ailleurs des luttes que vous
connaissez, mais je ne sais pas si vous êtes couché comme
moi, avec une vague envie de pleurer, un peu comme si on
n'avait pas pu voir dans la journée quelqu'un de très aimé.
    Maintenant c'est Arkel* qui me tourmente. Celui-là, il est
outre-tombe, et il a cette tendresse désintéressée prophétique
de ceux qui vont bientôt disparaître, et il faut dire tout cela
avec do, ré, mi, fa, sol, la, si do ! ! ! Quel métier[10] !

Le 31 mai 1894, Louÿs organisa chez lui une
soirée spéciale durant laquelle Debussy joua le
premier acte de *Pelléas*, la scène de la fontaine de

* Arkel, roi d'Allemonde, grand-père de Golaud et de Pelléas.

l'acte IV et la première scène de l'acte III qu'il était en train d'achever. Quelques mois plus tard, le 29 octobre, le compositeur donnera une audition privée de *Pelléas* enrichi de nouvelles scènes chez Arthur Fontaine. Ce dernier, lié par alliance aux Chausson et Lerolle, était amateur de musique comme son frère Lucien qui avait créé une petite chorale dirigée par Debussy. Durant l'été 1894, Debussy refusa de suivre Louÿs en voyage en Algérie, préférant continuer à composer, rue Gustave-Doré, « abrité par le seul et noir feuillage des doubles croches au milieu desquelles s'agitent Pelléas et Mélisande[11] ». Le musicien se met à vivre une sorte d'existence parallèle avec cette histoire. Il écrit ainsi à Henry Lerolle :

Pelléas et Mélisande ont commencé par bouder, ne voulaient plus descendre de leur tapisserie, j'ai donc été obligé de jouer avec d'autres idées, alors un peu jaloux, ils sont revenus se pencher sur moi, et Mélisande avec la douce voix maladive que vous lui connaissez m'a dit : « laisse ces petites folles, amoureuses du public cosmopolite et garde tes rêves pour mes cheveux, tu sais bien que nulle tendresse ne vaudra la nôtre[12]. »

Pelléas et Mélisande sont les seuls petits amis en ce moment ; d'ailleurs commençons-nous peut-être par trop nous connaître ne racontons-nous plus que des histoires dont nous savons parfaitement le dénouement ; puis finir une œuvre, n'est-ce pas un peu comme la mort de quelqu'un qu'on aime ?
Un accord de neuvième...
Les bémols sont bleus[13]...

Et à Pierre Louÿs :

Je pensais vraiment à te voir aujourd'hui, mais j'ai été retenu par la Mort de Mélisande qui m'inquiète et à laquelle je travaille en tremblant[14].

Même lorsqu'il se consacre à d'autres compositions, Debussy garde toujours son projet en tête : « Je n'abandonne pas *Pelléas* pour cela, et d'ailleurs plus j'avance, plus j'ai de noires inquiétudes, puis cette poursuite à l'expression rêvée qu'un rien fait s'envoler, et aussi la suppression volontaire de toute contingence bavarde finissent par m'user comme une pierre sur laquelle on aurait trop fait passer de voitures[15] ! »

Durant l'hiver 1894, Debussy termine sa série des *Images* pour piano. L'œuvre est dédiée à Yvonne Lerolle, l'une des filles d'Henry, avec ces mots :

Que ces *Images* soient agréées de Mlle Yvonne Lerolle avec un peu de joie que j'ai de les lui dédier. Ces morceaux craindraient beaucoup « les salons brillamment illuminés » où se réunissent habituellement les personnes qui n'aiment pas la musique. Ce sont plutôt « Conversations » entre le Piano et Soi ; il n'est pas défendu d'ailleurs d'y mettre sa petite sensibilité des bons jours de pluie[16].

Sensible au charme d'Yvonne qu'il désigne comme la petite sœur de Mélisande, le musicien lui offrit également un bel éventail japonais sur lequel il copia quelques mesures de *Pelléas et Mélisande*.

Le 17 août 1895, Debussy achève péniblement *Pelléas et Mélisande* qui fera encore l'objet de nombreuses modifications avant sa création. L'œuvre à peine terminée, il s'inquiète de sa réception. L'inquiétude de Debussy témoigne également de son désir de garder encore pour lui *Pelléas*. Une fois donné à la publication, il en sera, en effet, dépossédé. Debussy éprouve ainsi souvent une sorte de réticence à faire paraître ses compositions, soit parce qu'il n'en est pas tout à fait satisfait, comme pour sa *Fantaisie*, soit parce qu'elles sont le reflet de ses émotions intimes qu'il ne veut partager avec personne ou un nombre restreint d'élus :

Mon Dieu oui, mon cher Lerolle, je me suis vu dans la triste nécessité de finir *Pelléas* pendant que vous êtes si loin de moi ! [...] Je crois que la scène devant la grotte vous plaira. Ça essaye d'être tout le mystérieux de la nuit où parmi tant de silence, un brin d'herbe dérangé de son sommeil fait un bruit tout à fait inquiétant puis c'est la mer prochaine qui raconte ses doléances à la lune, et c'est Pelléas et Mélisande qui ont un peu peur de parler dans tant de mystère.

Je ne vous en dirai pas plus long, de peur qu'il en soit comme pour les descriptions d'un pays faites à distance et sur lesquels on échafaude des rêveries que la réalité efface avec une cruelle éponge.

Maintenant toute mon inquiétude commence. Comment le monde va-t-il se comporter avec ces deux pauvres petits êtres ? = Je hais les foules, le suffrage universel et les phrases tricolores ! = Tenez, voilà Hartmann qui est certainement représentant d'une bonne moyenne d'intelligence, eh bien, la mort de Mélisande telle qu'elle est faite ne l'émotionne pas plus qu'un petit banc ! pour lui ça ne fait pas d'effet ! ! ! du reste, en France toutes les fois qu'une femme meurt au théâtre il faut que ce soit comme la « Dame aux camélias », il suffit de remplacer les camélias par d'autres fleurs et la Dame par la princesse de bazar ! Les gens ne peuvent pas admettre que l'on parte discrètement comme quelqu'un qui en a assez de cette planète Terre et s'en va là où poussent les fleurs de Tranquillité !

Puis en somme tout ce qui consiste à essayer d'habituer ses contemporains au sublime est pur métier de dupes, excepté pour soi-même[17].

Pour se séparer de *Pelléas*, Debussy échafaude plusieurs projets, notamment celui d'un livret d'après *La Grande Bretèche* de Balzac. Le romancier peut paraître loin de l'univers de Debussy mais ce qu'il apprécie dans ce récit, c'est le caractère un peu fantastique (et morbide) puisque l'héroïne est enterrée vivante. Une ambiance proche de celle de Poe que Debussy aime tant. Il ne reste aucune trace de travail sur la nouvelle de Balzac. Quant aux *Nocturnes pour violon et orchestre* promis à Ysaÿe dès septembre 1894, ils ne verront pas le jour non plus. Il se peut cependant que le musicien en ait utilisé une partie pour les *Nocturnes* composés entre décembre 1897 et 1899, sous la forme d'un triptyque pour orchestre et chœur.

L'affaire Thérèse Roger éloigna Debussy d'une partie de son cercle amical. Mais ses liens avec Louÿs et sa réputation naissante avec le *Prélude à l'après-midi d'un faune* lui permirent aussi de faire de nouvelles rencontres. Le musicien fait ainsi la connaissance de Paul-Jean Toulet, qui sera de ses intimes à la fin de sa vie, et de Léon Daudet. Debussy, s'il répugne à suivre Louÿs chez les filles de joie, aime les soirées amicales dans les restaurants même s'il est souvent un compagnon absent, insaisissable :

Parfois, trop rarement à notre gré, se joignait à nous Claude Debussy, musicien de génie, qui a un front de chien indochinois, l'horreur de son prochain, un regard de feu et la voix légèrement enchifrenée. Sa consommation — dis-moi ce que tu consommes, je te dirai qui tu es — consistait généralement en un œuf pas trop cuit, agrémenté d'un petit morceau de foie ou de rognon au jus. Je lègue ce détail gastronomique aux admirateurs de *Pelléas et Mélisande*, chef-d'œuvre, à mon avis, du drame musical français contemporain. Comme Toulet, Debussy est un raffiné. Il possède, comme Toulet, toutes les ressources de son art et vous auriez pu croire que la mise en présence de ces deux tempéraments si voisins allait faire jaillir des étincelles. Eh bien ! pas du tout. Ils ne se boudaient pas, mais ils ne s'attiraient pas non plus. Debussy grignotait un éclat de pommes de terre frites, destinées, dans les bars, à attiser la soif, fumait une petite cigarette d'Orient, soufflait dans son nez, faisait une ou deux remarques acérées, puis s'en allait, sous les étoiles, le front et les images en avant[18].

À cette époque, l'amitié entre Debussy et Pierre Louÿs connaît ses plus beaux jours. L'écrivain, admiratif de *Pelléas*, désire collaborer avec le musicien. Pourtant aucun des projets proposés par Louÿs n'aboutira. Debussy n'y est pas hostile mais les perçoit comme des sortes de commandes. Or, Debussy, qui abandonne facilement des œuvres commencées, a encore plus de difficulté à mener à bout un projet qu'il n'a pas choisi librement. En 1895, les deux amis envisageaient une œuvre s'inspirant de contes de Noël, *Cendrelune*. Louÿs propose à Debussy un plan. Dans ce conte se mêlent une Reine des Aulnes, une sainte Agnès et une sainte Catherine costumée en Jeanne d'Arc aux allures de parodie de légende religieuse, Louÿs s'autorisant un « dénouement moins stanislasseux[*19] ». Un mois plus tard, après maints changements, Louÿs souhaite abandonner le scénario à Debussy. « Tel qu'il est, je ne pourrais plus le développer. Cette religiosité, ce triomphe du lys sur la rose et la pudeur sur l'amour — c'est de l'hébreu pour moi[20]. »

En 1896 et 1897 Louÿs travaille de temps en temps à *Cendrelune*. L'année suivante, Debussy relance plusieurs fois son ami pour le livret. « Tu serais, tout à fait bon, si tu voulais travailler à *Cendrelune*, j'ai besoin de quelque chose à aimer, à quoi je puisse me raccrocher, sans cela je vais devenir imbécile et n'aurai plus qu'à me suicider, ce qui est encore plus bête[21]. » Le projet n'ira pourtant jamais plus loin.

Les deux amis envisagèrent aussi un *Daphnis et Chloé* sous forme de ballet. Le 27 novembre 1895, Louÿs, séduit par son idée, donna à Debussy douze jours pour écrire trente minutes de musique ! Plusieurs semaines plus tard, Louÿs, qui avait proposé l'idée à Massenet sans obtenir de réponse, revint à la charge. Il adresse à Debussy des propositions de thèmes qui, dans le libellé volontairement provocateur et la conception, sont bien loin des expressions dont le compositeur peut user lui-même pour évoquer sa musique :

---

* Allusion à la célèbre institution religieuse, le collège Stanislas, à Paris, rue Notre-Dame-des-Champs.

J'écris le scénario. Tu l'auras samedi.

D'ici là il faut que tu commences à chercher les thèmes. Voilà pour ce, les indications essentielles.

Chloé. Chantefable un peu conne ; mais tendre.

Daphnis, joueur de flûte. Thème donc pastoral, — *ardent et naïf*. Arrange ça.

Lycainion. Personne très bien renseignée, très portée sur sa figue [*sic*]. Voluptueuse sans rien de passion.

Tu te souviens que le schéma est tel :

I. — C et D ne savent pas.

II. — L apprend à D.

III. — D apprend à C.— Rideau

Il nous faut donc pour le I, un thème construit comme la première phrase de *Parsifal*, c.à-d. qui voudrait bien aller jusqu'à la dominante, mais il n'y a pas de plan.

Pour le II, je verrais assez un thème-rallonge qui ne s'occupe pas du thème I mais qui puisse l'achever en III[22].

Debussy décrit des impressions, des sonorités pour viser au symbole, alors que Louÿs use d'adjectifs directs et conçoit les thèmes musicaux selon une mécanique de dramaturge. Debussy ne cherche pas l'efficacité et la logique, il préfère, comme il le dit souvent, un silence qui en dit long plutôt que des motifs musicaux assimilés à du bavardage, reproche qu'il adresse notamment à Wagner. Il a aussi besoin d'entretenir un rapport intime avec ses personnages, un rapport qui réclame du temps, nécessité incompatible avec la précipitation de Louÿs.

À partir de mars 1896, Debussy, qui souhaite sans doute collaborer avec son ami, prétendit travailler à *Daphnis et Chloé*. « J'ai […] besoin de te voir absolument à cause de Daphnis qui ne va pas et Chloé qui l'imite, — l'élément anarchiste de la musique organise des réunions dans mon cerveau et le drapeau rouge des révoltes agite mes pauvres méninges, je ne sais plus que faire ? —[23] » Debussy avait connu de pareilles difficultés avec *Pelléas et Mélisande* mais trouvait au fond de lui les moyens de lutter contre le manque d'inspiration parce qu'il avait choisi le drame. Jusqu'où a-t-il été dans la composition de *Daphnis et Chloé* ? À ce jour, aucune partition n'a été retrouvée. On peut supposer que si Debussy avait mené un travail un peu conséquent, il n'aurait pas manqué d'en jouer des extraits à Louÿs ou à d'autres amis. Aucun témoignage n'en parle. Pierre Louÿs enterrait une idée pour laisser la place à une autre.

Un an plus tard, en 1897, il fut question que Debussy mette en musique *Aphrodite*, roman à succès de l'écrivain pour lequel il n'avait pas manqué de propositions. Pierre Louÿs voulait avant tout gagner de l'argent et ne semblait pas comprendre que Debussy ne puisse composer à la hâte une musique. Le ballet devait être créé à l'Olympia. Le musicien ne cacha pas sa répugnance à travailler pour une salle de music-hall. Les arguments dont use Louÿs n'ont rien qui puisse le convaincre :

Raisonnablement, les théâtres sont ce qu'on les fait, honorables alternativement selon qu'on y joue de bonnes ou de mauvaises pièces. [...]
Maintenant je sais bien qu'il y a beaucoup de putains à l'Olympia ; mais il y en a davantage encore à l'amphithéâtre de

l'Opéra ; et au surplus, estimes-tu donc le public de l'Odéon au point de n'en pas vouloir d'autre ? [...]

Enfin je crois que ta dignité même sévèrement comprise, te permet d'accepter, et la preuve c'est que la mienne ne s'est pas fâchée [...].

Et alors, si tu acceptes, c'est, songes-y, 3 ou 4000 fr. en six semaines sans compter même sur un long succès qui n'est pourtant pas impossible, sans parler des représentations hors Paris, qui sont tout à fait certaines[24].

Aphrodite resta à l'état de projet. La dernière collaboration alla un peu plus loin mais elle était inspirée moins de Louÿs que de Rossetti, apprécié de Debussy, et qu'il avait déjà mis en musique. Il s'agissait de *La Saulaie*, un poème traduit par Louÿs. Debussy ébaucha fin 1896 une œuvre pour orchestre et baryton qu'il n'achèvera pas après y avoir beaucoup travaillé.

Si on peut imaginer que les deux artistes aimaient se fréquenter, bien que de caractères et de styles différents, on n'imagine guère comment ils auraient pu mener à bout une œuvre commune qui convienne à l'un et l'autre. Une lettre de Louÿs montre combien il ne comprenait pas le musicien et ses exigences et comment il essayait de l'influencer, sans succès :

Ton erreur (si tu en fais une) c'est de croire que tu es un musicien exclusivement accessible à l'élite, alors que tu as tout ce qu'il faut pour être le musicien préféré des squares et des casinos.

Et puis, ne monte pas sur tes éléphants parce que je te dis ça. Shakespeare et Hugo font en ce moment le maximum au Français et dépassent même les recettes de M. Octave Feuillet. Ça ne veut pas dire qu'ils soient des tourtes.

En outre tu devrais te convaincre qu'il n'y a pas d'élite et que MM. Ernest Chausson, Pierre Louÿs, Ferdinand Herold et Raymond Bonheur ne représentent pas un public sensiblement supérieur à MM. Émile Durand, Charles Martin et Adalbert de la Roche-en-zinc qui occupent les fauteuils 1, 3, 5, 7 de l'orchestre. On doit écrire :

1° Pour soi-même.

2° Pour les gens qui ont des émotions simples et sincères. (Ils valent mieux que les snobs.)

Je crois que le jour où tu écriras à la fois pour ces deux catégories de public (toi et les autres) tu n'en seras que *plus* épatant.

Je te dis tout cela, d'ailleurs, parce que je suis certain qu'au fond tu es de mon avis ; mais tu ne l'avoues peut-être pas. Et il serait temps que tu l'avouasses — si j'ose[25].

Debussy répond : « Tu m'expliqueras une lettre signée P. Louÿs à laquelle je n'ai rien compris, puis il faut absolument découvrir le monsieur qui se permet d'avoir ton écriture sans tes idées[26]. » Fin du débat. *A posteriori*, on peut être surpris que la divergence entre l'écrivain et le musicien n'ait pas entraîné de brouille pendant de nombreuses d'années tant l'orgueil de Debussy était chatouilleux. Si le compositeur parlait librement avec Louÿs, c'est bien avec le seul Ernest Chausson qu'il avait pu partager les angoisses et les difficultés de la création.

Tout en songeant à de nouveaux projets, Debussy cherchait à faire jouer *Pelléas*. Il fut contacté par le Théâtre-Libre dirigé par Paul Larochelle à qui Antoine avait abandonné la direction. Larochelle fit annoncer la création en octobre 1895 alors qu'il n'avait pas écouté une note de l'opéra. Le but était de devancer le Théâtre de l'Œuvre et son fondateur le comédien Aurélien Lugné-Poë qui avait cependant la préférence de Maeterlinck. Ce dernier, laissant Debussy maître de son choix, lui précisa qu'en cas de création au Théâtre-Libre il refusait que son nom apparaisse. Finalement, aucun projet ne vit le jour. Peu après, en octobre 1896, Ysaÿe proposa au musicien d'en faire jouer des extraits à Bruxelles. Debussy refusa cette proposition :

> [S]i cette œuvre à quelque mérite c'est surtout dans la connexion du mouvement scénique avec le mouvement musical, il est donc évident et indubitable que cette qualité disparaîtrait dans une exécution au concert, et l'on ne pourrait en vouloir à personne de ne rien comprendre à l'éloquence spéciale des « silences » dont est constellée cette œuvre ; en outre la simplicité des moyens employés ne peuvent raisonnablement acquérir leur véritable signification qu'à la scène, au concert, on me jetterait tout de suite, la richesse américaine de Wagner et j'aurais l'air d'un pauvre homme qui n'a pas le moyen de se payer des « Tubas contre-Basses »[27].

La brouille entre le compositeur et le violoniste commence ici et s'aggrave par la réception de *Pelléas* par Ysaÿe. « [U]n théâtre ouvrira tôt ou tard sa scène à ton œuvre. Seulement il y a crainte que cela vienne alors que ta manière se sera transformée. Les œuvres de jeunesse doivent être produites dans l'âge, le temps, l'atmosphère où elles naissent[28]. » Or, Debussy n'est plus jeune, ni en terme d'âge, ni en terme de maturité musicale. Même s'il retravaillera encore son opéra et sa

« chimie musicale[29] », il l'élabore déjà depuis des années et conçoit *Pelléas*, non comme un morceau de jeunesse, mais comme un aboutissement. Cette œuvre a tant d'importance qu'il ne peut concevoir de la voir créée que dans son intégralité. La proposition d'Ysaÿe, aussi louable soit-elle, remue le fer dans la plaie : l'échec de Debussy à voir joué son opéra tel qu'il l'a écrit.

Debussy proposa ensuite à Ysaÿe *La Saulaie* qu'il comptait terminer et les *trois Nocturnes pour violon et orchestre*, une sorte d'Arlésienne dont Debussy parlait depuis trois sans que personne en entende une note. Ysaÿe, impatient de découvrir ces *Nocturnes*, lui précisa toutefois qu'il ne pourrait les jouer dans l'immédiat à cause d'engagements financiers. Dès lors, Debussy annonça qu'il renonçait à l'exécution des *Nocturnes* à Bruxelles mais, surtout, il ne les acheva pas. Faute de partition, il est difficile de savoir jusqu'où il avait été dans sa composition. Ses propos dans ses lettres restent toujours imprécis et il assure volontiers avoir presque terminé une œuvre dont il n'a écrit que quinze mesures. Debussy fut fâché d'être incompris d'Ysaÿe qu'il admirait et avec lequel il avait réussi à entretenir une certaine complicité musicale. On peut supposer également qu'il avait du mal à accepter que pour des arrangements financiers le violoniste ne crée pas l'œuvre qu'il lui avait dédiée. Debussy considérait qu'il valait mieux sacrifier l'argent au nom de l'amitié et surtout de la musique. Idéalisme qu'il se permettait sachant qu'il trouverait un ami complaisant pour lui prêter de l'argent selon ses besoins. À la tête d'une formation et organisateur de concerts, Ysaÿe ne pouvait se comporter ainsi. Criblé de dettes importantes, à la fin de sa vie, Debussy fut, lui aussi, bien obligé d'accepter des œuvres de commande et de faire quelques concessions. La défection d'Ysaÿe le blessa longtemps, d'autant qu'elle intervenait entre 1896 et 1898, époque où sa vie sentimentale et artistique connaissait une nouvelle crise :

Les trois *Nocturnes* se sont ressentis de ma vie, et ont été pleins d'espoir, puis, pleins de désespoir et ensuite, pleins de vide ! D'ailleurs, je n'ai jamais pu faire quoi que ce soit, toutes les fois qu'il s'est passé quelque chose dans ma vie[30].

Debussy envisagea également l'orchestration de deux de ses *Proses lyriques* pour la proposer au violoniste. Finalement, il ne put se mettre d'accord avec Ysaÿe et les deux hommes se fâchèrent définitivement.

Peu après, en mai 1898, un projet de création de *Pelléas et Mélisande* vit le jour à l'Opéra-Comique. Son directeur, Albert Carré, donna son accord verbal. Les ajournements successifs inquiétèrent Debussy, même s'il était loin d'imaginer que la création n'aurait lieu que quatre ans plus tard :

Croyez-vous qu'il serait possible, quand nous reverrons, Carré et Messager, d'ébaucher un traité, pour qu'ils ne puissent pas nous promener le long des siècles, il me semble que l'hiver prochain serait vraiment le moment ; beaucoup de personnes ont déjà parlé de *Pelléas*, il ne faudrait pas perdre ni diminuer ce que cela peut représenter de nouveau dans l'art d'exciter la sensibilité contemporaine, d'ailleurs vous maniez « ces explosifs » avec plus de sûreté que moi, je m'en remets, comme de coutume, à votre haute compétence. Seulement il ne faut pas trop laisser s'accumuler de « coton » dans les oreilles de nos chers dilettantes[31].

Tout en souhaitant ardemment voir *Pelléas et Mélisande* créé tel qu'il l'a conçu, Debussy craint de ne pas être compris :

> Les *Nocturnes* sont finis !... Non sans quelques grincements de dents, je veux me mettre à *La Saulaie*. Il serait bon que ces deux œuvres fussent jouées avant *Pelléas*, pour préparer à la *Simplicité* de celui-ci, et que les musicographes ne s'obstinent pas à me mêler à des gens assurément trop forts, mais aussi trop belges. Je ne suis plus assez jeune pour tenir exclusivement à l'approbation des musiciens et il me semblerait plus haut et plus beau de donner une idée de beauté à tous ceux que cela peut émouvoir ; ainsi s'apaiserait toute cette dispute falote de savoir si l'on doit où l'on ne doit pas à Wagner, lui qui doit à tout le monde[32]...

Debussy a tant d'assurance quant à la valeur de son opéra que la création d'un *Pelléas* à Londres, en juin 1898, sur une musique de Fauré, « porte-musique d'un groupe de snobs et d'imbéciles[33] » le laisse de marbre.

* Les *Nocturnes*, non plus pour violon et orchestre mais chœur et orchestre, ne seront terminés qu'en décembre 1899 et la *Saulaie* restera inachevée.

Crise musicale et sentimentale
(1897-1899)

Mes heures sont plutôt vêtues de noir et c'est à désirer d'être nommé directeur d'un Conservatoire quelque part dans l'île de Ceylan[1].

En dépit des difficultés de composition que Debussy confie à plusieurs de ses amis, l'écriture de *Pelléas et Mélisande*, comme le *Prélude à l'après-midi d'un faune*, avait constitué des périodes de grâce artistique pour le musicien. Durant ces longs mois, il avait réussi à s'attacher à un projet et à le mener à bien, ce qui ne lui est pas si habituel lorsqu'on considère le nombre d'œuvres abandonnées au bout de quelques mesures ou de quelques pages et qu'il a détruites.

L'instabilité matérielle du compositeur est le reflet d'une instabilité d'artiste écartelé entre ses aspirations et ses idéaux et la pression de ses amis ou des gens du monde théâtral et musical prêts à lui proposer tout et n'importe quoi contre de l'argent, argent dont il a pourtant toujours besoin.

Il est certain que Debussy a trouvé dans le texte de Maeterlinck un univers qui correspondait à ses goûts et ses rêves. À sa façon de parler des personnages, il est évident qu'il a fait sienne cette histoire et qu'il est certain d'être le seul à avoir su tirer des mots les notes idéales. Mais la relative facilité avec laquelle il a pu se mettre au travail s'explique également par la vie plus stable qu'il menait. Cela correspond, en effet, au moment le plus fort de son amitié avec Chausson, qui l'avait intégré à sa vie de famille bourgeoise, et au début de ses relations avec Louÿs, avant que l'amitié devienne une camaraderie sympathique mais qui ne cachait pas les différences d'état d'esprit, les ambitions et le caractère des deux artistes.

Les années suivantes vont être à nouveau jalonnées de projets avortés et de crises morales. Certes, à la différence de ses errances intérieures après le séjour à la villa Médicis, Debussy n'est plus dans une impasse, il sait vers quelle voie orienter ses recherches musicales mais l'impossibilité à se fixer sur une œuvre témoigne de sa difficulté à déterminer son moyen d'expression : écrire pour le piano, l'orchestre, la voix ou encore les cordes...

Alors que tous les projets proposés par Pierre Louÿs échouent l'un après l'autre, Debussy, en mai 1897, a l'idée de mettre en musique des *Chansons de Bilitis* que Louÿs avait publiées en 1894 en les faisant passer pour d'authentiques poèmes de Bilitis, une contemporaine de Sappho. Debussy choisit la *Flûte de Pan*, *La Chevelure* et le *Tombeau des Naïades* et acheva le tout en mars 1898. Ces compositions sortirent un peu le musicien de sa torpeur avec le soutien de Louÿs qui lui envoie le texte de *La Chevelure* :

Tâche de la faire tout de même, mon vieux ; tu ne travailles pas parce que tu as la vie dure, et tu as la vie dure parce que tu ne travailles pas. C'est un cercle vicieux. [...]

Promets-toi seulement de travailler quatre heures par jour pendant une semaine[2].

Les mots de son ami parurent efficaces puisque Debussy, fin juin, avait terminé la *Flûte de Pan*. En janvier 1901, il composa une musique de scène pour les douze *Chansons de Bilitis* pour deux flûtes, deux harpes et célesta[*]. Le spectacle devait être monté au Théâtre des Variétés après une représentation privée dans la salle des fêtes du *Journal*, périodique auquel collaborait Louÿs. Seule l'exécution au *Journal* eut lieu. Pierre Louÿs suivit le projet de près et assista à des répétitions avec un plaisir non dissimulé. Sous forme de tableaux vivants, cinq femmes représentaient les *Chansons*, parfois habillées dans le style grec antique, parfois nues. Debussy, lui, était moins enchanté et fustigea l'amateurisme des organisateurs : « Ces gens-là sont saouls ou par trop journalistes ; comment il n'y a pas encore d'instrumentistes de choisis, pas de musique copiée ! Ah ! ça qu'est-ce qu'ils s'imaginent. Je ne suis pas plus bête qu'un autre mais je voudrais comprendre... Veux-tu leur rappeler qu'il faut : deux harpes, deux flûtes et un célesta

---

[*] Instrument de musique à clavier comprenant quatre octaves conçu par le facteur Victor Mustel (Paris, 1886) et perfectionné par ses fils.

mustel avec la manière de se servir de ce délicat mélange[3]. » La représentation eut lieu le 7 février 1901 devant environ trois cents personnes et fit l'objet d'un compte rendu dans *Le Journal* par un chroniqueur qui, manifestement, ne connaissait pas Debussy pour mal orthographier son nom et évoquer le prix de Rome au lieu des plus célèbres *Prélude à l'après-midi d'une faune* ou *La Damoiselle élue* : « Une musique gracieuse, ingénieusement archaïque, composée par M. de Bussy, prix de Rome, accompagnait la voix de Mlle Milton et formait avec elle un rythme berceur, dont le charme s'ajoutait aux beautés antiques du poème[4]. » Par la suite, Debussy devait reprendre cette musique de scène pour ses *Épigraphes antiques*, pièces pour piano à quatre mains.

Outre les projets avortés avec Louÿs, Debussy fut contacté par Jean-Louis Forain. Le peintre, connu surtout pour ses dessins satiriques, lui demanda d'écrire la musique d'une pantomime intitulée *Le Chevalier d'or*. Dans une lettre à Hartmann, en septembre, Debussy annonça avoir le plan et qu'il aurait fini deux mois et demi plus tard. Le 1er novembre, dans une lettre à René Peter, il dit ne pas encore avoir terminé. À nouveau, il ne restera rien de cette commande qui n'inspirait pas le musicien. Face à une nouvelle impasse financière, il sollicita cependant une avance de 500 francs à Hartmann pour cette pantomime en prétextant des ennuis et la maladie de son père. En juillet, il avait déjà demandé un prêt à Henry Lerolle en se plaignant de sa pauvreté, sans compter les autres amis qu'il avait déjà dû solliciter...

En décembre 1897, il se lança dans la composition de *Nocturnes*, un triptyque symphonique pour orchestre et chœur de femmes. L'écriture s'échelonna jusqu'en décembre 1899 alors que Debussy croyait (ou prétendait) l'achever rapidement. En septembre 1898, il annonce d'ailleurs à Hartmann qu'il va les écouter sans cacher que ces *Nocturnes* lui « ont donné plus de mal à eux trois que les cinq actes de *Pelléas*[5] ». En attendant, le bilan de l'année 1897 est maigre, comme il l'avoue à son valeureux éditeur. Un bilan qui se répétera les deux années suivantes :

Je ne puis m'empêcher d'être infiniment triste par cette morne fin d'année, année où je ne fis à peu près rien de ce que je voulais et, en me décidant à vous envoyer mes vœux les plus chers, je songe à toute la joie qui m'est enlevée de ne pouvoir le faire ainsi que j'en avais l'espoir.

Je voulais donc vous porter ces *Trois Nocturnes* (qui vous sont dédiés) où j'ai essayé de rendre à la musique symphonique, un peu de vie et de liberté. Malheureusement je n'ai pas fini et suis un peu découragé. J'ai peur que cela ne vous fasse croire à de la mauvaise volonté de ma part, ce qui m'est tout à fait désagréable[6].

Pour faire face à son manque d'inspiration, Debussy renoue avec l'écriture de mélodie pour laquelle il a encore le plus de facilité. Il compose ainsi deux *Chansons* d'après Charles d'Orléans. Elles furent écrites pour chœur à quatre voix mixtes à l'intention de la chorale familiale de Lucien

Fontaine que Debussy continuait d'animer. Une troisième, *Quand j'ay ouy le tabourin*, suivra en 1908, à l'occasion de l'édition chez Durand de l'ensemble des *Chansons*.

Entre le printemps et l'été 1898, il composa *Nuits blanches*, deux mélodies d'après ses propres poèmes inspirés des récits éponymes de Dostoïevski. Le cycle devait comprendre cinq mélodies, comme annoncé dans une lettre à Hartmann, mais les trois suivantes ne furent vraisemblablement pas écrites.

Pour la *Tragédie de la mort*, la pièce de son ami René Peter qui lui était dédiée, Debussy écrivit au début de l'année 1899 une *Berceuse*, « simple comme une herbe, et chantable dans toutes les positions[7] ». Il sollicita aussi avec insistance Pierre Louÿs pour la rédaction de la préface.

Face au manque d'argent, au manque d'inspiration et à quelques infidélités, sa relation avec Gaby devint de plus en difficile :

Il m'est arrivé des histoires fâcheuses où Bourget semble avoir collaboré avec Xavier de Montépin, ce qui n'est pas autrement impossible. Gaby aux yeux d'acier, a trouvé une lettre dans ma poche qui ne laissait aucun doute sur la culture, même avancée, d'un amour avec tout ce qu'il faut de romanesque pour remuer le cœur le plus endurci. Là-dessus !... drame... pleurs... vrai revolver, et *Le Petit Journal* comme historien...

Ah ! mon vieux loup, j'aurais eu besoin que tu sois là pour m'aider à me reconnaître dans cette mauvaise littérature. On ne change absolument rien ; on ne supprime pas les baisers d'une bouche, ni les caresses d'un corps en passant une gomme élastique dessus, ce serait même une jolie invention la Gomme à effacer l'Adultère.

D'ailleurs cette petite Gaby vient de perdre son père et cette intervention de la Mort a momentanément arrangé ces petites histoires falotes[8].

Aucun journal ne fait mention de cette possible tentative de suicide de Gaby. Mais par son ton Debussy semble faire preuve d'un certain fatalisme quant à la détérioration de ses rapports avec sa compagne. Il connaît une autre phase de dépression au printemps 1898, comme il le confie à Pierre Louÿs alors en Égypte pour un long voyage :

J'ai été très malheureux depuis ton départ, malheureux de la façon la plus passionnée et j'ai beaucoup pleuré, tellement cet acte simple, où se rejoint toute humanité, était la seule chose qui me restât dans tant d'angoisse[9].

Je t'assure que j'ai besoin de ton affection tellement je me sens seul et désemparé, rien n'a changé dans le ciel noir qui fait le fond de ma vie, et je ne sais guère où je vais, si ce n'est vers le suicide, dénouement bête à quelque chose qui mériterait peut-être mieux, et cela sera par lassitude de lutter contre d'imbéciles impossibilités en outre méprisables[10].

Pierre Louÿs, qui lui aussi a eu des idées de suicide, trouve les mots pour soutenir son ami et lui écrit une longue lettre qu'il lui remettra en main propre :

Toi, mon vieux, tu n'as pas l'ombre d'une excuse pour avoir de ces cauchemars ; — parce que TU ES UN GRAND HOMME comprends-tu ce que cela veut dire ? On te l'a laissé entendre ;

moi, je te le dis. Et tu me croirais peut-être si j'ajoute que je n'ai jamais dit cela à personne. Quels que soient les ennuis que tu as, cette pensée-là doit tout dominer. Il faut que tu continues ton œuvre et que tu la fasses connaître, deux choses dont tu te dispenses également et qui devraient être tout pour toi. Ce n'est pas en donnant des leçons de musique que tu assureras ta vie, c'est en faisant tout pour que *Pelléas* soit joué. — Tu considères les démarches pratiques indignes de toi, et tu te trompes peut-être ; car le grand point c'est que tu puisses travailler, et tu ne travailleras que si tu as le nécessaire dans ta maison.

Penses-y. Tout ce que tu me dis me préoccupe profondément. Si tu crois que je puisse t'être utile, dis-moi comment. Je ferai de mon côté ce que je pourrai sans t'en parler[11].

Outre ses accès de spleen, Debussy doit faire face à des dettes si pressantes qu'il est obligé de solliciter Hartmann pour payer son loyer en juillet 1898 :

Les quelques leçons nécessaires au pain quotidien s'en sont allées aux bains de mer, sans nul souci de mon économie domestique, et tout cela est beaucoup plus mélancolique que toutes les *Ballades* de Chopin.

Sans vouloir créer un parallèle entre moi et Balzac, n'ayant rien de l'envergure de cette cathédrale littéraire, j'ai au moins en commun un éternel souci de l'argent et l'ignorance complète de ce qu'on appelle « des économies » et je pense que si un merveilleux hasard ne m'avait pas permis de vous rencontrer, j'en serais réduit aux métiers les plus fâcheux et *Pelléas* serait encore dans ces régions fuligineuses où les gens ont le tort de croire que se cache le génie[12].

Parfois Debussy traite ses soucis avec humour, parfois on sent que le désespoir le prend à la gorge, au point que même la musique ne le sauve pas :

[M]a vie s'est ornée de complications sentimentales qui en font la chose, la plus troublée, la plus compliquée que je sache. [... J']assiste impuissant à la ruine de tout ce que je rêve de beau et de tendre. Cela peut paraître ridicule, mais je vous assure qu'il y a de quoi donner le spleen le plus tenace à quelqu'un de mieux constitué que moi qui en somme, suis simple comme une herbe et n'ai jamais demandé qu'à la Musique des choses impossibles.

[...]

La fin de cette lettre, a dû être reculée très misérablement, à cause de névralgies qui ont abruti ma belle intelligence pendant huit jours. Soyez tranquille, ça n'a pas laissé de traces trop profondes. Je pense qu'il me faudrait l'air de toute la mer, avec beaucoup de tranquillité autour, puis aussi de ne plus voir la tête de ma concierge, cette espèce de méduse domestique. Pendant cette dernière crise, j'ai eu les cauchemars les plus remarquables : j'ai assisté à une répétition de *Pelléas*, où tout à coup, Golaud se transformait en huissier et adaptait les termes de son assignation aux formules musicales qui caractérisent ce personnage[13].

Pour améliorer son quotidien et surtout faire face à ses dépenses déraisonnables, Debussy donne, en effet, quelques leçons. Mais, à la différence de son modèle, Chopin, qui était très sollicité comme professeur, les demandes sont assez rares, comme il s'en plaint, tout en dénigrant ses élèves. « La volaille à laquelle je donne des leçons le Jeudi ne peut changer son jour à cause de complications mondaines et parfaitement absurdes[14] », écrit-il à René Peter pour s'excuser de ne pouvoir aller au théâtre.

Autant Debussy « était un chef de chœur admirable, d'une patience angélique[15] » chez Lucien

Fontaine, autant il était toujours un professeur dénué de véritable sens pédagogique, comme en témoigne Michèle Worms de Romilly, à la fois choriste et élève :

Aux leçons de piano, Debussy ne s'occupait jamais des détails de l'exécution : un doigté n'existait pas pour lui. Il conduisait le tout en chef d'orchestre et disait : « Débrouillez-vous comme vous voudrez, mais tâchez que ce soit bien. » Il ajoutait souvent, ce qui n'était pas fait pour me rassurer : « Du reste, je n'aime donner des leçons de piano qu'aux gens qui jouent mieux que moi. » [...]

[I]l m'avait initiée à la musique des « Cinq » encore inconnue à Paris. Nous fîmes venir de chez Belaïef à Moscou, toutes les œuvres de Moussorgski, Rimski-Korsakov, Balakirev, Borodine et Glazounov que nous jouions à quatre mains avec enthousiasme, nous égratignant à qui mieux mieux ; j'étais la plus à plaindre car Debussy avait des ongles d'une forme très particulière, recourbés en griffes. Je n'arrivais pas à comprendre comment, jouant sur des ongles recourbés, il pouvait obtenir des sons si doux, si enveloppants.

[...]

La *Barcarolle* de Chopin était l'un de ses morceaux favoris : il fut cause de scènes violentes entre nous ! Je jouais fort mal Chopin et surtout la *Barcarolle* prise en grippe depuis que Debussy s'entêtait à me la faire répéter un nombre considérable de fois. [...]

C'était admirable la manière dont il expliquait et détaillait ce morceau, ne s'occupant pas de détails, mais seulement de l'exécution générale. Quand nous arrivions au passage où la mélodie éclate en force, accompagnée des octaves grandissants de la main gauche, Debussy chantait, soufflait : on aurait dit qu'il poussait lui-même la gondole, et cette laborieuse interprétation s'achevait, à cause de ma maladresse, dans un désespoir général[16].

À l'automne 1898, Debussy, non sans souffrir encore régulièrement de névralgies, se remet à l'orchestration des *Nocturnes* commencée depuis un an. Durant les premiers mois de l'année 1899, il annonce dans presque toutes ses lettres à son éditeur qu'il va les lui apporter... tout en repoussant l'échéance *sine die*.

Comme souvent, l'idée d'une composition était venue rapidement dans l'esprit de Debussy mais la mise en œuvre était longue. D'après une confidence sans doute recueillie par Paul Poujaud, avocat et admirateur du musicien, l'idée de *Nuages*, le premier des *Nocturnes*, serait née ainsi :

C'était la nuit sur le pont de Solférino. Très tard dans la nuit. Un grand silence. Je m'étais accoudé à la balustrade du pont. La Seine sans une ride, comme un miroir terni. Des nuages passaient lentement sur le ciel sans lune, des nuages nombreux ni trop lourds, ni trop légers : des nuages. C'est tout[17].

Quelques semaines après, face à son esquisse, Debussy déclare : « Il a fallu m'avouer la pauvreté du "premier *Nocturne*" vis-à-vis des deux autres et pour la, je ne sais plus combien de fois, j'ai dû recommencer[18]. » *Nuages* ne sera achevé que plusieurs mois plus tard.

En décembre 1899, le compositeur quitte la rue Gustave-Doré pour un deux pièces au cinquième étage 58 rue Cardinet. L'immeuble existe toujours et porte une plaque commémorative. Debussy se rapproche ainsi de Pierre Louÿs domicilié 147 boulevard Malesherbes. Il emménage seul puisque

Gabrielle Dupont est partie. Lassée des sacrifices qu'impose l'état de femme d'artiste pauvre, lassée de certaines infidélités de Debussy, la modiste a quitté le musicien pour un banquier, le comte de Balbiani, qui l'installe dans un appartement avenue Niel. Fidèle à ses habitudes, Debussy s'empresse de décorer son nouveau logement, au détriment de dépenses plus prosaïques et vit, aux dires de Louÿs, dans une « turne art-nouveautesque[19] » :

L'amour que Claude pouvait concevoir pour tout objet dont l'acquisition lui parût chimérique s'enfonçait en lui, dans son cœur, comme une lame de kandjard empoisonnée. Et le plus grave est que cet amour le relançait à chaque tournant de la rue ; il l'avait chevillé, comme celui de l'art et de la musique, parce que c'était aussi celui de la possession et de la beauté. Je l'ai vu se mourant d'un tanagra, d'un bouquin rare ou d'une estampe comme Coelio des froideurs de Marianne ; il se multipliait en humbles trafics, tels que leçons à n'en plus travailler pour lui-même, vente à bas prix d'un autre bouquin qu'il avait aimé, mais à présent moins que celui dont il n'avait eu que la vue ou la palpation fugitive — se privant de dîner ou dînant d'à peu près, quoique friand de mets parfumés ; de chaires fines, — jusqu'au jour où, par quelque avance récoltée, le miracle venait à s'accomplir. C'était alors fête nationale en son gratte-ciel. L'air y semblait s'illuminer de girandoles et vibrer de claires musiques comme émises par de petits orchestres en plein vent[20].

Quelques mois plus tard, en avril 1899, le musicien est une nouvelle fois obligé de demander un prêt de 200 francs à Hartmann pour payer son terme en lui promettant de le rembourser en partition. Même s'il n'est pas encore en mesure d'honorer ses promesses musicales, à partir du printemps, Debussy travaille avec plus d'ardeur. Il se remet du départ de Gaby auprès d'une jeune femme, Lilly Texier. Il vit avec elle un amour tendre et pour l'instant sans drame. Une relation non encore entachée par les problèmes matériels qui ont tellement usé ses rapports avec Gaby. En effet, Lilly, qui vit seule 12 rue de Berne, est financièrement indépendante. Socialement, intellectuellement et physiquement, en revanche, Marie-Rosalie Texier est proche de Gabrielle Dupont avec qui elle se lia d'amitié. Née à Chalon-sur-Saône en 1872, d'origine bourguignonne par son père et de Nice par sa mère, elle était la fille d'un employé des chemins de fer.

Lorsque Debussy la rencontra, elle était mannequin dans la maison de couture Sara Mayer and Morhange. « Elle est, invraisemblablement blonde, jolie, comme dans les légendes, elle ajoute à ces dons de n'être nullement "Modern style". Elle n'aime pas la musique d'après le plus récent "Willy" H.G.-V.[*] mais seulement selon sa fantaisie ; sa chanson favorite est une ronde où il est question d'un petit grenadier à la mine vermeille qui porte comme un vieux troupier son chapeau sur l'oreille... C'est ineffable et d'une esthétique peu agressive[21]. »

Les lettres à Lilly Texier sont les premières lettres d'amour que l'on connaît de Debussy faute

---

[*] Henri Gauthier-Villars (1859-1931), connu sous le pseudonyme de Willy, compagnon de Colette, écrivain, critique musical et dramatique.

d'avoir sa correspondance avec Marie Vasnier et avec Gabrielle Dupont. Le musicien, au tout début de leur liaison, se montre naïf, exalté et juvénile dans l'expression de ses désirs et de ses senti-ments.

Ma chère petite Lili.

Claude n'est pas encore guéri des morsures de ta chère petite bouche ! Et il ne peut guère faire autre chose que de penser à cette soirée où tant de bonheur inespéré lui fut donné par toi, cela de la façon la plus jolie, et avec l'abandon le plus complet qui soit au monde.

Vois-tu, Lili jolie ; il y avait en nous, presque malgré nous, quelque chose d'ardemment passionné qui brûlait secrète-ment et n'attendait qu'une occasion de se manifester.

Et, si tu as ressenti une joie, aussi folle, aussi aiguë que la mienne, avoue qu'il eût été dommage que cette soirée n'arrive pas, pour nous prouver ce que nous pensions l'un de l'autre.

Reçois mon infini remerciement de tout ce que j'ai d'amour pour toi. Tâche de ton côté de m'en donner le plus possible...

Crois aussi que ce *Samedi* où je dois te revoir me paraît affreusement lointain...

Impatient de ta bouche, de ton corps et de t'aimer[22].

Debussy, dans l'ardeur des premiers temps de l'amour, adresse à Lilly des lettres fiévreuses et sensuelles :

J'ai la continuelle vision de ta bouche et mon corps me fait mal, tant il est torturé par le désir fou d'étreindre ton corps, j'ai faim et soif de toi à l'exclusion de toute espèce d'autres choses[23].

[C]ette nuit, j'ai embrassé ta lettre comme une personne vivante, tant j'avais besoin de sentir quelque chose de toi sur ma bouche, un peu du vrai parfum de tes lèvres est monté vers moi et j'ai tendu les bras à ce rêve, fait de tout ce que tu as laissé en moi d'impérissable amour[24].

Comme cela ne lui est pas arrivé depuis long-temps, le compositeur délaisse momentanément la musique au profit exclusif du cœur. Alors que Gabrielle était toujours près de lui, disponible, Lilly est prise par son travail et vit de façon indé-pendante. Elle limite d'abord ses rendez-vous avec le musicien à son congé de fin de semaine. Debussy doit s'accommoder du manque non d'inspiration mais de la femme aimée :

Qu'est-ce qu'elle fait, en ce moment la Lili jolie ?... proba-blement elle prête la grâce effilée de son corps à de très sompteuses robes, qui orneront plus tard les corps défraîchis de quelques vieilles poupées... Moi, je commence la série de ces jours tristes et maussades où il n'y aura guère de joie pos-sible, si ce n'est dans l'attente fiévreuse passionnée de ce que j'aime le plus au monde. Je ne sais d'ailleurs, pas très bien, comment je vais vivre, tant il me semble que toute ma vie s'est réfugiée en toi [...][25].

Debussy, pour un temps, sort de son univers de créateur. Il se déclare prêt à tout pour Lilly, obsédé par la peur de ne plus être aimé d'elle ou pas assez. « Je n'entraverai jamais ta liberté, mais je voudrais te plaire toujours, être celui chez lequel tu mettrais ton désir d'être heureuse[26]. » Pour passer un vendredi soir avec Lilly, le 5 mai 1899, il prétexte un voyage pour décliner une invi-tation chez Ernest Chausson, un dîner de réconci-liation cinq ans après leur brouille. Le 10 juin,

Chausson meurt après une chute en bicyclette sans que les deux musiciens se soient revus. Debussy n'ira pas à l'enterrement à cause d'un rendez-vous qu'il ne pouvait manquer, dit-il à Louÿs. Il n'adressera ni fleurs ni même ses condoléances à la famille. Le 21 mai, Lilly part dans l'Yonne, à Tonnerre, rendre visite à ses parents. Debussy lui adresse de longues lettres enflammées dans lesquelles il ne souffle mot de la musique, trop obnubilé qu'il est par sa passion de plus en plus vive que l'éloignement géographique ne fait qu'exacerber :

Si tu savais comme tout est plein de toi ici ! Il n'y a pas un coin, pas un meuble qui ne soit marqué de ta délicieuse présence ; c'est comme une petite voix qui bourdonne à mes oreilles en légers murmures si étranges et si émouvants ; où ton doux nom de Lilly revient constamment comme une fine et délicate musique. [...]

Je te prie de ne pas trouver mes lettres disproportionnées ou enfantines !... C'est à peine l'expression de ce que je pense et ressens [...]

As-tu senti, cette merveilleuse lumière qui nous entoure quand nous devons nous séparer et que nos yeux semblent s'attacher ? Nous dont l'amour s'affirme par les yeux ! Comprends-tu ce que cela peut créer de liens indissolubles entre nous ? Il me semble, par moments que si tu pouvais être jalouse tu pourrais être jalouse de mon amour pour notre amour[27]...

Le 15 mai, Pierre Louÿs annonça son prochain mariage avec Louise de Heredia, la fille cadette du poète et sœur de Marie, sa maîtresse depuis des années. Soucis de discrétion vis-à-vis de Lilly ou volonté de sa part de garder aussi sa liberté, Debussy dans sa réponse à l'écrivain déclare « mon vieux collage avec la Musique empêch[e] que je devienne nuptial[28] ».

Rapidement, Debussy comprend qu'il ne pourra garder Lilly que s'il envisage une vie commune officielle avec elle. Bien que de façon abstraite, il évoque souvent dans ses lettres son désir de s'engager. « Je ne demande qu'une chose au monde, pouvoir t'aimer et faire de ma vie quelque chose d'éperdument tendre et dévoué à Lilly[29]. » « [J]e t'assure que les moindres actes de ma vie, mes efforts pour être quelqu'un de plus fort que les autres pour dominer mes chers contemporains, tout cela n'a plus qu'un seul et adorable but, et c'est toi, uniquement Toi[30] !... »

La seule composition à laquelle Debussy se livre en ce printemps 1899 est la marche nuptiale commandée par Louÿs : « Deux cents mesures pour deux claviers et pédale, dans le rythme bizarre de la marche à quatre temps — morceau d'un caractère pompeux, lascif et jaculatoire comme il sied aux cortèges nuptiaux[31] ? »

La première version ayant été perdue, Debussy dut en composer une nouvelle quelques jours avant la cérémonie tout en veillant Lilly, tombée malade. Faute de partition, on ignore à quoi ressemblait la composition de Debussy qui, pour travailler, songea davantage à Lilly qu'à la fiancée de Louÿs. Le compositeur, souffrant à son tour, n'assista pas au mariage mondain de son ami, le 24 juin. Il prétend dans une lettre à Hartmann que sa marche nuptiale ne fut pas interprétée, *Le Figaro*, rendant compte de la cérémonie, indique qu'elle fut chantée. Sous l'influence probable de celui de Louÿs, au cours du mois de juin son projet de mariage devient de plus en plus sérieux. En outre, Lilly, comme la mère de Thérèse Roger, reçut une lettre anonyme dénonçant les lourdes dettes du musicien et mettant en doute la sincérité de ses sentiments. La crainte de perdre la femme aimée incita Debussy à la lier davantage à son existence et à la rassurer quant à leur avenir :

Je ne suis plus jeune et j'ai besoin de fixer ma vie pour *tout à fait*, si je ne l'ai pas fait jusqu'ici, c'est que je n'avais pas rencontré quelqu'un que j'aime vraiment et dans lequel j'ai assez de confiance. [...]

Maintenant, pas plus que toi, je ne voudrais que tu continues à faire le métier que tu fais, et j'avais l'intention bien arrêtée de t'en arracher au plus vite. L'amour que j'ai pour toi, ne peut ni ne veut se contenter de nous voir que pour la joie, je voulais vivre de ta vie complètement et tâcher de te faire heureuse, non seulement par ma tendresse, mais par mon dévouement qui aurait entouré ta vie à chaque minute.

Pour le moment présent, je gagne ma vie, sans plus, et si je puis tout de même t'offrir, sans crainte, de la partager, ça n'est évidemment pas la fortune !... Il faudrait que tu m'aimes assez pour supporter pendant quelques mois, un peu de médiocrité... [...]

Il y a dans la vie des choses aussi nécessaires que le pain et qui ne s'achètent pas chez les marchands ! Cela s'appelle le Bonheur !... Et il n'est complet que quand il y a un accord entre la vie matérielle et l'autre. [...]

Il faut que j'ajoute, à ce que je dis à propos de parenthèses « quelques mois médiocres », qu'il est certain que l'on jouera *Pelléas et Mélisande* cet hiver et qu'à partir du mois de septembre, la situation s'augmentera très sensiblement[32].

Même si Debussy se montrait assez optimiste avec Lilly concernant l'amélioration de sa vie matérielle, il croyait encore qu'André Carré allait monter son opéra prochainement et comptait dessus pour asseoir sa réputation et améliorer son quotidien. Début juillet, il dut déchanter. « Faut-il que M. A. Carré ait peu de cœur pour ne pas adopter tout de suite ses deux enfants si gentils, vraiment leur avenir commence à m'inquiéter, et bientôt je ne pourrai plus les nourrir[33]... » Lilly, de son côté, reste encore sur ses gardes et Debussy tout au long du mois de juin multiplie les lettres mêlant mots naïfs et sentiments passionnés pour la convaincre :

Vois-tu, j'ai beau m'exhorter à la patience ; il y a des choses en moi qui crient vers toi, comme des enfants perdus dans une forêt... Ma bouche se souvient trop de ta bouche, elle a conservé de sa caresse une marque ineffaçable, brûlante comme du feu, doux comme une fleur... elle voudrait voir couler tout son sang, pour la joie de son désir inassouvi... Et, dès que je n'ai plus tes yeux, je suis un peu comme un aveugle ou comme un pauvre petit bateau qui aurait perdu toutes ses voiles = ces deux images se valent pour une égale irréparable tristesse =

[...]

Pour moi, les heures passées sans toi, c'est l'ennui multiplié par 100 !... c'est l'impatience sans phrase de l'homme qui a faim et qui cassera les vitres pour voler son pain, c'est le besoin de vivre pour un être et c'est la plus belle chose du monde[34].

En juillet, Lilly s'installe chez Debussy. Trouve-t-elle peu après un document compromettant pour le musicien ? Dans une longue lettre, celui-ci essaye de se justifier et d'inspirer pitié à la jeune femme pour éviter la rupture tout en feignant de l'accepter : « En réfléchissant, ça n'est pas trop payé de ma vie, tout ce bonheur perdu, et c'est encore une façon de te la donner. Je ferai un paquet de toutes tes affaires qui te sera remis après-demain matin, je garde naturellement ma bague voulant être enterré avec[35]. »

Lilly se laissa fléchir et retourna vivre 58 rue Cardinet. Malgré les difficultés financières, l'année 1899 devait s'achever mieux qu'elle n'avait commencé. Le mariage civil entre Debussy et Lilly eut lieu le 19 octobre à la mairie du XVIIe arrondissement en petit comité avec Pierre Louÿs, Erik Satie et Lucien Fontaine comme témoins et proches de Debussy et un ami de Lilly. Les parents des mariés n'étaient même pas présents :

Le cérémonial en fut bref autant qu'il était possible ; il y a maintenant une Madame Claude Debussy avec laquelle je pense organiser une existence tout à fait enviable. Je vais pouvoir travailler sans qu'aucune complication mondaine et même sentimentale, ne vienne embrouiller mes doubles croches[36] !

En dépit de la simplicité de la cérémonie, Debussy dut donner un cours à Michèle Worms de Romilly pour payer son repas de noces chez Pousset :

Lilo Debussy attendait au bas de l'escalier de notre appartement, assise sur la banquette, que la leçon fût terminée, afin d'entreprendre avec son mari un voyage de noces sur le haut de l'impériale d'un omnibus ! Ils aboutirent au Jardin des Plantes où se traîna le pauvre marié, qui avait horreur de la marche. [...] Le festin fut payé avec le prix de ma leçon, et tout le monde s'en retourna à pied, car hélas ! il ne restait plus assez d'argent pour prendre l'omnibus[37]...

Le musicien continuait à emprunter de l'argent à des amis ou à en réclamer à Hartmann, ses leçons, trop rares, ne lui rapportant pas assez. Debussy devait, en outre, faire face aux dépenses entraînées par la santé fragile de Lilly, nécessitant visites de médecin et achats de nombreux médicaments.

Après cette parenthèse amoureuse, rassuré par la présence de Lilly que leur mariage rendit définitive, Debussy put songer à nouveau à la musique et reprendre ses morceaux inachevés. « Vous me demandez ce que je fais ? Je ne puis guère parler que de ce que je ferai !... Je terminerai *La Saulaie*, puis trois autres *Nocturnes* et les *Nuits blanches*[38]. » Debussy n'ajoutera aucun *Nocturne* et aucune *Nuit blanche* en plus de ceux composés. Il avait d'ailleurs déjà du mal à achever les fameux *Nocturnes* pour orchestre et chœur commencés un an et demi après l'abandon des *Nocturnes* pour violon et orchestre. Il avait promis de déposer le manuscrit au graveur avant l'été mais ses émois amoureux l'avaient empêché de se consacrer à la musique lors même que Colonne envisageait l'exécution des *Nocturnes* à l'automne.

Hartmann fait contre mauvaise fortune bon cœur à propos du « byzantisme[39] » du compositeur qui repoussait sans cesse la livraison de ses œuvres. Outre les sommes accordées à l'impécunieux musicien, les quelques lettres d'Hartmann montrent combien il était compréhensif au nom de l'art et de son admiration...

Mon cher Colonne, en quittant Paris le 15 juin, il était entendu avec Debussy qu'il remettrait quelques jours après, le manuscrit des trois *Nocturnes* pour orchestre, qu'il me disait terminé, à mon graveur pour que je puisse les trouver prêts à mon retour. Je suis passé par Paris le 25 août — il n'avait rien remis du tout chez le graveur ! En plus pas eu de nouvelles de lui ! Quel étrange garçon ! Voilà 3 ou 4 années qu'il peine sur ces 3 *Nocturnes* qu'il m'a fait entendre à plusieurs reprises et qu'il a éternellement refaits. C'était, tels que je les avais entendus, tout à fait extraordinaire[40] !

La première audition des *Nocturnes* 1 et 3 ne devait avoir lieu que le 9 décembre 1900. Fin 1899, Debussy livra enfin le second nocturne (*Fêtes*) et le troisième (*Sirènes*) et rendra la partition corrigée du premier (*Nuages*) au début du mois de janvier 1900. Les difficultés de composition de ces *Nocturnes* reflètent bien, une fois de plus, le souci de perfection du musicien mais aussi son « curieux besoin de ne pas finir[41] ». Même si Debussy devra encore faire face à des aléas matériels et musicaux, sa vie et sa carrière vont connaître au seuil du nouveau siècle une nette amélioration. Grâce à Lilly, il jouit d'un confort un peu plus grand rue Cardinet comme en témoigne Michèle Worms de Romilly :

Les Debussy habitaient là, au quatrième étage d'une étroite maison de rapport, [...] un petit appartement d'une propreté et d'un ordre méticuleux. Des fenêtres, on avait vue sur un peu de verdure, et cette paisible retraite n'était troublée, à certaines heures, que par les cris joyeux d'une troupe d'enfants dans la cour d'une école.

On respirait là un air d'intimité, de paix dans deux petites pièces réunies par une baie. L'une était le studio du maître où, sur son bureau, étaient rangés manuscrits, encriers et crayons dans un ordre parfait. Il y avait aussi un divan, quelques carpettes d'Orient et au mur, des tableaux peints par Lerolle, Jacques Blanche, Thaulow et des dessins représentant Lilo Debussy alors dans tout l'éclat de sa beauté. Elle avait un visage fin encadré de cheveux clairs ; elle semblait la plus pure incarnation de Mélisande.

Dans l'autre pièce, il y avait un piano droit, des livres, des partitions... [...]

[Lilo] respectait son sommeil jusque tard dans la journée, (car il travaillait la nuit et veillait jusqu'au matin), et par un prodige d'équilibre, elle arrivait à faire marcher un ménage dont le budget était le plus souvent très près de zéro[42].

En attendant *Pelléas* (1900-1902)

*Je travaille à des choses qui ne seront comprises que
par les petits enfants du vingtième siècle[1]...*

À défaut de voir créer *Pelléas* ou les *Nocturnes*
dont les exécutions se feront encore attendre,
Debussy accompagne Blanche Marot lors de la
première audition des *Chansons de Bilitis*. Elle eut
lieu salle Pleyel, le 17 mars 1900, dans le cadre
des concerts de la Société nationale de musique.
Cette création ne rapprocha pas Louÿs et Debussy.
Ils restaient amis, certes, mais leurs mariages respectifs avaient mis fin à leur camaraderie étroite,
comme le reflètent leurs lettres plus distantes et
leurs rendez-vous plus rares. Debussy attendait
beaucoup de la création de *Pelléas*, notamment
pour l'amélioration de sa situation financière,
comme il l'avait écrit à Lilly. Malgré tout, il répu-
gnait à agir, c'est-à-dire à se vendre, comptant sur
ses soutiens pour voir le projet aboutir. Dans ce
but et sachant combien il était difficile d'obtenir
un travail définitif de la part du compositeur,
Hartmann insista dès le début de l'année 1900,

pour que le musicien s'attelle à la réduction pour piano et à la copie de la partition pour orchestre avec la perspective d'une création à l'automne. L'éditeur, qui se démenait pour faire jouer Debussy, songeait que la présentation d'une partition achevée rassurerait Albert Carré qui n'avait pas renoncé à monter l'opéra avec André Messager, également enthousiasmé par l'œuvre mais qui attendait des garanties.

Autant la création d'un *Pelléas et Mélisande* de Fauré à Londres l'avait laissé de marbre, autant celle de *Louise*, de Gustave Charpentier, créé à l'Opéra-Comique en février 1900, mit Debussy en rage contre le mauvais goût, comme il le dit à Hartmann et Louÿs dans deux lettres à peu près identiques :

> Les gens n'aimaient déjà pas beaucoup la Beauté [...]. Après beaucoup d'aventures comme celle de *Louise*, ils seront définitivement perdus et le règne du mufle commencera ou plutôt triomphera.
>
> C'est de l'art de brasserie, et des sensations à travers de fréquentes « gueules de bois ». C'est la sentimentalité du Monsieur qui rentre chez lui, à quatre heures du matin, attendri sur les balayeurs et les chiffonniers, et il se figure qu'il peut enregistrer les états d'âme des pauvres gens !... C'est vraiment trop outrecuidant ou trop bête...
>
> [...]
>
> Maintenant s'il était possible de faire jouer *Pelléas* au Japon, j'aimerais beaucoup ça, parce qu'au nom d'un élégant éclectisme, on voudra bien l'admettre[2]...

Un an plus tard, le succès de *Louise* le tourmente encore. « [A]vez-vous remarqué que depuis

Louise, les marchands d'habits ne poussent plus leurs cris habituels, ils ont peur que Charpentier ne leur fasse payer des droits d'auteur, probablement[3]. »

Certes, Debussy souhaite la création de *Pelléas* et en joue souvent des extraits à ses amis intimes mais il répugne à la faire écouter au grand public dont il doute qu'il puisse être sensible à son œuvre, c'est-à-dire au beau. Il répugne aussi à être joué de la même façon que l'œuvre de Charpentier. Son attitude se répétait plus ou moins pour chaque œuvre :

> Il écrivait lentement, finement, avec une sorte de volupté douloureuse ; il n'était jamais impatient de livrer une de ses œuvres au public. On devait lui arracher ses manuscrits, page par page, pour les envoyer à la gravure[4].

Le peu de considération pour des contemporains obtenant un succès populaire est une attitude fréquente chez bon nombre d'artistes. Elle est à la fois compréhensible, souvent justifiée, tout en étant discutable par le mépris et l'enfermement qu'elle implique. Vaut-il mieux se couper de son temps et composer pour la postérité qui saura mieux apprécier l'œuvre ou vaut-il mieux essayer d'éduquer ses contemporains pour en être compris ? Debussy, au caractère aristocratique, fit son choix dès sa jeunesse et ne changea jamais. On ne s'étonne donc pas qu'en septembre 1900 il confie au violoniste et chef d'orchestre belge Mathieu Crickboom : « *Pelléas* continue à être inédit !

D'ailleurs, c'est peut-être ce qu'il y a de mieux à faire[5]. »

Le 1er avril, Georges Hartmann doit s'aliter suite à une attaque de goutte. Il s'excuse de ne pouvoir aider une fois de plus Debussy :

> Mon cher ami, vous venez frapper à ma caisse à un moment où elle est très vide, en supposant qu'elle soit jamais autrement. J'ai tout mangé, mon pauvre loyer, mis de côté à l'avance, mais ces douze jours de chambre m'ont empêché d'aller battre monnaie pour le courant de chaque jour [...].
> Je suis très ennuyé, je souffre énormément et cela s'aggrave de vos chagrins personnels auxquels je ne puis, à mon grand regret, apporter aucun soulagement momentané et pourquoi faut-il que le malheur de l'un n'atténue pas celui de l'autre ?
> Affectueusement[6].

Georges Hartmann meurt le 23 avril. Comme tant d'autres enterrements qu'il manque pour diverses raisons, Debussy ne se rend pas à celui d'Hartmann à cause, dit-il à Louÿs, d'une angine de poitrine et ajoute comme seul commentaire : « Cette mort m'a fait du chagrin, vrai, — ç'avait été quelqu'un de providentiel pour moi et il mettait à jouer ce rôle une bonne grâce et un bon sourire, assez rare chez les philanthropes d'Art[7]. »

Le même jour, il écrit à Lilly-Lilo une lettre célébrant la première année de leur amour, une lettre au ton heureux et enflammé qui permet d'avoir quelques doutes sur la réalité de son chagrin concernant Hartmann. Peut-on, même emporté par l'amour et pour ne pas inquiéter sa compagne, oublier une peine et ne parler que de bonheur, de volupté et de beauté ? Debussy perd en tout cas son plus précieux soutien artistique et matériel :

> Apprends qu'Hartmann a laissé ses affaires dans le désordre le plus absolu et que ton pauvre Claude est présentement sans éditeur avec la complication d'un traité bâtard dont n'importe qui, pas même Dieu, ne voudrait reprendre les termes. La Destinée est vraiment d'une ironie rosse avec moi !... Je trouve le seul éditeur qui puisse s'ajuster à ma délicieuse petite âme, et il faut qu'il meure ! ! ! Je ne suis pas méchant mais je flanquerais des gifles à la Nature tout entière... Sans parler des gens que Hartmann retenait un peu d'être mes ennemis déclarés[8].

Debussy était persuadé d'avoir des ennemis et exagérait volontiers la confidentialité de sa musique pour ne pas être confondu avec les musiciens plus populaires. En réalité, son œuvre commençait à être connue. Pour preuve, plusieurs de ses compositions furent exécutées lors des concerts officiels organisés dans le cadre de l'Exposition universelle.

Son *Quatuor à cordes* fut joué le 22 juin dans la grande et nouvelle salle du palais du Trocadéro par le quatuor Hayot. Le 23 août, le septième grand concert, toujours au Trocadéro, comprenait *La Damoiselle élue* avec Blanche Marot dans le rôle principal. *Les Chansons de Bilitis*, quant à elles, furent interprétées le 17 août. *La Damoiselle élue*, que beaucoup de critiques entendaient pour la première fois ou avaient oubliée, reçut, grâce à une exécution grandiose, un bon accueil parmi les journalistes et le public. Pierre Lalo, fils du compositeur Édouard Lalo, et qui devait s'avérer parfois sévère contre Debussy, fit son éloge dans *Le Temps* :

Le musicien qui imagina [*La Damoiselle élue*] est un des plus brillants et des plus singuliers qui soient à l'heure actuelle. Nul parmi les jeunes musiciens, ni parmi les anciens, n'est doué d'une invention mélodique plus séduisante, plus souple et plus fine ; et nul surtout n'est un harmoniste plus original, plus raffiné, plus subtil, plus étrange et plus inquiétant aussi. Il se complaît aux modulations les plus aventureuses ; et telles sont la grâce et la délicatesse de son goût que toutes ses audaces sont heureuses[9].

Un nouveau souci empêche Debussy de profiter de ce succès et d'y trouver une nouvelle source d'énergie pour reprendre son travail négligé depuis des mois. Lilly, déjà fragile, voit son état de santé s'aggraver suite à une fausse couche. Elle séjourne en clinique du 14 au 23 août à la maison Dubois, actuel hôpital Fernand-Widal, et peine à se rétablir. Faute d'argent, elle ne part pas en cure dans les Pyrénées comme les médecins le lui recommandent pour traiter un début de tuberculose. Debussy résume ainsi sa vie de ces derniers mois : « La musique ne m'intéressait plus assez car j'étais aux prises avec la vie ce qui est beaucoup plus troublant. Vous savez d'ailleurs que j'ai horreur de me "recommencer" et malheureusement ma musique tournait en rond comme un cheval de cirque[10] ! »

Le 9 décembre 1900, le musicien, en guise d'encouragement, put entendre ses deux premiers *Nocturnes* (*Nuages* et *Fêtes*) joués dans le cadre des concerts Lamoureux dirigés par Camille Chevillard.

L'exécution s'était fait attendre une bonne partie de l'année 1900. « Chevillard s'obstine à "encrépusculer" son public, mes pauvres *Nocturnes* sont naturellement sous les décombres[11] », s'était plaint Debussy, reprochant au gendre de Charles Lamoureux de programmer trop de Wagner. Le succès s'était fait attendre pour l'auteur de *Parsifal* avant de devenir le musicien par excellence au détriment des autres. Debussy, qui avait pris depuis longtemps ses distances avec l'art wagnérien, ne pouvait pas s'empêcher de critiquer cette mode musicale où le snobisme entrait pour une bonne part. « Les gens qui prennent des airs entendus pour parler de la *Tétralogie* ne résisteraient peut-être pas à une audition intégrale de ce Bottin musical[12] », écrira-t-il quelques mois plus tard dans la *Revue blanche*.

Dans L'*Écho de Paris*, Willy qualifie les *Nocturnes* de « bijoux "art nouveaux" unanimement fêtés. Ce sont des impressions, des jeux de sonorité adorables, des accouplements de timbres défendus, délicieux, mélopée grisante de flûtes à la russe voguant bien loin du thème principal, clapotis de *pizzicati* paradoxalement renouvelés des musiques d'Extrême-Orient[13]... ». Bien que succincte, la description de Willy ne manque pas de justesse en soulignant les influences étrangères présentes dans la musique de Debussy, influences dont il parvient à se détacher pour en faire une musique unique.

Alfred Bruneau, dans *Le Figaro*, n'est pas moins pertinent :

Peu connu de la foule, ne se montrant nulle part, ne produisant, j'imagine, qu'à son heure, il vit en solitaire, dédaigneux du bruit et de la réclame. Ah ! Que cela est bien et que cela est rare et quels moments précieux perdent certains hommes d'à présent à préparer leur publicité, à rédiger, à distribuer les « notes » proclamant leur propre gloire ! Dans l'isolement hautain où il s'emprisonne M. Debussy semble vouloir exprimer non pas les passions éternelles du monde qu'il fuit, mais les impressions passagères du rêve qu'il cherche. [...] Des thèmes, il n'y en a point là au sens habituel du mot, mais des harmonies et des rythmes suffisent à traduire de la façon la plus originale et la plus frappante la pensée du compositeur. Un orchestre comme ouaté enveloppe de musique ces tableaux qui évoquent le souvenir des étranges, délicats et vibrants *Nocturnes* de Whistler et qui sont, ainsi que les toiles du grand peintre américain, d'une poésie profondément troublante[14].

Debussy est perçu par les critiques comme un musicien en marge, ce que soulignent plusieurs journalistes à la suite d'Alfred Bruneau. « Par l'art, comme aussi par son existence éloignée du mouvement et des batailles artistiques, par son souci de composer à ses heures et sans contraintes, par son dédain des accoutumées et banales réclames, M. Debussy s'est placé aux antipodes des musiciens qui tentent de mettre leur art en service, et de lui confier un emploi dans le temps du vérisme quand ils sont les prêtres assermentés[15]. » Paul Dukas, qui le connaît bien, note :

M. Debussy lui-même paraît prendre plaisir à dérouter ses admirateurs, car il en a de très ardents ; aucune de ses œuvres ne semble la conséquence attendue de l'autre ; toutes apportent quelque chose de particulier qui dénote, sinon une transformation très sensible de sa manière, du moins un point de vue différent et inattendu. [...] Ainsi chaque œuvre de M. Debussy nous apporte une nouvelle surprise, par où s'explique la difficulté qu'éprouvent à la classer ceux qui aiment à être avertis, une fois pour toutes, des tendances d'un artiste. De fait, M. Debussy est inclassable[16].

Même si Debussy ne reçoit pas que des éloges, le cercle de ses admirateurs s'agrandit et même ceux qui émettent des restrictions ne cachent pas non plus une certaine fascination.

Mais le compositeur garde ses distances avec ces signes de reconnaissance comme s'il ne supportait pas qu'on puisse parler de sa musique. Il ne lui déplaît pas de rugir contre les critiques négatives ou macaroniques qui viennent confirmer la piètre opinion qu'il se fait de la critique et du public en général. Au contraire, il n'a rien à dire des éloges et s'en trouve même gêné, cherchant d'une façon ou d'une autre à les diminuer. Pour lui, l'extrême reconnaissance consisterait au silence complice avec son auditoire car le silence ne viendrait pas s'ajouter à sa musique pour la polluer et ne forcerait pas l'auditoire à penser et à parler :

Il est même inutile que la Musique fasse *penser* ! [...]
Il suffirait que la musique force les gens à *écouter*, malgré eux, malgré leurs petits tracas quotidiens et qu'ils soient incapables de formuler n'importe quoi ressemblant à une opinion, il faudrait qu'ils ne soient plus libres de reconnaître leur face grise et fade, qu'ils pensent avoir rêvé, un moment, d'un pays chimérique et par conséquent introuvable[17].

Ce rêve s'exprime par le silence, la grande obsession de Debussy. Paradoxe pour un musicien ? Au contraire, pour Debussy, le silence permet de sublimer les sons qu'il entoure. Au silence de la musique doit répondre celui du public. Il va même jusqu'à critiquer « le bruit barbare des bravos, [...] ce besoin instinctif, qui trouve son origine à l'âge de pierre, de frapper nos mains l'une contre l'autre en poussant des cris de guerre, pour manifester nos plus beaux enthousiasmes[18] ». « Sachez donc bien qu'une véridique impression de beauté ne pourrait avoir d'autres effets que le silence[19] ? », déclare Monsieur Croche.

Ce retrait qu'il affiche vis-à-vis de ses contemporains, cette manière qu'il a de repousser les exécutions et la livraison de ses partitions ne sont-ils pas proches d'un Stendhal proclamant qu'il sera lu (et compris) dans cinquante ou cent ans pour éviter de se confronter à l'opinion de ses contemporains ? Ainsi, à travers son double, Monsieur Croche, Debussy déclara-t-il : « Savez-vous une émotion plus belle qu'un homme resté inconnu le long des siècles, dont on déchiffre par hasard le secret ? Avoir été un de ces hommes... Voilà la seule forme valable de la gloire[20]. » Être inconnu de son vivant, c'est se tenir loin et au-dessus de la foule. C'est également ne pas risquer la moindre blessure faite à l'artiste. Dans le cas de la musique (comme du théâtre), c'est enfin empêcher la matérialisation de l'œuvre livrée au public, c'est-à-dire à l'interprétation où l'auteur n'est plus du tout ou plus tout à fait maître de son œuvre. Debussy écrit des années après la création de *Pelléas* :

La réalisation scénique d'une œuvre d'art, si belle soit-elle, est presque toujours contradictoire au rêve intérieur qui, tour à tour, la fit sortir de ses alternatives de doute et d'enthousiasme. Le beau mensonge dans lequel vécurent si longtemps les personnages du drame, et vous-même [...] n'excuse-t-il pas l'effarement à les voir vivre devant vous par l'intervention de tel ou tel artiste ? [...]

À partir de ce moment, plus rien ne semble vous appartenir de l'ancien rêve, une volonté étrangère s'interpose entre vous et lui[21]...

Le fait d'être davantage exposé aux critiques et au public incite sans doute Debussy à accepter de devenir le critique musical de la *Revue blanche*. Fondée en 1889 à Liège, la revue déménagea ses bureaux à Paris en 1891 avant de faire faillite en 1903. La *Revue blanche* était dirigée par Thadée Natanson et ses frères et s'attira la collaboration d'artistes prestigieux comme Claudel, Proust, Verlaine, Gide, Toulouse-Lautrec, Péguy, Apollinaire... Debussy en y écrivant faisait ainsi partie pleinement de l'élite artistique et intellectuelle et trouvait une magnifique tribune pour exprimer ses idées. Il écrira huit articles entre le 1er avril et le 1er décembre 1901 et y mettra en scène son double antidilettante, Monsieur Croche. Ce personnage doit beaucoup au Monsieur Teste de Paul Valéry dont *La Soirée* avait été publiée en 1896 dans la revue *Le Centaure* fondée par Louÿs.

La création de cet antidilettante est aussi le

reflet de l'anticonformisme — poussé à son maximum — de Debussy en tant que critique. S'il écrit qu'il « aime trop la musique pour en parler autrement qu'avec passion[22] », il définira Monsieur Croche comme « un vieux fou qui aime la musique d'une manière inexcusable autant qu'intolérante[23] ». Autant Berlioz remplissait scrupuleusement son rôle en analysant les œuvres en vogue même si c'était pour les attaquer, autant Debussy sélectionnait les spectacles et les compositeurs dont il souhaitait parler et offrait une réflexion personnelle sur la musique et l'art à travers notamment son échange avec Monsieur Croche. Dès le début, le musicien donne le ton :

> On trouvera donc à cette place des impressions sincères et loyalement ressenties, beaucoup plus que de la critique ; celle-ci ressemblant trop souvent à des variations brillantes sur l'air de : « vous vous êtes trompés parce que vous ne faites pas comme moi », ou bien : « vous avez du talent, moi je n'en ai aucun, ça ne peut pas continuer plus longtemps ». J'essaierai de voir, à travers les œuvres, les mouvements multiples qui les font naître et ce qu'elles contiennent de vie intérieure ; n'est-ce pas autrement intéressant que le jeu qui consiste à les démonter comme de curieuses montres ? [...] Enfin que l'on veuille bien s'en tenir au mot « Impressions », auquel je tiens pour ce qu'il me laisse la liberté de garder mon émotion de toute esthétique parasite[24].

Dans sa seconde chronique, en dehors de toute actualité, Debussy fait ainsi l'éloge d'un musicien russe qu'il aimait particulièrement : Moussorgski et sa *Chambre d'enfant*, un ensemble de sept mélodies. En parlant du Russe, Debussy décrit ce

1 Debussy à Pourville (Normandie) entre août et octobre 1904.
Paris, BnF.

« *La musique est partout.*
Elle n'est pas enfermée dans des livres. Elle est dans les bois,
dans les rivières et dans l'air. »

3 Ernest Guiraud, professeur au Conservatoire.
Paris, BnF.

2 Debussy élève au Conservatoire national de Paris, en 1874.
Saint-Germain-en-Laye, musée Claude-Debussy.

4 Debussy (à gauche en veste blanche) parmi les pensionnaires de la villa Médicis, début 1885.
Saint-Germain-en-Laye, musée Claude-Debussy.

5 Photo de scène de *La Walkyrie*, 1896.
Bayreuth, Richard Wagner Museum.

« J'essaye de travailler comme un casseur de pierres, et cela n'arrive pas à vaincre cette mélancolie noire, qui me rend mécontent de ce que je trouve. »

6 Marie-Blanche Vasnier par Jacques-Émile Blanche, 1888.
Paris, musée du Petit-Palais.

6

7

7 Au piano chez Ernest Chausson à Luzancy en 1893.
Paris, BnF.

8 Debussy (le premier à gauche) sur les bords
de Marne à Luzancy chez Ernest Chausson.
Paris, BnF.

8

« Mon ambition première, en musique, est d'amener celle-ci à représenter d'aussi près que possible la vie même. »

9 Portrait de Stéphane Mallarmé par Manet, 1876.
Paris, musée d'Orsay.

*à Claude Debussy
1er janvier 94
Pierre Louÿs.*

10 Pierre Louÿs, photographie dédicacée à Debussy, 1894.
Saint-Germain-en-Laye, musée Claude-Debussy.

11 Avec sa première femme, Marie-Rosalie Texier dite « Lilly », octobre 1899.
Paris, BnF.

12 Couverture de la partition de *La Mer*, d'après *La Grande Vague* d'Hokusai. Éditions A. Durand & Fils, 1905.
Saint-Germain-en-Laye, musée Claude-Debussy.

12

13

13 Dans la maison de famille de Lucien Fontaine à Mercin (Aisne) en août 1898.
Paris, BnF.

> *« L'art est le plus beau des mensonges. »*

14 Emma Bardac, la seconde femme de Debussy, à Pourville en 1904.

14

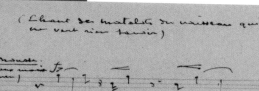

15 *Chant des matelots du vaisseau qui ne veut rien savoir*, carte de vœux à Emma Debussy, 25 décembre 1911. Paris, BnF.

16 Monogramme de Claude Debussy.

« Je n'aime que le silence, la paix, le travail, l'isolement,
et tout ce que l'on peut dire de ma musique
m'est complètement égal. »

17 Debussy et sa fille Chouchou.
Le Moulleau (bassin d'Arcachon),
septembre 1916.

18 Illustration d'André Hellé pour la
couverture de *La Boîte à joujoux*.
Éditions A. Durand & Fils, 1913.
Saint-Germain-en-Laye, musée Claude-Debussy.

à quoi il aspire lui-même : « Jamais une sensibilité plus raffinée ne s'est traduite par des moyens aussi simples. [...] il suffit à Moussorgski d'un accord qui semblerait pauvre à monsieur... (J'ai oublié son nom !) ou d'une modulation tellement instinctive qu'elle paraîtrait inconnue à monsieur... (C'est le même !)[25]. » Si Debussy fait des éloges, il profite aussi de cette tribune libre pour égratigner des gloires comme Saint-Saëns, qu'il ne supporte pas, et pour s'en prendre à des institutions dans un ton proche de Berlioz. Les deux musiciens sont tous les deux plus ou moins écartés des grandes scènes musicales au profit d'œuvres généralement plus accessibles et donc plus commerciales. Mais leurs propos relèvent moins de la vengeance personnelle que d'une façon de lutter contre ce qu'ils considèrent comme le triomphe de la médiocrité au détriment de l'art :

Tout le monde connaît, au moins de réputation, le théâtre national de l'Opéra. J'ai le regret de constater qu'il n'avait pas changé ; pour le passant mal prévenu, ça ressemble toujours à une gare de chemin de fer ; une fois entré, c'est à s'y méprendre une salle de bains turcs.

On continue à y faire un singulier bruit que des gens qui ont payé pour cela appellent de la musique... Il ne faut pas les croire tout à fait.

Par une grâce spéciale et une subvention de l'État, ce théâtre peut jouer n'importe quoi ; ça importe si peu qu'on y a installé avec un luxe soigneux des « loges à salons », ainsi nommées parce que l'on y est plus commodément pour ne plus entendre du tout la musique : ce sont les derniers salons où l'on cause.

[...]

[O]n dirait que la musique en entrant à l'Opéra y endosse un uniforme obligatoire comme celui d'un bagne ; elle prend aussi les proportions faussement grandioses du monument, se mesurant en cela au célèbre « grand escalier » qu'une erreur de perspective ou trop de détails font paraître finalement... étriqué[26].

De la même façon, Debussy critiquera à plusieurs reprises dans des articles et chroniques le prix de Rome et une partie de l'enseignement donné au Conservatoire. Le musicien lance également des idées comme une musique qui serait composée pour le plein air. Encore une fois, en parlant en général, il fait part de ses réflexions personnelles. En effet, composer une musique qui s'harmoniserait avec un cadre naturel est le reflet de sa propre esthétique, de ses recherches mélodiques visant à évoquer par des notes la musique de la nature : « Il y aurait là une collaboration mystérieuse de l'air, du mouvement des feuilles et du parfum des fleurs avec la musique ; celle-ci réunirait tous les éléments dans une entente si naturelle qu'elle semblerait participer de chacun d'eux... Puis, enfin, on pourrait vérifier décidément que la musique et la poésie sont les deux seuls arts qui se meuvent dans l'espace[27]... » Une réflexion en droite ligne avec son nocturne *Fêtes*, « adaptée à des impressions déjà lointaines d'une fête au Bois de Boulogne[28] ».

Il s'agit pour Debussy de transposer en musique les impressions et les sentiments que lui inspire une nature qu'il contemplera de plus en plus en vieillissant : « Debussy aimait la nature comme un amoureux une femme. [...] Elle le caresse, l'enveloppe, le charme, comme le ferait une amante. C'est une nature douce, à la mesure de l'homme. Elle répand autour d'elle un mystère qui captive, mais jamais n'angoisse[29]. » Les chroniques très personnelles de Debussy semblent écrites au fil de la plume. Il n'en est rien. Le compositeur écrivait lentement, difficilement, aussi perfectionniste avec les mots qu'avec les notes, soucieux d'exprimer parfaitement ses conceptions musicales. Au bout de huit chroniques, en décembre 1901, il préféra donner son congé. « Je pense que le surmenage et l'énervement de ces derniers mois sont la cause de mon impossibilité à écrire quoi que ce soit de propre. J'ai essayé de toutes les façons... C'est impitoyablement stupide[30] », écrit-il à Félix Fénéon*.

L'abandon de sa chronique s'expliquait non tant à cause de ses difficultés à écrire que par la prochaine création de *Pelléas et Mélisande*. L'année 1901, qui a vu la naissance de Monsieur Croche, représente, en effet, la dernière étape de gestation de son opéra et sa préparation. Le 3 mai, Albert Carré, directeur de l'Opéra-Comique, promet par écrit à Debussy la programmation de *Pelléas* pour la saison suivante. En août 1901, le compositeur séjourne à Bichain, un hameau en Bourgogne près de Villeneuve-la-Guyard où ses beaux-parents sont installés. Il travaille à la correction de l'orchestration de son opéra, sans vraiment profiter de la

---

* Félix Fénéon était l'un des critiques de la *Revue blanche*.

campagne, trop calme à son goût. Fin décembre, l'orchestration n'est toujours pas terminée et Debussy continue à « visiter le rouage de la machine *Pelléas et Mélisande*[31] ».

Même s'il y consacra du temps durant une partie de l'année 1901 et au début de l'année 1902, l'opéra ne fut pas la seule œuvre à occuper le musicien. Debussy avait entrepris l'orchestration de deux de ses quatre *Proses lyriques* (II et IV) en 1896 et venait de les achever. La Société nationale de musique voulut les inscrire au programme de la saison 1901. Mais Debussy repoussa la proposition sous le prétexte, réel ou pas, que la formation orchestrale ne serait pas assez importante et le nombre de répétitions insuffisant. On peut se demander toutefois si Debussy, mécontent de son orchestration, n'était pas revenu à son opinion de 1898 : « Il m'apparaît très inutile de les augmenter d'un fracas orchestral quelconque[32]. » Dans tous les cas, il préférait à nouveau se priver d'une exécution (et de la somme d'argent allant avec) plutôt que de laisser jouer une œuvre dont il n'était pas content ou sans que toutes les conditions d'une bonne exécution soient remplies.

La création de *Pelléas* fut précédée de deux créations. Le 27 octobre 1901, Camille Chevillard, lors des concerts Lamoureux, donna les trois *Nocturnes*, dont *Sirènes*, composé pour orchestre et seize voix de femmes et encore jamais exécuté. Le concert était une sorte de petit scandale avant *Pelléas* puisque les *Sirènes* furent l'objet de sifflements et d'applaudissements enthousiastes des premiers debussystes. Debussy, lui, était mécontent de ses interprètes : « Je fais répéter des petites vaches qui tâchent à représenter des *Sirènes*. J'aime mieux te dire tout de suite qu'elles demeurent vaches, probablement par la force de l'habitude[33]. »

Le 11 janvier 1902, salle Érard, dans le cadre des concerts organisés par la Société nationale de musique, Ricardo Viñes interpréta avec succès les trois pièces *Pour le piano*. Au début de l'année 1901, tout en retravaillant *Pelléas et Mélisande*, Debussy avait renoué avec le clavier en terminant *Pour le piano* comprenant un *Prélude*, une *Sarabande* et une *Toccata*. C'était l'occasion de faire entendre en public, pour la première fois, des compositions pour un instrument auquel Debussy allait de plus en plus se consacrer durant les quinze dernières années de sa vie.

Deux jours plus tard, le 13 janvier, commencèrent les premières répétitions de *Pelléas et Mélisande* à l'Opéra-Comique. Plusieurs semaines chaotiques avant la fameuse générale. Debussy ne se trompait pas en écrivant neuf mois avant la création : « Je suis infiniment tracassé par *Pelléas et Mélisande* qui vont prochainement déserter ma maison pour des destinées que je pressens tumultueuses[34]. »

Pelléas et Mélisande (1902-1903)

Pour satisfaire le rêve d'art le plus haut et le plus géné-
reux, M. Debussy s'est fait sa musique à lui [1].

André Messager, qui dirigea les premières représentations de *Pelléas et Mélisande*, a laissé un
témoignage sur la création de cet opéra qui, dès
qu'il fut inscrit au programme, posa de nombreux
problèmes :

Albert Carré, très séduit par le sujet et fortement impres-
sionné par le caractère si particulier, si nouveau de la musique, se préoccupait beaucoup de la façon dont il pourrait
présenter au public cette œuvre exceptionnelle. Nous avions
de fréquentes discussions à ce sujet, lui, pensant qu'il faudrait
réserver *Pelléas* pour des représentations hors série ou des
matinées spécialement destinées aux habitués des concerts
dominicaux, moi, estimant qu'il fallait mieux aborder la difficulté de front et s'adresser tout de suite au public ordinaire,
sans insister sur le côté exceptionnel de l'ouvrage [2].

Albert Carré, s'il aimait l'œuvre, restait un directeur de salle soucieux de ses intérêts économiques.
Il n'imaginait pas que l'opéra allait provoquer une
petite bataille d'*Hernani* musicale.

Debussy avait joué maintes fois au piano des extraits de son opéra à des amis. Vers le 10 janvier, il l'interpréta intégralement aux artistes retenus pour les rôles, en présence notamment de Mary Garden que Debussy appelle dans ses lettres sa « chère petite Mélisande ». Mary Garden, soprano écossaise de vingt-huit ans, était connue depuis qu'elle avait tenu le rôle-titre de *Louise*, le grand succès de Gustave Charpentier en remplaçant au pied levé Marthe Rioton. Physiquement, elle avait une allure préraphaélite, propre à séduire Debussy et proche de l'image de Mélisande, femme-enfant. D'après Albert Carré, le musicien l'écouta « une heure la tête dans les mains[3] » avant de lui dire : « Vous êtes venue de ces brumes du Nord pour créer ma musique[4]. » Mary Garden était accompagnée de Jean Périer dans le rôle de Pelléas :

Debussy au piano fit entendre sa partition, chantant tous les rôles de cette voix caverneuse profonde qui l'obligeait souvent à transposer à l'octave inférieure, mais dont les accents devenaient peu à peu irrésisibles. L'impression produite par cette musique ce jour-là fut, je crois, unique. D'abord une sorte de méfiance, de résistance, puis une attention de plus en plus soutenue, l'émotion gagnant peu à peu et les dernières notes de la *Mort de Mélisande* tombant dans le silence et les larmes. Tous, à la fin, étaient transportés, emballés et brûlaient du désir de se mettre au travail le plus tôt possible[5].

Dès le 13 janvier, les chanteurs répétèrent presque quotidiennement jusqu'au 26 mars comme le raconte André Messager :

Alors, pendant des semaines, les répétitions se déroulèrent dans une ardeur et un enthousiasme grandissant ; chaque scène recommencée vingt fois sans que jamais aucun interprète manifestât la moindre humeur devant les exigences du compositeur souvent très difficiles à satisfaire ; chacun attendant impatiemment l'heure de la réalisation scénique et orchestrale.

Après la première lecture orchestre commença la série des jours sombres, des séances décourageantes. Debussy avait eu la généreuse et malencontreuse idée de faire copier son matériel d'orchestre par un camarade peu fortuné mais médiocre copiste [...]. Je dois rendre cette justice aux artistes de l'orchestre de l'Opéra-Comique qu'ils furent admirables de patience et de bonne volonté, malgré l'agacement bien naturel causé par un travail aussi rebutant et qu'ils ne cessèrent de marquer la plus touchante déférence à Debussy, encore que la majeure partie d'entre eux déclara l'œuvre incompréhensible et condamnée à l'insuccès[6].

Outre les problèmes de copies de partition que Debussy régla avec l'aide de Robert Godet, se posa celui des décors. Debussy avait eu la folie des grandeurs, imposant plusieurs changements dans un même acte avec des transitions musicales trop courtes pour permettre aux techniciens d'opérer. Cet opéra, commencé près de dix ans auparavant, se trouva augmenté à la hâte, le mois même de sa création. Début avril, Debussy composa en une nuit une partie d'orchestre pour faire suite à la scène d'Arkel dans l'acte IV et permettre un changement de décor. André Messager n'était pas toujours bien reçu par le compositeur :

Il lui fallut se remettre au travail en rechignant et en pestant et je devais aller chaque jour lui arracher les feuillets qu'il avait remplis entre une répétition et l'autre, car c'est ainsi qu'il a composé les admirables interludes qui commentent l'action d'une manière si émouvante[7].

Il était en perpétuel état d'hostilité contre les importuns et savait faire respecter son travail. [...] Cette œuvre a monopolisé toutes les formes disponibles de sa sensibilité, toutes ses réserves de délicatesse ; toutes ses possibilités d'émotion. Son génie le dévorait, comme un mal caché qui paralysait tous ses autres centres vitaux et le condamnait à cet égoïsme sacré et à cette farouche misanthropie dont on lui a fait souvent grief[8].

Dans ses lettres, Debussy ne manque pas de manifester son mécontentement concernant les répétitions auxquelles il participait activement : « En ce moment, je suis entre les mains des chanteurs, musiciens d'orchestre et autres gens de théâtre, c'est l'assurance d'être idiot pendant quelque temps[9]... »

Outre les difficultés techniques, Debussy et l'Opéra-Comique durent affronter la colère de Maeterlinck. D'abord heureux d'apprendre la création de l'opéra, il avait voulu que le rôle de Mélisande soit tenu par sa compagne Georgette Leblanc*. Or, Debussy trouvait qu'elle chantait faux et Albert Carré considérait qu'elle n'était pas faite pour le rôle et voulait éviter une erreur de distribution. Georgette Leblanc avait insisté pourtant en écrivant une longue lettre à Debussy afin

---

* Georgette Leblanc (1875-1941), sœur de Maurice Leblanc, fut la compagne de Maeterlinck pendant plus de vingt ans. Elle fut cantatrice mais aussi actrice, incarnant l'héroïne de *L'Inhumaine* de Marcel L'Herbier.

de proclamer son admiration pour l'œuvre et repousser les arguments avancés par le musicien pour lui refuser le rôle.

Maeterlinck ne lâcha pas l'affaire et déposa une réclamation à la Société des auteurs à la mi-février. Il voulait faire interdire la création dont Georgette Leblanc était écartée sous prétexte qu'il n'avait pas signé d'autorisation officielle et qu'il ne l'aurait donnée qu'avec l'obligation d'engager sa compagne. En octobre 1895, quand, dans une lettre, il avait certifié à Debussy qu'il lui laissait son entière liberté, il ne vivait pas encore avec la cantatrice… Finalement, au lieu de passer par la SACD et pour donner davantage de poids à sa plainte, Maeterlinck publia dans *Le Figaro* du 14 avril 1902 une lettre ouverte contre Debussy et Carré qui, selon lui, méconnaissaient « le plus légitime de ses droits » en lui refusant l'interprète qu'il désirait pour Mélisande et concluait : « [L]e *Pelléas* en question est devenu une pièce qui m'est étrangère, presque ennemie ; et dépouillé de tout contrôle sur mon œuvre, j'en suis réduit à souhaiter que sa chute soit prompte et retentissante[10]. » Selon Octave Mirbeau, ami de Maeterlinck, c'était alors un « homme possédé […] par le mauvais génie d'une femme[11] ». Albert Carré répliqua qu'il ne répondrait à Maeterlinck qu'après la première. La presse, en général, soutint l'Opéra-Comique et Debussy contre le dramaturge, mal placé selon elle pour émettre un jugement musical et choisir les meilleurs interprètes. Une première polémique, quinze jours avant la générale.

En avril, Debussy trouve une tribune pour expliquer son projet dans le cadre de l'interview de Louis Schneider dans la *Revue d'histoire et de critique musicale* :

Claude Debussy, que j'ai fait ou laissé parler, se flatte de ne pas avoir de système musical ; il ne comprend même pas qu'on en ait un. [... L]es théories ne naissent que lorsque les œuvres sont créées. [...]

L'auteur de *Pelléas et Mélisande* a donc voulu réagir contre l'influence de Wagner qu'il juge néfaste ; elle embarrasse et dessert la musique, selon lui, et surtout elle ne prouve rien.

[...] M. Debussy répudie le lyrisme à jet continu, car on n'est pas lyrique dans la vie, on ne le devient qu'à certains instants décisifs[12].

Pourtant, certains critiques jugèrent que Debussy avait justement réussi un chef-d'œuvre wagnérien... à sa façon. « Je n'ai jamais si bien compris ce que rêvait la théorie "wagnérienne" qu'en écoutant pour la première fois *Pelléas et Mélisande*. Rarement, peut-être jamais, si bouleversante émotion ne me fut procurée par une union aussi intime, aussi adéquate du mot. [...] Dans *Pelléas et Mélisande*, le musicien a employé toutes les ressources du *leitmotiv*, mais il le fit à sa façon, laquelle est des plus délicates, des plus fines, des plus subtiles[13]. »

Au lieu d'établir un leitmotiv pour chaque personnage comme le fait l'auteur de *Tristan*, Debussy fait justement varier la mélodie propre à chaque protagoniste en fonction de ses sentiments. Romain Rolland résume bien l'architecture particulière de

Pelléas : « [I]l procède par tableaux musicaux, dont chacun correspond à un moment de l'âme fugitif et nuancé[14]. »

La générale eut lieu le 28 avril, en présence du Tout-Paris. Elle fut houleuse comme en témoignèrent notamment André Messager et Henri Busser qui avait assisté aux répétitions et qui dirigea l'œuvre après le départ de Messager pour Londres. Debussy avait pris soin d'inviter des amis comme Louÿs, Satie, Robert Godet mais cela ne suffit pas à éviter des sifflets et des moqueries, liés en grande partie au texte... de Maeterlinck !

Les bruits répandus étaient moins que favorables à l'ouvrage [...]. Un programme, distribué à la porte du théâtre, contenait une analyse parodique et dérisoire de la pièce, et c'est devant un public déjà mis en joie et tout disposé à s'amuser que le rideau se leva. Le premier acte se déroula, néanmoins, dans un calme relatif ; la salle nerveuse, manifestement hostile, restait cependant silencieuse. C'est au second tableau du deuxième acte, sur la réplique de Mélisande : « Je ne suis pas heureuse ! » que la tempête se déchaîna. Tous ceux qui n'attendaient que l'occasion de manifester leur hostilité prirent prétexte du texte pour taper sur la musique [...]. À ma droite, au premier rang, une grosse dame appartenant indirectement au monde du théâtre, habituée des générales où elle était notée pour sa laideur et sa malveillance, se faisait remarquer par des protestations indignées et des cris de pintade effarouchée. Je la vois encore, roulant sur son fauteuil comme une chaloupe dans l'orage, levant ses gros bras trop courts et hurlant : « Oh !... petit père... petit père... C'est tordant !... Assez !... Assez !... »

Les couloirs, pendant les entractes, n'étaient pas moins agités. Là, les musiciens, à peu d'exceptions près, se répandaient en lamentations. « Où va-t-on avec de telles tendances ? C'est la fin de tout ! » Quelques-uns essayaient bien de réagir contre le courant mais, toutefois, l'unanimité se faisait sur l'impossibilité de la réussite d'une œuvre pareille. Les artistes, sur la scène, bien que terriblement énervés, l'orchestre et tous ceux qui participaient à cette matinée mouvementée, gardèrent heureusement tout leur sang-froid ; l'exécution, parfaite en tous points, et aussi l'émotion qui se dégage de la dernière partie de l'ouvrage finirent par en imposer aux malveillants et la répétition se termina au moins dans le silence[15].

Léon Daudet témoigna aussi de ce moment historique :

La répétition générale (en fait la première) de *Pelléas et Mélisande* manifesta cette horreur du beau qui dort dans le cœur de beaucoup de bourgeois. Mais nous étions là quelques Debussystes enragés, [...] et plusieurs musiciens et cantatrices, pour contrebalancer ces idiots, ces gourdes, ces moules, ces crétins, ces veaux, termes dont nous usâmes longtemps vis-à-vis d'eux. [...]
Dans les coulisses, frémissants, rageurs, extasiés, nous entourions Debussy au front bombé, envahi de cheveux noirs, qui soufflait dans son nez et dont les yeux étincelaient. L'atmosphère tenait de la bataille et du lancement d'un beau navire : « j'ai envie de mordre », disait une charmante personne, à qui nous répliquâmes en chœur : « Mais mordez donc[16] ! »

Jean Marnold, critique au *Mercure de France*, « tressaut[a] aux gloussements dont s'esclaffai[t] ou regimbai[t le public]. Je m'étais réfugié dans un coin obscur, ajouta-t-il, secoué de la plus forte émotion que j'aie ressentie depuis bien longtemps en ces sortes d'endroits[17] ». Debussy et les interprètes effectuèrent en hâte quelques rectifications.

La scène 4 de l'acte III fut supprimée au nom de la morale à la demande d'Henri Roujon, sous-secrétaire d'État aux Beaux-Arts. Dans cette scène, Golaud demande au petit Yniold si Pelléas et Mélisande sont « près du lit ». L'enfant répond naïvement : « Je ne vois pas le lit. » Le passage provoqua un accès d'hilarité dans le public et fit rire jaune le censeur. « Debussy ne fit pas une seule allusion, pas une, aux incidents du jour[18] », témoigne Godet qui passa la soirée avec lui et Satie après la générale.

La première, le 30 avril, devant un public plus mélangé que la générale, fut assez calme. « [L]e public, débarrassé des éléments nuisibles qui faussent si souvent l'impression d'une première audition, eut une attitude infiniment plus convenable. Ce n'était certes pas le triomphe, mais ce n'était déjà plus l'effondrement du premier jour[19]. » Le critique du *Journal des débats*, Adolphe Jullien, note : « [A]près avoir provoqué de la surprise et même quelque exaspération chez certains auditeurs durant les premiers actes, [...] il est arrivé au musicien de s'imposer, durant les derniers tableaux, à l'attention, sinon à l'admiration de tous les spectateurs qui n'ont plus osé manifester contre lui[20]. » Rapidement, *Pelléas* triompha. « Au bout de quatre représentations, le charivari s'était tassé ; à la dixième, le public faisait la queue au bureau de location[21]. » André Messager, qui devait partir assurer une saison au Covent Garden, laissa sa place à Henri Busser après ces quatre représentations. Debussy regretta Messager à qui il dédia la partition en l'associant à la mémoire de Georges Hartmann : « Vous aviez su éveiller la vie sonore de *Pelléas* avec une délicatesse tendre qu'il ne faut plus chercher à retrouver, car il est bien certain que le rythme intérieur de toute musique dépend de celui qui l'évoque, comme tel mot dépend de la bouche qui le prononce... Ainsi telle impression de *Pelléas* se doublait de ce que votre émotion personnelle en avait pressenti, et lui donnait par cela même, de merveilleuse "mise en place"[22]. »

Comme à son habitude, Debussy sut garder ses distances face aux réactions du public et aux critiques. « Les critiques ont le droit de juger en une heure, l'effort, le labeur, la gestation de plusieurs années. [...] Voilà douze ans, monsieur, que j'ai pour compagnons d'existence quotidienne Pelléas et Mélisande. De ce long labeur, je ne me plains pas. Il m'a valu par-dessus tout une joie, un contentement intime qu'aucune parole, qu'aucun blâme ne saurait atténuer[23]. »

Debussy, depuis ses débuts, avait essuyé bien des critiques négatives et surtout des silences indifférents, *Pelléas et Mélisande* s'attira des réactions hostiles ou élogieuses. Dans tous les cas, le jugement était tranché, sans demi-mesure. Dans les quotidiens grand public, les avis étaient partagés. *Le Gaulois*, sous la plume de Louis de Fourcaud déclara :

La partition relève [...] d'un système spécial et auquel sous aucun prétexte je ne voudrais me rallier. À force de raffinement cérébral, de maladif désir de nouveauté l'auteur en est venu à la plus négative des doctrines. Il nie la mélodie et son développement ; il nie la symphonie et ses ressources déductives. Tout se borne pour lui, vocalement, à une notation du parlé, malgré tout fort convenue, instrumentalement à une illustration du texte. [...] Cet art nihiliste, où tout s'écourte, repousse le lien tonal, s'affranchit du rythme, peut distraire les oreilles blasées, mais ne verse nulle émotion au profond des cœurs[24].

Léon Kerst pour *Le Petit Journal* ne fut pas moins sévère :

Ce que j'ai entendu — car on a beau ne rien comprendre, on ne va pas au théâtre sans entendre quelque chose — j'ai entendu des sons harmonisés, — je ne dis pas harmonieux — se succédant de façon ininterrompue, sans une seule phrase, sans un seul motif, sans un seul accent, sans une seule forme, sans un seul contour ; et, là-dessus, d'inutiles chanteurs, psalmodiant des mots, rien que des mots, en manière de récitation, prolongée, monotone, insupportable, mourante[25]...

L'un des plus violents fut sans doute Camille Bellaigue, dans la *Revue des Deux Mondes* : « Une œuvre constamment insupportable pendant les quatre premiers actes. » L'orchestre est « grêle et pointu... il fait peu de bruit, je l'accorde, mais un vilain petit bruit. » La partition n'est « qu'un bruit, où plutôt un mélange de bruits divers et vagues, une porte qui grince, un enfant qui vagit au loin, des meubles qu'on déplace ». « Tout se perd et rien ne se crée dans la musique de M. Debussy... Un tel art est malsain et néfaste... Cette musique nous dissout parce qu'elle est en elle-même la dissolution. [...] Elle contient des germes non pas de vie et de progrès, mais de décadence et de mort[26]. »

Bon nombre de périodiques artistiques ne furent pas convaincus non plus :

> M. Claude Debussy s'est livré à des recherches d'harmonies et de dissonances, à des étrangetés, à des mouvements contraires, à de fausses relations, mais il n'a pas créé un style, il n'a pas trouvé un accent personnel pour dépeindre la phénoménalité des choses et des êtres. Et c'est pourquoi la soirée de mercredi n'a pas été bonne pour la jeune école française, c'est pourquoi le public a usé de froideur et même de rigueur vis-à-vis du compositeur sur lequel il avait fondé de sérieuses espérances. [...]
>
> M. Debussy a quarante ans, et ses ouvrages précédents [...] nous avaient mis en droit d'attendre de lui un art moins factice, une œuvre de théâtre plus forte, plus originale, plus vivante, plus lumineuse[27].

Le Ménestrel ne se montre pas ouvert à cette nouvelle musique française :

> Certains de mes confrères font mine de considérer comme une sorte de chef d'une nouvelle école musicale, l'école que nous connaissons bien, celle qui prétend ne rien laisser debout de ce qui s'est fait jusqu'à ce jour, et qui marche à la génération de l'art par des voies symboliques et mystérieuses. [...] Le rythme, le chant, la tonalité, voilà trois choses inconnues à M. Debussy et volontairement dédaignées par lui. Sa musique est vague, flottante, sans couleur et sans contours, sans mouvement et sans vie. [...] Je crains bien que le public soit de mon avis. [...] Sa froideur donnait la mesure de son ennui, et, sans nier assurément le talent de l'artiste, il regrettait sans doute de ne lui en pas voir faire un meilleur usage[28].

Hugues Imbert, dans le *Guide musical*, y voit une « œuvre troublante, presque maladive, très méditée, très arrêtée quant aux principes qu'elle laisse entrevoir, dénuée cependant de contours précis dans la forme, mystérieuse comme le poème [...] une œuvre qui amène forcément cette question : Où allons-nous[29] ? ». À ces comptes rendus sévères, répondaient des critiques élogieuses. Ce qui déplaît aux uns, plaît aux autres. À la différence de la bataille d'*Hernani* qui avait vu s'affronter les vieux classiques et les jeunes romantiques, *Pelléas et Mélisande* apparaît moins comme un affrontement générationnel même si un bataillon de jeunes gens vont défendre le compositeur. L'opéra séduit ainsi Adolphe Jullien, âgé de cinquante-sept ans, enthousiasme Henry Bauër, qui a cinquante et un ans et déplaît à Eugène d'Harcourt, cadet de Debussy de trois ans et à Camille Bellaigue, de quatre ans l'aîné du musicien. Un journaliste signant « Un monsieur de l'orchestre » dans *Le Figaro* présente bien les deux camps s'affrontant :

Toutes les compétences parisiennes, tous les tympans subtils, toutes les oreilles des salons où l'on écoute, tous les habitués des grands concerts et des petites auditions étaient présents. Il y avait des passionnés, des tièdes, des fanatiques, des indifférents et des je m'en-fichistes. Il y avait même des sourds.

Tout cela levait les bras... ou les épaules.

Les uns disaient que c'était un événement musical de la plus haute importance [...]. D'autres disaient irrespectueusement que c'était de la blague[30]...

André Corneau, dans *Le Matin*, écrit :

Voici une œuvre d'art qui sort des sentiers battus, d'impression neuve, d'expression subtile et dans laquelle la critique a la joie de ne relever aucune imitation, pas plus de Wagner que de Gounod ou de M. Massenet. [...] La musique de *Pelléas et Mélisande* affirme une originalité si spéciale qu'il eût été surprenant qu'elle ne rencontrât pas de détracteurs. [...] Nous revendiquons humblement la liberté de nous laisser charmer par la si curieuse, si délicieuse, si poétique musique de M. Debussy. [...] On subit l'obsession ensorcelante, la subtile griserie des notes[31].

Le journaliste loue les décors et le courage d'Albert Carré, sa seule restriction concernant Mary Garden « sèche et [qui] manque de poésie[32] ». Jean Marnold, du *Mercure de France*, crie au chef-d'œuvre :

Le compositeur de *Pelléas et Mélisande* est un artiste de la plus rare originalité. Il a trouvé des nuances insoupçonnées pour colorer l'interprétation de sentiments, d'images, d'impressions. [...] Il a repoussé tout ce qui est convention, habileté acquise et routine. Il s'est créé un art qu'il pourrait presque dire sien et il y déploya aussitôt une incomparable maîtrise. Son écriture est d'une « virtuosité » éblouissante. Il se démène au milieu de combinaisons inaccoutumées avec une aisance et une sûreté prestigieuses[33].

Quant au *Figaro*, outre l'impression d'ambiance du « monsieur de l'orchestre », le quotidien lui consacre trois articles. Eugène d'Harcourt, le 1er mai, fait partie du camp hostile : « La musique de M. Claude Debussy est d'une nébulosité constante, qui, momentanément, n'exclut pas un certain charme, mais qui, à la longue, devient fastidieuse. [...] *Pelléas et Mélisande* [...] méritera certainement de figurer, à titre de curiosité, dans toutes les bibliothèques de musique. M. Debussy [...] consentira peut-être à renoncer à son système et à revenir à une conception plus saine de l'art musical[34]. » Charles Joly, le 2 mai, ne portant guère d'intérêt à la musique, consacra un article entier aux seuls décors de Jusseaume et Ronsin, décors loués unanimement par toute la presse, même par les critiques ayant détesté la musique. Henry Bauër, critique musical du *Figaro*, vient peu après donner la réplique à Eugène d'Harcourt. Il évoque avec justesse le long chemin parcouru par Debussy pour parvenir à cette création et explique qu'il a su se détacher du style wagnérien érigé en modèle. Il est certain que le musicien va très bientôt s'imposer avec cette « partition, d'un art raffiné, d'âme délicate et tendre, de sensibilité exquise dans sa couleur légendaire, dans son atmosphère voilée de mélancolique poésie[35] ».

Vincent d'Indy, dans la petite revue *L'Occident*, se laisse convaincre :

Pelléas n'est de toute évidence, ni un opéra, ni un drame lyrique, au sens ordinaire de cette appellation, ni une pièce vériste, ni un drame wagnérien ; c'est à la fois moins et plus : moins, car la musique, en soi, n'y joue, la plupart du temps, qu'un rôle secondaire, celui que joue l'enluminure dans les manuscrits du Moyen Âge ou la polychromie dans la sculpture de la même époque ; plus, car, à l'encontre de ce qui se passe dans l'opéra moderne et même dans le drame lyrique c'est ici le texte qui est le point principal, le texte merveilleusement adapté, en sa conception sonore, aux inflexions du langage, et baignant en des ondes musicales diversement colorées, qui rehaussent le dessin, révèlent le sens caché, magnifient l'expression, tout en laissant la parole transparaître toujours au travers du fluide élément qui l'enveloppe[36]...

Dans *Le Figaro* du 16 mai, Debussy commenta avec détachement et parfois même humour les attaques des critiques en tentant de leur répondre. Ces critiques sont révélatrices des idées en vogue dans le monde musical où s'affrontaient des classiques prônant le respect de la Sainte Trinité et des critiques appelant de leurs vœux une musique libérée de l'influence wagnérienne et plus novatrice. Pour eux, Debussy représentait ce rêve. Les articles dans les quotidiens grand public rendirent célèbre le nom de Debussy, devenu synonyme de nouvelle école française, défendu avec rage par les debussystes. « [L]a création de *Pelléas* avait fait jaillir du sol le bataillon sacré de ces "croyants", de ces apôtres et de ces martyrs que l'on criblait de flèches acérées, à qui Jean Lorrain prêtait ses propres vices et dont la ferveur, disait-on, exaspérait Debussy[37] ! » Le compositeur, qui depuis le Conservatoire avait défendu farouchement son indépendance, était érigé en maître à penser. Cette distinction, après tant d'années obscures, aurait pu flatter son orgueil s'il avait eu un caractère de chef de file. Or, c'est un individualiste et il n'imagine pas qu'un autre musicien puisse suivre le même système que lui. Le mot même de système l'horripile : pour lui, il n'est pas question de technique mais d'art et de sensibilité personnels :

Debussy [...] trouvait humiliant d'être traité en professionnel alors qu'il aurait voulu conserver une attitude aristocratique de dilettante, repoussait d'instinct tout embrigadement, fût-il le plus flatteur du monde[38].

Agacé par les mauvaises critiques, il ne l'est pas moins par les debussystes qui le « tuent[39] ».

Au-delà des querelles, *Pelléas et Mélisande* devait marquer l'histoire de la musique et de l'art français en général, comme le rappela Maurice Denis vingt ans plus tard :

Le rêve d'Art que nous partagions avec Debussy, c'est *Pelléas* qui l'a réalisé pour la postérité. L'esthétique symboliste, cette poésie de l'intuition, l'intuition chère à M. Bergson qui lui aussi à cette époque débutait, cet art d'évoquer et de suggérer, au lieu de raconter et de dire, ce lyrisme intégral que les poètes et les artistes s'efforçaient de faire passer dans leurs ouvrages, cet admirable mouvement idéaliste de 1890, c'est Debussy qui en aura fixé les acquisitions essentielles, c'est le génie de Debussy qui les aura imposées au Monde[40].

Succès et doutes d'un musicien français (1902-1903)

> *On me qualifie de révolutionnaire, mais je n'ai rien inventé. J'ai tout au plus présenté des choses anciennes d'une nouvelle manière. Il n'y a rien de nouveau en art*[1].

Le succès de *Pelléas* rappelle aux éditions Durand l'existence de Debussy. Le 16 mai, il leur vendit les *Cinq poèmes de Baudelaire* et *La Damoiselle élue* (partition piano-chant) pour 1 000 francs, prix beaucoup plus élevé que dans les précédents contrats. Quant à la partition de *Pelléas*, Debussy, au mépris des considérations financières, souhaitait en garder les droits et envisageait de la publier par souscription. Attitude d'esthète à laquelle le compositeur restera fidèle jusqu'à ce que la cruelle vie matérielle le rappelle à l'ordre. Le musicien devenait rentable mais se tenait sur ses gardes afin de ne pas être récupéré et n'était pas dupe de certains compliments. « [T]ous ces gens-là ont une esthétique dont la formule se traduit par un chiffre[2]. »

André Messager, de près de dix ans l'aîné de Debussy, avait composé quelques opéras et musiques de ballet tout en menant une carrière de chef d'orchestre réputé. Sa direction de l'orchestre correspond tant à son idéal que Debussy voit en lui, comme Chausson en son temps, une sorte de frère musical et le prend comme confident alors que Messager est à Londres pour assurer une saison au Covent Garden :

> Vous allez m'accuser d'être sentimental comme une modiste, mais j'avoue que d'être privé de vous depuis si longtemps fait désirer vos lettres presque maladivement[3].

> [J]'éprouve près de vous une sensation d'absolue confiance, et cela est très rare chez moi qui suis plutôt fermé à double tour, tant j'ai peur de mes semblables. Il y a des choses dont je n'ai jamais parlé qu'à vous, ce qui me fait trouver votre amitié précieuse à un point que je ne saurais dire... N'allez pas trouver cette histoire très enfantine car le sentiment dont je parle est peut-être plus haut que l'Amour[4].

Debussy suivit en mai et juin les représentations sans cacher son mécontentement : « [J]'ai hâte de voir finir les représentations de *Pelléas* ! d'ailleurs, il est temps ; on commence à traiter cela comme une œuvre du répertoire ! Les chanteurs improvisent, l'orchestre devient lourd (c'est presque un tour de force invraisemblable et chimérique), dans quelque temps il deviendra nécessaire que l'on préfère la *Dame blanche*[5]. » Debussy ressent également le contre-coup après des semaines de fébrilité. « J'éprouve une fatigue telle que cela ressemble à de la neurasthénie, maladie de luxe à laquelle je ne croyais pas[6]. »

Le 13 juillet, il part à Londres pour une semaine rendre visite à Messager et Mary Garden. Son amitié est comblée mais Lilly lui manque, comme il l'exprime dans les lettres qu'il lui adresse et qui ont gardé l'ardeur de l'époque des fiançailles. De retour à Paris, il retrouve son épouse souffrant de calculs rénaux et part peu après avec elle se reposer chez ses beaux-parents, à Bichain, jusqu'à la mi-septembre. Semaines de repos, d'inaction, durant lesquelles Debussy peut oublier *Pelléas* sans trop penser à un autre projet, car, avoue-t-il à André Messager : « Commencer une nouvelle œuvre m'apparaît un peu comme un saut périlleux où l'on risque de se casser les reins[7]. »

À l'automne, Debussy songea à nouveau à mettre en musique *Comme il vous plaira*. Il aime Shakespeare et particulièrement cette comédie et veut se lancer dans ce projet avec Paul-Jean Toulet. Il est d'autant plus motivé qu'il a assisté à une représentation d'*Hamlet* à Londres en juillet, avec Johnston Forbes-Robertson dans le rôle-titre, et en a été profondément marqué. Toulet commença à rédiger des scènes mais partit en novembre pour près de dix mois au Vietnam du Nord (appelé alors le Tonkin)... et le projet fut abandonné.

À partir du 18 septembre, le compositeur supervisa les nouvelles répétitions pour la reprise le 30 octobre de *Pelléas* avec Messager à nouveau à la baguette et le jeune ténor Lucien Rigaux dans le rôle de Pelléas à la place de Jean Périer dont le contrat n'avait pas été reconduit. L'opéra, qui avait retrouvé les scènes coupées en avril, fut représenté dix fois, en alternance, jusqu'en janvier 1903. La riche année 1902 s'achève pour

Debussy par l'exécution du *Prélude à l'après-midi d'un faune*, le 30 novembre, par Chevillard, directeur des concerts Lamoureux et de *La Damoiselle élue*, les 21 et 28 décembre, dans le cadre des concerts Colonne avec, dans le rôle de la Damoiselle, Mary Garden.

Grâce à *Pelléas*, Debussy fit aussi la connaissance de Louis Laloy, un jeune musicologue de vingt-huit ans qui sera jusqu'à la fin de sa vie un ami proche. Laloy avait fait l'éloge de l'opéra dans *La Revue musicale* de novembre 1902 et Debussy l'invita à lui rendre visite. Bientôt, ils prirent l'habitude de se voir presque chaque samedi après-midi. Peu après, Laloy fit des démarches pour que le musicien obtienne la Légion d'honneur grâce à Jules Combarieu, directeur de *La Revue musicale* et dont le frère était chef de cabinet auprès du président de la République, Émile Loubet. Debussy, même s'il n'avait pas réclamé la décoration, la reçut avec plaisir, ne serait-ce que pour la joie que cette distinction procura à ses « vieux parents[8] ». Le succès de *Pelléas* et la Légion d'honneur apportèrent une honorabilité bourgeoise au musicien qui l'avait vainement cherchée une dizaine d'années auparavant en voulant épouser Thérèse Roger.

Après avoir tant donné pour *Pelléas*, Debussy peut légitimement se demander s'il pourra composer une œuvre du même niveau et lui correspondant aussi bien. En outre, même s'il se défie de se laisser influencer par les critiques, il a conscience qu'il est attendu par ses ennemis comme par ses zélés défenseurs. Sur ses épaules repose l'identité de la musique française qui se cherche, entre le modèle wagnérien et le style italien. Or, même s'il n'est pas le musicien le plus populaire, c'est bien déjà Debussy qui incarne le mieux ce désir de voir renaître une musique proprement française. Malgré la pression, loin de lui l'idée de se reposer, il ne veut pas être comme ces musiciens « qui s'endorment dans le succès sans plus jamais pouvoir s'élever jusqu'à cette gloire heureusement réservée à ceux dont la vie, consacrée à la recherche d'un monde de sensations et de formes incessamment renouvelé, s'est terminée dans l'espoir joyeux d'avoir accompli la vraie tâche[9] ».

Devenu plus célèbre, le musicien fut aussi sollicité par le *Gil Blas* et accepta de tenir une chronique entre le 12 janvier et le 28 juin 1903. Le ton et le principe étaient les mêmes que dans la *Revue blanche* avec plus de régularité puisqu'il signa vingt-cinq articles. Sa première chronique fut consacrée à *L'Étranger* de Vincent d'Indy que Debussy avait été écouter au Théâtre de la Monnaie à Bruxelles. Même si Debussy fit quelques restrictions — comme d'Indy pour *Pelléas* —, la critique était élogieuse. Debussy reproche par moments un excès de musique à d'Indy quand ce dernier regrettait qu'elle ne jouât qu'un rôle secondaire dans *Pelléas*... Les deux compositeurs pouvaient s'apprécier mais suivaient des voies opposées.

Ces articles librement écrits montrent bien que Debussy, toujours accompagné de son double Monsieur Croche, reste en marge et fier de l'être... Il ne cache pas qu'il préfère les Russes du groupe des Cinq à ses contemporains français. Dans *Gil Blas*, il traitera principalement de créations et de reprises, trop nombreuses à son goût. « *Les Huguenots,* ne pouvant prétendre à un "renouveau" quelconque, cela fait partie des petites misères quotidiennes comme : les épidémies, la baisse de 3 %, les travaux du Métropolitain, etc[10]. »

Devenir chroniqueur, pour Debussy, c'est ne pas laisser à n'importe qui le soin de parler de musique. « Beaucoup trop de gens s'occupent d'art à tort et à travers... Comment, en effet, empêcher quiconque se supposant quelque éducation artistique de se croire immédiatement apte à pouvoir faire de l'art[11] ? » Paradoxalement, si Debussy écrit pour le public, parce que lui en est capable, « l'éducation artistique du public [lui] paraît la chose la plus vaine qui soit au monde ! À un point de vue purement musical elle est impossible, sinon nuisible ! [...U]ne diffusion d'art trop généralisée n'amène qu'une plus grande médiocrité[12] ».

À Charles Joly qui lui demande s'il est possible de prévoir la musique de demain, le compositeur déclare : « Peut-être aboutira-t-elle à la clarté, le ramassé dans l'expression et dans la forme (qualités fondamentales du génie français)[13]. » N'est-ce pas une autre manière de décrire la simplicité à laquelle Debussy aspire sans cesse ? Deux ans plus tard, il redonnera une définition de la musique française, principalement en opposition avec l'allemande : « C'est la clarté, l'élégance, la déclamation simple et naturelle[14]. » Sa chronique dans *Gil Blas* lui sert de tribune pour mettre en valeur le patrimoine musical français dont il se sent l'héritier :

Nous avions pourtant une pure tradition française dans l'œuvre de Rameau, faite de tendresse délicate et charmante, d'accents justes, de déclamation rigoureuse dans le récit, sans cette affectation à la profondeur allemande[15] [...].

Couperin, Rameau, voilà de vrais Français ! Cet animal de Gluck a tout gâté. A-t-il été assez ennuyeux ! Assez pédant ! Assez boursouflé ! Son succès me paraît inconcevable. Et on l'a pris pour modèle, on a voulu l'imiter ! [...] Je ne connais qu'un autre musicien aussi insupportable que lui, c'est Wagner[16] !

On est bien loin du pèlerinage à Bayreuth. Wagner a révolutionné le genre mais le compositeur français se doit d'effectuer sa propre révolution pour imposer l'opéra à la française, en marchant sur les traces des musiciens authentiques que sont Couperin et, surtout, Rameau.

Le sujet lui tient tellement à cœur qu'il en reparlera en 1908 à l'occasion d'un article dans *Le Figaro* sur une prochaine reprise à l'opéra d'*Hippolyte et Aricie* de Jean-Philippe Rameau. Il déplore à nouveau qu'il n'y ait plus de tradition française. « [N]otre musique se tient à la remorque des faits divers qui nous viennent d'Italie, ou d'anecdotes légendaires — miettes tombées de la table d'hôte tétralogique. [...] On peut en craindre que nos oreilles n'aient perdu la faculté d'écouter avec une attention délicate cette musique qui s'interdit tout bruit disgracieux, mais réserve l'accueil d'une politesse charmante à ceux qui savent l'écouter[17]. »

Rameau devait accompagner Debussy jusqu'à la fin. Alors qu'il ne lui restait plus que quelques jours à vivre, le musicien regretta de ne pouvoir assister à une représentation de *Castor et Pollux* où se rendait Louis Laloy : « Essayant de sourire, il me disait de sa voix éteinte, en me voyant partir : "Bien le bonjour à M. Castor !"[18] »

. Debussy emploie toujours les mêmes termes pour qualifier son idéal musical et sa vision de la musique française : tendresse, délicatesse, retenue, clarté sans artifice, simplicité. Mots dont il usait aussi pour l'un de ses compositeurs préférés : Moussorgski, comme si, en dépit de l'éloignement géographique, une certaine musique russe pouvait nous être plus proche que l'art allemand. Ce nationalisme musical, même s'il reste assez confidentiel, est à replacer dans un contexte historique plus large et une hostilité de plus en plus grande contre les Prussiens depuis la défaite de Sedan et la perte de l'Alsace et la Lorraine.

Tout en gardant son indépendance, Debussy se revendique aussi comme un vrai musicien français, né en Île-de-France, berceau de la langue et de la culture françaises.

Bien que revenu de son enthousiasme pour Wagner, il séjourna huit jours à Londres du 27 avril au 3 mai pour assister aux représentations du *Ring* dont il rendra compte dans le *Gil Blas* le 5 mai et, surtout, le 1er juin. S'il reconnaît la grandeur de la *Tétralogie*, il avoue aussi ses moments d'ennui. Il préfère louer Hans Richter, le grand chef d'orchestre wagnérien, ainsi que les interprètes et raconter la trame au lieu d'analyser l'œuvre. Le 28 juin, il donne au *Gil Blas* son dernier article et abandonne cette brève collaboration. Entre 1903 et 1912, Debussy ne reprendra sa casquette de critique que très ponctuellement. Il peine trop à écrire et préfère se concentrer sur son œuvre plutôt que d'analyser celles des autres.

En 1901, Elise Hall, présidente de l'Orchestral Club de Boston, lui avait demandé de composer une rapsodie pour saxophone. L'Américaine revint à la charge de sorte que Debussy dut y travailler, non sans mauvaise humeur. « Me voilà cherchant désespérément les mélanges les plus inédits, les plus propres à faire ressortir cet instrument aquatique[19]. » Debussy y travailla durant la fin du printemps, resté seul à Paris pendant que Lilly fait arranger la maison de campagne à Bichain où ils vont s'installer pendant l'été. Il rejoignit sa femme en juillet 1903, sans avoir achevé la rapsodie. Il la reprit laborieusement en août, mal à l'aise avec le saxophone, faute de le connaître. L'œuvre fut terminée en 1919 par Roger Ducasse et jouée la même année.

Toute la carrière de Debussy s'articule autour de périodes durant lesquelles son élan créatif privilégie une ou deux formes. En 1903, Debussy revient ainsi au piano, instrument pour lequel il a encore peu composé seul. L'instrument de la maturité puisqu'il allait livrer ses plus grandes œuvres par la suite. Par le piano, il veut explorer d'autres voies, développer son idéal musical sous d'autres formes qu'un opéra. Il reprit d'abord la première série d'*Images*, des compositions commencées en 1901. Le 8 juillet 1903, il signe avec Durand un contrat de 1500 francs pour l'ensemble des *Images*, soit douze pièces pour piano à deux mains et deux pianos et orchestre. Seules deux pièces, *Reflets dans l'eau* et *Mouvements*, ont été écrites et l'ensemble de ce projet changera au cours des années de composition. Avant le 14 juillet, il part à Bichain où il passe trois mois pour permettre à la santé de Lilly de s'améliorer et pour travailler. Il compose les *Estampes* : *Pagode*, *Soirée dans Grenade* et *Jardins sous la pluie*. « Quand on n'a pas le moyen de se payer des voyages, il faut y suppléer par l'imagination », écrit-il à Messager en évoquant ces morceaux. « La vérité m'oblige à affirmer qu'il y a d'autres moyens que le morceau de piano[20]. » Pour la *Soirée dans Grenade*, Debussy a composé d'après une photographie colorisée de l'Alhambra. Jacques-Émile Blanche, qui avait fait le portrait du musicien en 1902, est le dédicataire des *Estampes*. Le peintre rattache les deux autres compositions à une anecdote : « Un jour que nous étions au jardin, un orage éclata ; chacun se réfugia dans la maison, mais Claude refusa de nous imiter, décidé à jouir pleinement de l'odeur de la terre mouillée, et du doux cliquetis, sur les feuilles, des gouttes d'eau. En souvenir de cette soirée de juin, il me dédia l'admirable cahier qui contient *Jardins sous la pluie* ; et *Pagodes*, cette transposition des danses javanaises[21]. »

Une fois ces pièces pour piano achevées, Debussy reprit son projet de conte musical *Le Diable dans le beffroi*, d'après une nouvelle d'Edgar A. Poe. Le compositeur, qui veut se charger du livret et de la musique, signera un contrat en octobre avec Durand pour l'œuvre qui devait être créée à l'Opéra-Comique. Mais le projet fut repoussé plus d'une fois sans être mené à bien.

À la fin de cet été 1903, tout à la fois reposant et productif, le musicien commence *La Mer*, un ensemble comprenant trois esquisses symphoniques dont les titres définitifs sont : *De l'aube à midi sur la mer*, *Jeux de vagues* et *Dialogue du vent et de la mer*. Le 12 septembre, il adresse à Durand un plan et prétend terminer l'œuvre pourtant encore à l'état de gestation et qu'il n'achèvera qu'en 1905.

Bien que se plaisant en Bourgogne au milieu des vieux arbres, Debussy aspire à un peu de dépaysement que la santé de Lilly et ses moyens ne lui permettent pas. Il rêve notamment de la mer, qui lui rappelle « d'innombrables souvenirs[22] » : ces mois d'enfance auprès de sa tante Clémentine, la carrière de marin à laquelle son père l'avait un temps destiné. Peut-être songe-t-il aussi au séjour clandestin à Dieppe pour voir Marie Vasnier. Bientôt, la mer sera liée aussi à Emma Bardac puisqu'il séjournera avec elle durant l'été 1905 à Jersey puis près de Dieppe. En attendant de revoir la mer, qui tient aussi un rôle important dans *Pelléas*, celle-ci le hante par le souvenir : « Cela vaut mieux, à mon sens, qu'une réalité dont le charme pèse généralement trop lourd sur votre pensée[23]. »

Le 1er octobre, Debussy peut admirer la belle édition des *Estampes* et sa couverture luxueuse dont il a surveillé l'élaboration depuis Bichain. De retour à Paris, il supervise les répétitions de *Pelléas et Mélisande* qui fut représenté onze fois durant la saison 1903-1904 de l'Opéra-Comique. Le 15 novembre, les concerts Lamoureux et les concerts Colonne donnent une représentation du *Prélude à l'après-midi d'un faune*. Chez Colonne, l'œuvre est programmée deux fois avec, à la direction, l'ancien condisciple de Debussy, Gabriel Pierné. Après des années d'indifférence et de difficulté, Debussy se retrouve joué deux fois en même temps. Et même si la critique souligne encore souvent l'étrangeté de son style, le musicien a acquis un public assez large qui l'autorise à être programmé plus facilement qu'avant le succès de *Pelléas*. Le 9 janvier 1904, Ricardo Viñes interprète les *Estampes* à Paris puis les joue à Bruxelles. On reprend d'autres morceaux, comme *La Damoiselle élue*, ses mélodies, sa musique de chambre. Debussy est joué dans de grandes villes de province. Même s'il ne recueille pas toujours que des applaudissements, loin de là, il est de plus en plus souvent inscrit dans les programmes.

Sa musique franchit peu à peu les frontières, d'abord avec une hostilité qui n'a rien à envier à celle qu'il a connue dans son propre pays. *Le Prélude à l'après-midi d'un faune* est créé en novembre 1903 à Berlin par Ferruccio Busoni. La critique est sévère. En 1904, Vincent d'Indy, chargé de diriger quatre soirées musicales en Russie, imposa le *Prélude*, alors que l'organisateur trouvait cette musique incompréhensible et ennuyeuse. La première représentation fut un échec, mais d'Indy récidiva, « tenant Debussy pour l'un des plus remarquables musiciens de France[24] ». La critique russe éreinta le musicien. Debussy avait cependant un admirateur en la personne d'Aloÿs Mosser qui donna la partition du *Prélude* à Rimski-Korsakov. Celui-ci la lui rendit une semaine plus tard en lui disant « Prenez cette ordure ! [...] Est-ce que c'est de la musique ? Mais c'est de la prostitution[25] ! » Debussy ne sut sans doute jamais que ce membre du groupe des Cinq, dont il admirait tant l'œuvre, notamment *Antar*, avait repoussé avec une telle violence son *Prélude*. Les succès ne vont jamais sans des attaques plus ou moins virulentes. Debussy a essuyé des critiques très dures alors qu'il n'était que très peu connu. Au moment où il parvient à se faire entendre, il est confronté à des articles non plus seulement signés des seuls critiques musicaux et musicologues, mais aussi par des journalistes et des chroniqueurs. Le 22 janvier 1904 dans le *Journal* paraît ainsi un article virulent de Jean Lorrain intitulé les « Pelléastres ». Jean Lorrain, écrivain dandy fin de siècle, n'apprécie guère la musique de Debussy, mais son texte s'attaque avant tout à ses admirateurs zélés qu'on appelle les debussystes :

Convulsés d'admiration aux *pizzicati* soleilleux du petit chef-d'œuvre qu'est l'*Après-midi d'un faune*, ils ont décrété l'obligation de se pâmer aux dissonances voulues des longs récitatifs de *Pelléas*. L'énervement de ces accords prolongés et de ces interminables débuts d'une phrase cent fois annoncée ; cette titillation jouisseuse, exaspérante et à la fin cruelle, imposée à l'oreille de l'auditoire par la montée, cent fois interrompue, d'un thème qui n'aboutit pas ; toute cette œuvre de Limbes et de petites secousses, artiste, oh combien ! quintessenciée... tu parles ! et détraquante... tu l'imagines ! devait réunir les suffrages d'un public de snobs et de poseurs. Grâce à ces messieurs et à ces dames, M. Claude Debussy devenait le chef d'une religion nouvelle et ce fut, dans la Salle Favart, pendant chaque représentation de *Pelléas*, une atmosphère de sanctuaire. On ne vint plus là qu'avec des mines de componction, des clins d'yeux complices et des regards entendus. Après les préludes écoutés dans un religieux silence, ce furent, dans les couloirs, des saluts d'initiés, le doigt sur les lèvres, et d'étranges poignées de main hâtivement échangées dans le clair-obscur des loges, des faces de crucifiés et des prunelles d'au-delà[26].

Debussy, pour une fois, voulut réagir et demanda conseil à Pierre Louÿs :

Sans hésitation il n'y a rien à faire.

[...] Qu'est-ce que c'est que cet article ? Un conte de deux colonnes, qui ne te concerne pas, — avec un préambule très agréable pour une partie de ton public et cinq ou six lignes violentes sur ta musique. Rien sur ta personne.

Si tu envoies des témoins tu n'obtiendras de lui qu'un procès-verbal disant que ta personnalité n'est pas en jeu. Toute la presse s'occupera de cet article autour duquel il vaut mieux faire le silence.

Quant à lui répondre, cent fois non ! Réponds à une critique musicale sérieuse signée Reyer ou d'Indy. Mais ne discute pas avec un journaliste. Pas un artiste ne fait cela[27].

Debussy suivit la recommandation de Louÿs et l'affaire en resta là. Oubliant l'article, il se concentra sur les répétitions avec Mary Garden qu'il accompagnait au piano pour l'enregistrement d'extraits de ses œuvres sur un disque pour la Compagnie française du gramophone. Ces attaques, nées avec *Pelléas*, prouvent que Debussy opérait bien une révolution musicale en France :

Son arrivée dans l'Arène musicale — si j'ose dire — fut un événement assez désagréable pour les uns, & très heureux pour les autres. Ces « autres » constituaient une infime minorité, alors que les « uns » formaient une énorme masse — gluante et bourbeuse à plaisir.

Comme toujours, l'opinion de « l'infime minorité » triompha (suivant la perpétuelle coutume) de « l'énorme masse » — laquelle s'englua & s'embourba elle-même dans son propre aveuglement. Pauvre chère & bonne « Énorme Masse » ! encore une fois de plus, elle se mettait énergiquement le doigt dans l'œil — par principe, n'est-ce pas & par une sorte d'entêtement[28].

Debussy, par la suite, devait restait sourd aux polémiques et pamphlets que ses notes provoquaient, préférant se replonger dans son univers musical, laissant ses partisans et ses ennemis se disputer entre eux.

Quant à la reconnaissance qu'il a acquise en dix ans, sans renier son idéal, elle lui donne aussi un supplément d'énergie, comme le prouve son activité de l'été 1903. Un artiste a beau vouloir rester indépendant des modes et succès, le soutien d'au moins une partie du public, des critiques, même s'il se limite à quelques happy few, est une aide précieuse pour persévérer.

Transitions musicales et bouleversements sentimentaux (1904-1908)

Je regrette le Claude Debussy qui travaillait si joyeusement à Pelléas, car, entre nous, je ne l'ai plus retrouvé ; — voilà une de mes misères, entre beaucoup d'autres[1].

Jusqu'au succès de *Pelléas*, Debussy avait continué à donner quelques leçons, notamment à un ancien élève de Gabriel Fauré, Raoul Bardac. Leçons moins laborieuses qu'avec Mlle Worms de Romilly, qui se passaient en « conversations ou exécutions de pièces anciennes ou contemporaines[2] ». Peu après, en 1901, il confia au jeune homme et à Maurice Ravel la transcription pour deux pianos à quatre mains de ses trois *Nocturnes*.

Debussy entretint d'emblée des liens amicaux avec Raoul, doté d'une intelligence et d'une sensibilité vives, et fit connaissance de sa mère, Emma. Du même âge que Debussy, elle menait une vie aisée dans laquelle la musique tenait une bonne place. Mariée très jeune à un banquier, Sigismond Bardac, qui se montrait bien peu sensible aux arts, elle n'était pas heureuse dans son ménage.

Emma, avant de rencontrer Debussy, était déjà

liée à d'autres musiciens, notamment Ravel et Fauré. Ce dernier lui dédia *La Bonne Chanson* et écrivit pour sa fille, Hélène, la célèbre suite pour quatre mains *Dolly*, d'après le surnom de la fillette.

Les rapports entre Emma et Debussy ne furent d'abord que mondains avant que l'affection que Debussy éprouvait pour Raoul, surnommé Rara, se projette aussi sur la mère. Au cours de l'année 1903, Mme Bardac et Debussy se rapprochèrent. Le musicien se montrait toujours gentil avec Lilly, attentif à sa petite santé qui l'obligeait à des régimes et des soins constants. Mais l'épouse restait définitivement étrangère à l'univers musical de son mari et ne lui inspirait plus qu'une affection teintée de pitié et d'ennui. Au contraire, Emma Bardac, comme Marie Vasnier en son temps, par sa culture était la complice autant de l'artiste que de l'homme. C'était une femme à qui il pouvait adresser des lettres ponctuées d'allusions à des poèmes que Lilly n'aurait pas comprises. En juin 1903, le compositeur dédicace à Emma un exemplaire de ses *Ariettes* : « à Madame S. Bardac dont la sympathie musicale m'est précieuse — infiniment[3]. » Un an plus tard, la sympathie se transforme en amour. En recevant des fleurs de la part d'Emma, le musicien lui écrit :

Comme c'est gentil... et comme ça sent bon ! — Mais surtout je suis profondément heureux de votre pensée ; cela monte dans le cœur, s'y installe, et c'est pour ces choses-là que vous êtes inoubliable et adorable...
Pardonnez-moi si j'ai embrassé toutes ces fleurs comme une

bouche vivante ; c'est peut-être fou ? Vous ne pouvez tout de même m'en vouloir, — pas plus qu'à un frôlement du vent, du moins[4].

Et trois jours plus tard :

« Il pleut fortement sur la ville. » Voulez-vous être très gentille et m'accorder quelques instants de cet après-midi ? — Je voudrais tant vous voir une fois « seule » sans contre-point ni développement —
Si cela vous plaît de venir chez moi, j'en serais vraiment joyeux, mais vous ferez comme il vous plaira et ça sera, alors, où vous voudrez.
Tout ceci n'est pas d'un fou, mais un pur désir un peu angoissé[5] !

Debussy propose ce rendez-vous profitant que Lilly est chez une amie. Emma Bardac, à qui il offre aussi un exemplaire de sa suite symphonique *Printemps* devient sa maîtresse. Pendant quelques semaines, Debussy cache tout à son épouse. « Rien ne faisait prévoir l'orage[6] », raconte Louis Laloy, venu déjeuner chez les Debussy le 2 juillet. Le 15 juillet, Lilly part seule à Bichain, se contentant des explications alambiquées de son mari :

Ne crois pas que j'étais très joyeux de te mettre sèchement au wagon. C'était même dur ! Seulement pour des raisons que je te dirai plus tard, c'est nécessaire... Puis il faut que je trouve des choses nouvelles, sous peine de déchéance, depuis quelque temps je m'inquiétais de tourner dans le même cercle dicté, il me semble avoir trouvé une nouvelle piste, c'est pourquoi je n'ose pas la lâcher, quoi qu'il m'en coûte. C'est un peu aussi, une question de vie... Si je ne t'ai pas toujours été agréable, il faut au moins que je te sois utile[7] !

Pourquoi Debussy, qui a bien travaillé à la campagne l'été précédent, refuse-t-il d'y retourner ? Lilly n'est pas dupe et sa réponse, écrite à l'encre rouge, oblige Debussy à une nouvelle justification. Il prend l'art comme prétexte pour cacher que c'est son cœur qui a changé et peut-être pour gagner du temps, même si Emma et lui ne songent sans doute pas encore au divorce. Debussy oppose la jeune femme qu'est Lilly à l'artiste qu'il est pour sous-entendre que leur mariage est un échec :

J'ai le grand tort de ne pas m'expliquer assez... manie fréquente chez les gens qui sont obligés de beaucoup réfléchir, et souvent, ce que tu as pris pour de l'indifférence n'était qu'une mélancolie « oursonne » si difficile à secouer !
Vois-tu ! ma pauvre chérie, un artiste est, en somme, un détestable homme d'intérieur et peut-être aussi, un mari déplorable ? [...]
[J]'ai sincèrement cru que je pouvais te rendre heureuse en te demandant de me confier ta vie ! Hélas, quelquefois il m'a fallu en douter, tant tu me disais des choses qui m'éloignaient de toi... et les colères dans lesquelles cela me mettait étaient surtout faites de regret[8].

En réalité, il n'y a pas de malentendu entre nous ; nous nous connaissons fort bien l'un et l'autre. Il n'est pas question non plus que tu aies pu me gêner, ni m'ennuyer ; seulement je persiste à croire que mon caractère a souvent heurté le tien ; et que de ton côté, tu n'as pas répondu à ce que je voulais de toi, cela par une sorte de fierté, dont je ne te blâmerai certes pas, mais qu'il ne fallait peut-être pas montrer dans ces cas-là ?
Du reste, « fini les rabâchages », comme tu le dis justement ; l'éloignement momentané de nos vies, nous apprendra mieux que n'importe quel raisonnement, ce que nous sommes l'un pour l'autre, les mots font du mal parce qu'on en dit toujours

trop, et dès que la bouche que l'on aimait tant prononce des paroles mauvaises, on s'étonne et l'on doute[9].

Le terme d'éloignement momentané est un euphémisme car Debussy a beau essayer de ménager Lilly, il s'apprête à partir non en Bourgogne, mais sur une île anglo-normande, non vers la campagne, mais vers la mer. Fin juillet, au lieu de rejoindre sa femme, comme promis dans une lettre, il emmène Emma à Jersey. Avant de quitter Paris, il a vendu pour mille francs aux éditions Durand deux pièces pour piano : *L'Isle joyeuse* et *Masques*. Jamais titres n'ont mieux correspondu à la vie du compositeur.

Manifestement, les deux amants ont décidé de laisser éclater leur amour : moins de deux mois après le début de leur liaison, ils osent la vivre en plein jour, s'offrant une escapade à Jersey, suivie d'un long séjour à Pourville, près de Dieppe. « [C]e pays est ravissant, j'y suis tranquille ce qui est encore mieux et je travaille en toute liberté, ce qui ne m'était pas arrivé depuis longtemps... Vous recevrez par le même courrier les épreuves de *Masques* et de *Fêtes galantes* — À propos des *Fêtes galantes* je vous en supplie de ne pas oublier la dédicace ainsi conçue : "Pour remercier le mois de juin 1904, suivi des lettres A. l. p. M."[*10]. »

Debussy fait de son éditeur son complice, pour des raisons pratiques, et lui demande de ne révéler à personne son adresse. Il récupère son courrier à

* « À la petite mienne » : désigne Emma par allusion à un vers de Laforgue dans « Ô géraniums diaphanes ».

Dieppe, poste restante. Alors que Lilly l'attend depuis des jours à Bichain, il prétend être avec Jacques-Émile Blanche et projeter de l'accompagner à Londres. De Dieppe, il adresse à sa femme une lettre de rupture plutôt sèche et sans espoir de raccommodement. Même si Debussy se sent probablement coupable, il cache sa liaison avec Emma et sous-entend à Lilly qu'elle-même, la première, avait deviné que leur union ne pourrait tenir :

J'ai la persuasion très nette après ces jours passés loin de toi, où j'ai pu pour la première fois réfléchir froidement à notre vie, que tout en ayant beaucoup aimé, je ne t'avais jamais rendue heureuse comme il le fallait... Je me suis rappelé aussi de ces moments fâcheux où tu me demandais *de te rendre ta liberté...*

Pourquoi faut-il qu'aujourd'hui je te donne raison, je ne saurais l'affirmer ! Il y a pour cela beaucoup de causes infiniment tristes à chercher, je nous en épargnerai le détail. Remarque qu'en ceci, j'avoue tous les torts que j'ai pu avoir ; j'ai pourtant souvent essayé de faire bon cœur contre mauvaise fortune, mais, un mot de toi venait tout briser, et l'illusion était impossible. [...]

Et si j'éprouve l'invincible besoin d'être seul, [c'est] parce que, comprends-moi bien, je me heurte à des choses de toi qui me sont pénibles et que je ne pouvais plus travailler comme je voulais avec cette inquiétude énervante de ne pas savoir où j'allais, cela, encore une fois, ne fera pas oublier l'habitude que j'ai de t'être dévoué — Pour le rester pour toutes les choses matérielles je te laisse le soin de les régler[11].

Entre son bonheur avec Emma et ses échanges épistolaires avec Lilly, Debussy retravaille encore à *L'Isle joyeuse* qui paraît le 10 octobre, revoit la

transcription pour piano de son *Quatuor* et continue *La Mer*. Face à la Manche, il a le loisir de
s'imprégner de l'atmosphère : « J'ai écouté [la
mer] avec le respect passionné qu'on lui doit[12]. »
Cette œuvre, très innovante, est nourrie aussi des
influences de peintres comme Monet, Turner et
Hokusai dont *La Vague* illustrera la couverture de
la partition.

Enfin, un projet de 1902 qu'il avait abandonné
se rappelle à lui : André Antoine, sur les conseils
de René Peter, lui avait demandé une musique
pour *Le Roi Lear* et, en septembre 1904, Antoine
revint à la charge alors que les représentations
étaient programmées pour octobre ! Antoine dut,
au dernier moment, utiliser la partition déjà composée d'Edmond Missa. Debussy devait reprendre
cette composition en 1905 pour les concerts
Colonne, mais n'écrivit finalement que deux parties sur les sept prévues.

Au début du mois de septembre, Debussy revoit
sa femme pendant un séjour éclair à Paris. Il est
pressé de revenir à Dieppe auprès d'Emma, fuyant
les amis et la famille qui n'allaient pas manquer
de lui reprocher son comportement, en premier
lieu Pierre Louÿs. Debussy envoie de l'argent à sa
femme en l'incitant au courage. Peine perdue puisque, devant tant de froideur et même de mépris,
Lilly déclare quatre fois par lettre à son mari
qu'elle va se laisser mourir. Certes, c'est une
femme toute simple, sans grande culture, elle n'est
pas musicienne, mais cela ne l'empêche pas d'être
amoureuse de son mari. La façon dont il la quitte,

avec désinvolture et en accumulant les mensonges, la blesse profondément. Debussy n'avait pas ménagé Gaby en son temps, mais leur couple était désuni depuis longtemps. De plus, Gaby avait de l'aplomb et n'avait pas tardé à trouver un riche protecteur, au contraire de Lilly.

Le 13 octobre, Lilly met à exécution ses menaces et se tire une balle dans l'estomac. Abel Desjardins, un ami du couple, la sauve. Debussy vient de rentrer à Paris et s'est installé 10 avenue Alphand, près de l'Arc de triomphe. Quinze jours plus tard, la tentative de suicide de Mme Debussy et l'infidélité du musicien sont révélées dans la presse. Le scandale éclate et la plupart des amis de Debussy, comme Louÿs, Mary Garden et André Messager, défendent et aident Lilly. Dans une lettre à son frère, Pierre Louÿs résume ainsi l'histoire :

[L]a malheureuse paraît hors d'affaire, mais elle restera sans un sou et sans gîte... Le mari est parti avec une Juive de quarante et quelques années, Mme S. Bardac, je crois que tu connais Bardac ou que du moins il est venu dans ton cabinet d'affaires. Très habitué aux fugues de sa femme, il répond en souriant à ceux qui lui demandent de ses nouvelles : « Elle vient de se payer le dernier musicien à la mode, mais c'est moi qui ai l'argent. Elle reviendra... » J'ai écrit à Louise pour lui demander si elle voulait bien que nous recueillions la pauvre femme chez nous, au moins pendant quelques semaines[13].

Bien des amis de Debussy se cotisèrent pour aider Lilly qui fut logée dans un hôtel de l'avenue Friedland avant de s'installer avenue de Villiers.

La plupart accusaient le musicien d'avoir quitté la malheureuse pour une femme riche, capable de l'entretenir. On prétendit aussi que Debussy ou son père avait volé 200 francs posés sur la table de nuit de Lilly à la clinique. Même si le musicien n'avait pas ménagé son épouse, il semble que cette dernière, passé le moment de désespoir, ait chargé son mari de fautes supplémentaires pour se faire plaindre et se venger. Rançon de la célébrité du musicien, la presse et le Tout-Paris rapportaient quantité de bruits. Louis de la Salle écrivit un épigramme sur le divorce de Debussy :

Je pense à ton génie, et j'hésite, et j'accorde
Que ta vie était dure et ton estomac creux.
Mais ta laide action, tu le sais, malheureux,
C'est comme un violon dont se casse la corde[14].

En 1908, Henry Bataille s'inspirera du divorce des Debussy dans *La Femme nue*. Sa pièce met en scène un jeune peintre qui obtient enfin du succès avec sa toile *La Femme nue* qui représente sa compagne et modèle, Loulou. Célèbre, le peintre s'attache à une princesse juive fortunée. Loulou tente de se suicider. Même si l'histoire est finalement banale, les rapprochements avec la vie de Debussy sont assez faciles. Mais, un scandale en enterrant un autre, l'affaire Debussy était alors trop ancienne pour refaire jaser lors de la création de la pièce. En pleine procédure de divorce, Debussy ne trouvait du réconfort qu'auprès d'Emma et des quelques amis qui lui restaient comme Louis

Laloy, Jacques Durand, Satie et le peintre Paul Robert :

Très sincèrement je n'aurais pas demandé mieux que de faire un geste de pitié, considérant que ma femme est un « pauvre petit être » pas mystérieux du tout ; simplement, détraqué et follement vaniteux. [...] Au résumé, sois certain que ma femme joue un double jeu : attristée et douce près de ce qu'elle suppose être vraiment mes amis ; cherchant tous les moyens de me nuire avec le restant. Enfin, j'espère qu'il y a des lois pour prévenir la diffamation, et autres tentatives plus dramatiques.

Et puis, que veux-tu !... Je n'aurai plus de talent ; Mr Willy dira que je ne sais plus la musique ; M. Fauré[*] appuiera cette opinion de sa considérable personne.

[... M]alheureusement je suis plus pauvre que Job, qu'on pouvait saisir, l'heureux homme ! Peut-être ne suis-je pas entraîné dans cette profession de « maquereau » dont on m'affuble si généreusement ! En tout cas j'ai horriblement peu d'argent, et Mme B[ardac] n'a pas plus l'intention de m'en offrir que moi d'en recevoir[15].

Pendant des mois, il va être en pourparlers avec Lilly et leurs avocats pour régler le montant de la somme accordée à la jeune femme. Même si Debussy est aidé par Emma, sa situation financière n'est guère enviable. Pour se tirer d'affaire, le 31 mars, il se décide à vendre pour 25 000 francs à Durand la partition de *Pelléas* dont il avait toujours voulu garder les droits. Le 17 juillet, il fut condamné à payer 400 francs par mois à Lilly jusqu'à la mort de celle-ci. Pour faire face en cas

[*] Allusion à la critique sévère de Fauré contre les *Danses* créées le 6 novembre aux concerts Colonne. Rien ne prouve que la sévérité de Fauré soit liée à la vie privée de Debussy. Ami d'Emma, Fauré aidera par la suite son confrère.

de décès, le musicien dut aussi souscrire une rente viagère de 3 600 francs par an, comme assurance. Le 2 août 1905, Lilly et Claude Debussy étaient officiellement séparés. De son côté, Emma, qui attendait un enfant du musicien, obtint aussi le divorce avec torts partagés, Sigismond n'ayant pas été plus fidèle qu'elle ne l'avait été. Même si matériellement le divorce parvint à être réglé, Debussy perdit une bonne partie de ses amis. Le musicien avait beau se comporter comme un ours, l'amitié avait toujours été importante pour lui. Il avait déjà éprouvé de telles blessures après sa rupture avec Chausson, liée à l'affaire Thérèse Roger. Cette fois, le vide était encore plus grand :

[J]'ai vu de telles désertions se faire autour de moi... ! à être écœuré à jamais de tout ce qui porte le nom d'homme. [...]
Je ne vous raconterai pas ici par où j'ai passé ! C'est vilain, tragique, quelquefois cela ressemble ironiquement au roman chez la portière... Enfin j'ai beaucoup souffert moralement. Fallait-il payer quelques dettes oubliées à la vie ? Je n'en sais rien... Mais souvent j'ai dû sourire pour que personne ne se doute que j'allais pleurer[16].

Ces ennuis personnels n'empêchent pas Debussy de se préoccuper de musique, ne serait-ce que pour gagner l'argent dont il a besoin. Il travaille à *La Mer*, qu'il achève en mars, et annonce une nouvelle série d'*Images* (*Gigues*, *Ibéria*, *Ronde de printemps*), d'abord pour orchestre puis pour deux pianos. L'œuvre entière ne fut terminée et exécutée qu'en 1912.

Durant l'été 1905, après la proclamation du

divorce, Debussy séjourna un mois avec Emma et sa fille Dolly (Hélène) à Eastbourne. Fin septembre, il emménage 64 avenue du Bois-de-Boulogne, avec Emma qui établit le bail à son nom de jeune fille.

Il pouvait espérer que le bruit autour de sa vie privée s'étoufferait et qu'il pourrait « recommencer à voir clair dans [s]es affaires imaginatives[17] ». Heureusement, le nom de Debussy n'apparaissait pas que dans la rubrique des faits divers. Le compositeur n'attendait plus des années pour entendre ses œuvres jouées. Ricardo Viñes interpréta ainsi *Masques* et *L'Isle joyeuse* le 10 février, son *Quatuor* fut joué plusieurs fois et *Pelléas* fut repris cinq fois au printemps 1905. D'autres pianistes et chanteurs programmaient ses œuvres à Paris et en province. Le 14 décembre un jeune pianiste, Maurice Dumesnil, interprète l'*Hommage à Rameau*, deuxième pièce de la première série d'*Images* aux concerts des Soirées d'art. Trois jours plus tard, le *Prélude à l'après-midi d'un faune* est joué au Conservatoire grâce à son nouveau directeur, Gabriel Fauré. Quant à *La Mer*, dont Debussy attendait beaucoup, elle fut créée le 15 octobre aux concerts Lamoureux. L'œuvre reçut un accueil assez mitigé, même de la part de critiques habituellement favorables aux musiciens. Pierre Lalo écrit dans *Le Temps* :

De tout autre que M. Debussy les trois morceaux de *La Mer* m'auraient charmé ; c'est en le comparant à lui-même que je me trouve désenchanté... Pourquoi cette désillusion ? [...] dans

La Mer cette sensibilité n'est pas aussi intense ni aussi sponta-née ; il me semble que Debussy a voulu sentir plutôt qu'il n'a vraiment, profondément et naturellement senti. Pour la pre-mière fois, en écoutant une œuvre pittoresque de Debussy, j'ai l'impression d'être non point devant la nature, mais devant une reproduction de la nature ; reproduction mer-veilleuse, raffinée, ingénieuse et industrieuse, mais reproduc-tion tout de même... Je n'entends pas, je ne vois pas, je ne sens pas la mer[18].

Jean Chantavoine est lui aussi partagé : « Il est, je pense, impossible à un auditeur pas trop récal-citrant de ne pas sentir, à cette musique, se réveiller mille souvenirs ou impressions endormis, dont il s'étonne qu'ils ne fussent point oubliés à jamais, miroitement d'un rayon, fuite d'une vague, grondement d'une roche ou caresse d'une lame qui crève ses bulles sur le sable d'où elle se replie. [...] Ces esquisses [...] ont trop souvent l'éclat bizarre, amusant, mais superficiel et incohérent du kaléidoscope[19]. » D'autres saluèrent l'œuvre sans réserve. « *La Mer* me paraît marquer une phase nouvelle de l'évolution de M. Debussy : l'inspira-tion en est plus mâle, les couleurs en sont plus franches et les lignes plus accusées... on a l'impres-sion que M. Debussy, qui avait fort studieusement exploré le domaine des possibilités sonores, a ici considérablement condensé et clarifié la masse de ses trouvailles, et sa musique tend à acquérir l'abso-lue eurythmie qui caractérise les chefs-d'œuvre[20]... » Une partie du public le soutenait aussi. Le debus-sysme témoignait de l'influence, même involon-taire, du compositeur dans la musique de son temps. L'influence incitait aussi à la raillerie : après les « Pelléastres » de Jean Lorrain, apparut la « debussyte » de Camille Mauclair, texte plus nuancé, mais révélateur d'un agacement certain de la part d'un admirateur du compositeur :

C'est un mal assez étrange ; il semble avoir sérieusement nui à beaucoup de jeunes musiciens depuis trois ans, mais il a surtout sévi parmi les critiques musicaux, au point que plusieurs en sont devenus fous furieux. C'était auparavant une secte ennuyeuse et pacifique : la debussyte les a bien changés en ce second point. [...]

J'ai bien cru pendant des années être atteint moi-même de debussyte. Je veux dire que j'adorais la musique de Debussy, et que je continue. Il faut croire, même, que le mal me tient fortement, puisque le triste spectacle de ses ravages ne me dissuade pas d'entendre avec délices les *Nocturnes* ou *Pelléas*. Mais je vois bien à présent qu'il y a deux debussytes, celle qui consiste à aimer Debussy et celle qui rend frénétique. Je ne traite pas Beethoven de pachyderme, je ne trouve pas Berlioz antimusical, je ne lance pas de coups de pied et de poing à droite et à gauche : je n'ai donc que la première forme de la debussyte [...]. Je ne suis pas assez érudit en musique, moi simple homme de lettres, pour m'offrir le luxe de l'autre. [...]

Il a fallu *Pelléas* pour que la forme éruptive se manifestât. Et alors, on a vu surgir des foules de cas foudroyants, auprès desquels notre état endémique ne comptait plus : les gens qui avaient attrapé la debussyte un beau soir chez Carré ont d'emblée atteint au delirium pour compenser leur retard. Et le succès légitime d'une œuvre très noble et très neuve a permis à ces gens de révéler au monde leur propre génialité. Ils s'y sont tous mis, et en quelques mois ils ont prouvé aux vieux amis de l'auteur qu'ils n'avaient jamais rien compris à son art[21].

Au milieu de ces discussions musicales, un autre événement, qui trouvera un écho dans son œuvre, se produit dans la vie du compositeur. Le 30 octobre 1905, il devient le père d'une petite Claude-Emma, surnommée Chouchou. Le musicien avait beau médire de la vie de famille, il voulait depuis longtemps être père, désir que Lilly n'avait pu concrétiser. Le mariage de ses parents, le 20 janvier 1908, permit à l'enfant d'être légitimée. Avec cette naissance et l'installation avenue du Bois-de-Boulogne, le style de vie du musicien changea radicalement. Emma était désireuse de garder une vie aisée. La pension versée par son ex-mari ne servait qu'à payer le loyer exorbitant de l'hôtel particulier. La domesticité, notamment la gouvernante anglaise de Chouchou, l'entretien d'un tel logement et tous les autres frais qu'entraînait un pareil niveau de vie plongèrent Debussy dans un gouffre financier. Quant à l'hôtel particulier, s'il était doté d'un agréable jardin, il s'avéra être un lieu bruyant à cause de la voie ferrée de la petite ceinture toute proche. Un bruit dont Debussy se plaignit souvent, tout en le regrettant chaque fois qu'il devait s'absenter de chez lui.

À cette époque, Debussy se lie avec un jeune écrivain : Victor Segalen. Ce dernier est médecin et termine son recueil de poèmes *Les Immémoriaux*. Pianiste amateur, il apprécie le compositeur qu'il a découvert en écoutant les *Nocturnes* en 1901. Il souhaite lui proposer un projet à partir d'un drame qu'il est en train d'écrire sur la vie de Bouddha, *Siddharta*. Auprès de Segalen, revenu d'un séjour en Polynésie, Debussy s'intéresse à la musique maori comme il s'était passionné pour les musiques orientales et indonésiennes lors de l'Exposition universelle de 1889.

En 1906, malgré le règlement du divorce et le bonheur auprès d'Emma, Debussy connaît à nouveau une période creuse en terme de composition : « Je continue à croupir dans les usines du Néant[22] », avoue-t-il à Jacques Durand. Il ne mène à bien qu'un seul morceau, commandé par Octavie Carrier-Belleuse, pour une méthode de piano : *Sérénade à la poupée*. Il s'agit du premier morceau inspiré par Chouchou. Il sera intégré en 1908 aux *Children's Corner*, suite de morceaux pour piano parmi les plus accessibles aux jeunes pianistes. La méthode, quant à elle, ne sera publiée qu'en 1910. Debussy poursuit aussi son travail sur la seconde série des *Images*, notamment *Ibéria*, puis à l'automne supervise les répétitions de *Pelléas et Mélissande*, repris huit fois à l'Opéra-Comique entre le 1er novembre et le 30 décembre sous la direction de Franz Rhulmann.

Au début de l'année 1907, il se rend à Bruxelles pour assister aux répétitions de *Pelléas* enfin créé au théâtre de la Monnaie. Les répétitions furent épineuses : « Je passe des après-midi à me ronger les nerfs après un orchestre qui manque de tact et de goût[23] », « l'esprit flamand est à peu près aussi maniable qu'un poids de 100 kg... des bois : lourds et claironnants, par contre, des cuivres en coton hydrophile... joignez à cela une faculté déconcertante pour dénaturer le plus humble rythme[24]... »

Debussy, perfectionniste pour lui-même, l'était avec ses interprètes et manifestait plus facilement son mécontentement que sa satisfaction. Il n'assista même pas à la première qui remporta pourtant un franc succès. De la même façon, il supervisa les répétitions de la création à Londres à Covent Garden, mais resta à son hôtel le soir de la première, le 23 avril 1909. Peu soucieux de gloire sans doute, mais aussi redoutant que l'interprétation lui déplaise, au regard des répétitions qu'il avait jugées déplorables. Comme à Bruxelles, *Pelléas* fut très applaudi à Londres.

Faute de terminer *Le Roi Lear*, Debussy orchestra *Jet d'eau*, extrait de ses *Cinq Poèmes de Baudelaire*. Il fut joué le 24 février 1907, sans grand succès. Émile Vuillermoz, debussyste convaincu et qui devait consacrer un livre au compositeur, ne cacha pas sa déception :

De sa retraite, sans doute laborieuse, M. Debussy [n'] envoie dédaigneusement [à ses admirateurs] que des fonds de tiroir, des reprises et des rééditions. [...] Ce *Jet d'eau* [...] ne saurait étancher leur soif de nouveauté. D'ailleurs, avec quelle méprisante facilité le musicien des *Nocturnes* n'avait-il pas orchestré cette mélodie ancienne, dans l'unique dessein de ne pas s'exiler tout un hiver des affiches de Colonnes. Aucune fluidité, aucune fraîcheur et aucun scintillement dans l'instrumentation de cette page. [...S]'il ne reprend pas résolument la tête du mouvement musical contemporain par un effort nouveau, l'auteur de *Pelléas* s'apercevra que toute la jeune génération parasite qui se développe autour de son œuvre fait du Debussy... mieux que lui[25] !

Parmi la jeune génération, certains critiques citaient Maurice Ravel. Romain Rolland le trouvait même plus debussyste que Debussy lui-même.

Bien que de treize ans son cadet, on pouvait aussi trouver du Ravel chez Debussy. L'auteur du *Boléro*, d'ailleurs, revendiquait certaines trouvailles techniques, notamment l'utilisation de la pédale, dans ses *Jeux d'eau* publiés en 1902, et que Debussy reprit à son compte. Les deux musiciens avaient des inspirations communes (par exemple la musique espagnole) et menaient des recherches musicales proches. Mais, mis en concurrence par la critique qui soutenait l'un ou l'autre, et soucieux de préserver leur caractère propre, ils rompirent les quelques relations professionnelles qu'ils avaient entretenues par l'intermédiaire de leur ami commun, Ricardo Viñes. Même si Ravel désirait s'affirmer, il ne cacha pourtant pas son admiration pour son aîné, il orchestra ainsi sa *Sarabande* et transcrivit avec Raoul Bardac les *Nocturnes* pour deux pianos et le *Prélude à l'après-midi d'un faune*. Pendant ce temps, Debussy dédaignait le compositeur des *Histoires naturelles* : il est « on ne peut plus doué, mais ce qui m'agace, c'est son attitude de "faiseur de tours" ou mieux, de : Fakir charmeur, qui fait pousser des fleurs autour d'une chaise[26]… ».

Debussy était aussi souvent comparé à Paul Dukas au profit de ce dernier qui triompha en 1907 avec son opéra *Ariane et Barbe-bleue* d'après un livret de Maeterlinck également. Mais les deux musiciens avaient presque le même âge et, même si leurs relations étaient irrégulières, ils étaient liés depuis si longtemps que leur amitié résista aux comparaisons. Debussy complimenta

Dukas même si, au fond de lui, il n'était pas convaincu par son opéra. Il n'en voulait pas à son ami musicien, mais à certains critiques comme Pierre Lalo écrivant dans *Le Temps* que *Pelléas* a sans doute des « tares insoupçonnées[27] » contre *Ariane*, œuvre ferme et nette.

Après la réception mitigée de *La Mer*, Debussy semblait condamné à ne rester que l'auteur de *Pelléas* et du *Prélude à l'après-midi d'un faune*, seules œuvres qui faisaient à peu près l'unanimité mais qui finissaient par l'enfermer mentalement :

J'ai fait *Pelléas*. Eh bien, quoi ? *Pelléas* ! Qu'il m'ennuie ce monsieur-là ! Je me demande maintenant si je ne vais pas le « refaire » indéfiniment. Et ça, je ne veux pas. Ça m'assommerait de recommencer, ou d'en faire un équivalent sonore. Il faut que j'aille plus loin. Autrement j'aimerais mieux faire... de l'agriculture[28].

Fin juillet, à la veille de se rendre à Pourville avec Emma et Chouchou, la mauvaise humeur qu'il éprouve à l'idée de vivre dans un hôtel laid et inconfortable, selon lui, se mêle à son angoisse créatrice.

Comme il l'a déjà fait, il reprend d'anciens morceaux, songeant même à réorchestrer *L'Enfant prodigue* en vue d'une reprise et à revoir *Rondes de printemps*, troisième morceau de la première série des *Images* qu'il n'achèvera qu'en 1909. Bien que sévère, Vuillermoz n'avait pas tort en reprochant à Debussy de ne proposer que des fonds de tiroir. Si les reprises sont parfois liées à un désir de perfection, elles révèlent d'autres fois une incapacité à avancer. Le compositeur lui-même reconnaît qu'il ne vit plus en osmose avec la musique, mais en conflit : « [J']espèr[e] travaill[er à Pourville] avec acharnement, et que cessera cet état de lutte entre la musique et moi, où l'un, à moins que ce ne soit l'autre, exige de terribles satisfactions. [...] Je travaille et — j'ai peur du lendemain. — C'est désagréable, mais pas sans intérêt[29]. »

Il part en Normandie avec le projet d'un *Tristan* d'après un livret de Gabriel Mourey. Les journaux annoncent déjà l'œuvre... Debussy s'en plaint et rien ne saurait mieux le déstabiliser que de se savoir attendu, d'autant plus qu'il s'agit de traiter le même sujet que Wagner ! Un véritable défi. Quant au projet avec Segalen sur *Siddharta*, resté confidentiel, il sera également abandonné sans que Debussy n'écrive une ligne. « Je ne connais pas de musique capable de pénétrer cet abîme. [...]Je ne prétends pas à une impossibilité, très simplement... cela me fait peur[30] », écrit-il à Segalen en recevant le livret.

Segalen lui proposera ensuite un *Orphée-Roi* qui demeurera aussi à l'état de projet. Debussy était pourtant enthousiasmé par le sujet : « J'y vois précisément ce que je veux faire en musique... quelque chose de plus... ce serait ainsi mon testament musical[31]. » Mais le livret de l'écrivain lui paraît trop riche et en même temps trop beau pour être transformé en notes de musique. En outre, il lui est proposé à un moment de doute : Debussy veut avancer, mais ne trouve pas l'inspiration et paraît même étouffé, et tournant en rond dans son propre univers musical. Segalen et Debussy apparaissent comme deux artistes exigeants et se retrouvent dans leur curiosité pour l'exotisme oriental et polynésien dont ils veulent percer le mystère sans l'abîmer, mais leurs styles sont trop différents, rendant une collaboration bien difficile. En outre, Segalen, qui vient à peine d'achever *Les Immémoriaux*, débute sa quête intellectuelle, quand Debussy songe déjà à un testament. Peut-être se doute-t-il qu'il n'explorera plus le monde lyrique et orchestral, mais celui du piano seul. Enfin, Debussy demeure un solitaire. Il ne peut prendre vraiment possession de textes littéraires qu'en restant étranger à leur auteur. L'amitié avec Louÿs n'a donné naissance qu'aux *Chansons de Bilitis* que Debussy a mises en musique dans un élan spontané. Mallarmé restait un maître pour le musicien qui gardait une réserve avec lui et le fréquentait peu. Maeterlinck se tint éloigné avant de rompre tout rapport à cause de l'éviction de sa maîtresse. La collaboration avec l'extravagant D'Annunzio, avec lequel Debussy ne fut jamais intime, aboutira à une œuvre écrite à la hâte.

L'année 1908 n'apporta pas d'autres opus à son répertoire, mais une nouvelle expérience pour Debussy qui commença à diriger ses œuvres. « On se sent vraiment le cœur de sa propre musique... Quand ça "sonne" très bien, il semble que l'on est devenu soi-même un instrument aux sonorités totales, déchaînées au seul gré des gestes du petit bâton[32]. »

Debussy va diriger plusieurs fois ses œuvres au cours des années suivantes. Cela lui offre une source de revenus non négligeable pour faire face à ses dettes et lui permet de contrôler d'encore plus près les interprétations, de tenter d'approcher la perfection. Revers de la médaille, cela l'oblige à sortir de son monde intime et l'épuise. Même si le cancer dont il souffre dès 1909 était incurable, les nombreux voyages qui ponctuent les sept dernières années de sa vie ont peut-être encore abrégé ses jours.

Sans oublier le mauvais accueil fait à *La Mer* aux concerts Lamoureux en 1905, il accepta de se mettre au pupitre lors des répétitions du concert Colonne, tant l'ensemble lui semblait lamentable. Son œuvre, jouée les 16 et 26 janvier, fit beaucoup de bruit et obtint un succès un peu plus grand, notamment grâce à sa direction.

Willy fit une description enthousiaste, mais excessive de la soirée :

Ce furent, pendant une durée impossible à déterminer, ce furent des hurlements d'allégresse sauvage, les crépitements de paumes heurtées, des rappels et des cris déments. [...] Pour satisfaire ces mélomanes délirants, on dut ramener une dernière fois, de l'escalier où il se précipitait, le triomphateur déjà vêtu de son pardessus et coiffé du chapeau melon qui, dans notre costume moderne, joue le rôle des lauriers antiques[33].

Le Figaro est plus réaliste :

Le public a fait un accueil mitigé et qu'on pourrait qualifier de « surpris » à *La Mer*, de M. Debussy. Il y a de quoi s'étonner.

Pourquoi le public si docile aux « duretés » [...] se montre-t-il moins empressé envers les musiques infiniment souples et délicates ? [...] M. Debussy faisait ses débuts au pupitre. Je ne vous dirai pas qu'il conduirait également bien tout autre ouvrage que le sien. Je l'ignore. Mais il a dirigé *La Mer* avec les qualités qu'on lui soupçonnait : une musicalité qui se manifeste à chaque page et un charme infini[34].

Le Ménestrel apprécie, mais sans accorder d'importance à l'œuvre :

Nous pouvons espérer que M. Debussy pourra bientôt, puisqu'il est arrivé à l'âge où la vie s'épanouit dans sa maturité [...] nous offrir le résultat définitif et complet de son effort, son « chef-d'œuvre » en un mot. [...] Cette première audition de *La Mer* dirigée par le maître, non sans de laborieux travaux de mise au point, ne reste pas moins belle et intéressante. Le public a couvert d'ovations le compositeur, exagérant la manifestation afin de protester contre quelques sifflets[35].

Parmi les sifflets se fit aussi entendre un auditeur qui s'écria : « J'ai le mal de mer ! » Quant à Debussy, il résuma la première soirée : « Il est curieux que le fait d'assembler des sons le plus harmonieusement possible donne comme retentissement : des cris d'animaux et des vociférations d'aliénés ! De cela on ressemble un peu à un montreur de phénomènes ou à un acrobate qui vient de réussir un saut difficile[36]. »

Debussy poursuivit le 1er février ses premiers pas de chef à Londres pour diriger à nouveau *La Mer* ainsi que le *Prélude à l'après-midi d'un faune*. Le succès fut au rendez-vous. « Le public

anglais a une capacité très remarquable à l'attention et au respect[37] », dira Debussy qui avait déjà
vu son *Pelléas* bien accueilli outre-Manche.

Au contraire, les représentations de son opéra
dans diverses villes allemandes — Francfort,
Munich, Berlin — furent accueillies avec indifférence, voire hostilité. New York ne fut guère plus
séduit. À la Scala, sous la direction du célèbre
Arturo Toscanini, se rejoua la bataille de *Pelléas*
comme à Paris en 1902.

En 1906, la diffusion internationale progressive
de son œuvre avait déjà donné l'occasion à
Debussy de rencontrer Puccini, plutôt enthousiasmé par *Pelléas*, et Richard Strauss, indifférent
à cette musique française, comme Debussy l'était
à la sienne. À Madrid, Manuel de Falla, qui réalisa et interpréta une transcription pour piano des
Deux Danses pour harpes composées en 1904,
exprima son admiration à Debussy avant de le
rencontrer à Paris où le musicien espagnol s'installa durablement à partir de 1907.

Quelques années plus tard, Falla reviendra sur
l'influence de la musique espagnole dans l'œuvre
de Debussy. Depuis l'époque romantique, l'Espagne est à la mode en littérature et dans les autres
arts. Bizet, Chabrier, Ravel : comme eux, Debussy
glisse des motifs hispanisants, par exemple dans la
Puerta del Vino où par moments les notes évoquent le son des castagnettes, mais aussi dans
Ibéria, *La Soirée dans Grenade* et *La Sérénade
interrompue*. Manuel de Falla perçoit dans d'autres
morceaux encore des accents andalous, provenant

non pas de souvenirs puisque Debussy ne connaît pas ce pays, mais d'impressions nées de son imagination. « Tout pénétré du langage musical espagnol, Debussy créait spontanément et je dirai même inconsciemment, de la musique espagnole à rendre envieux — lui qui ne connaissait réellement pas l'Espagne — bien d'autres qui la connaissaient trop[38] !... »

Le 21 février, la deuxième série des *Images* pour piano, enfin achevée, fut interprétée par Ricardo Viñes. Debussy lui avait dédié *Poissons d'or*, un morceau inspiré d'un panneau japonais en laque noire rehaussé d'or et de nacre que le musicien possédait dans son bureau. Les nouvelles recherches pianistiques ne séduirent pas le public du Cercle musical, ni les critiques habituellement favorables au compositeur. Entre ceux qui attendaient que Debussy écrive un chef-d'œuvre et ceux qui regrettaient son évolution, le musicien pouvait tout naturellement s'interroger sur la voie qu'il devait suivre.

Debussy compose cinq morceaux rassemblés sous le titre *Children's Corner* auxquels s'ajoute *Serenade for the Doll* (*Sérénade pour la poupée*) déjà écrite. Cette œuvre, inspirée par les jeux de Claude-Emma, comporte des titres en anglais, reflet du goût de Debussy pour ce pays et cette langue qu'il ne maîtrisait pourtant pas et clin d'œil à la gouvernante anglaise de sa fille. Les *Children's Corner*, dédiés « à sa chère petite Chouchou avec les tendres excuses de son père pour ce qui va suivre[39] », apparaissent comme une récréation au milieu du vide. En effet, Debussy passe encore toute l'année 1908 en tâtonnements et travaux sur des morceaux déjà commencés et qui, pour la plupart, restèrent inachevés. Désireux encore de revenir à l'opéra, mais de façon très différente, il reprend *Le Diable dans le beffroi* et se lance dans *La Chute de la Maison Usher*. Poe continue à le fasciner, mais il ne parvient pas à faire naître des notes en rapport avec cet univers. Lui-même n'est pas dupe, sachant que son travail sur Poe est du domaine de l'expérimentation. « Je pense que jamais je n'arriverai à mener à bout aucune de ces œuvres. J'écris pour moi seul, l'impatience des autres ne me préoccupe pas[40] », aurait-il avoué à Giulio Gatti-Casazza, directeur du Metropolitain Opera de New York, à qui il céda les droits pour ces œuvres. Il toucha une avance de 2 000 francs, non sans quelques remords.

Période d'hésitations créatives, de reconnaissance, mais aussi de critiques sévères, période de transition sentimentale, les cinq années après *Pelléas* auront été nécessaires à Debussy pour aborder sa période de maturité.

Des commandes contre le néant (1909-1912)

La musique est quelquefois méchante, même pour ceux qui l'aiment le plus[1] !

C'est un homme à larges épaules, d'environ quarante-cinq ans, au visage plein et puissant, aux yeux sombres enfoncés dans l'orbite. Il est non dépourvu d'humour. De son front pensif partent des cheveux épais, noirs et ondulés. Sa barbe d'ébène est frisée, et sa lourde moustache recouvre d'ombre des lèvres charnues et expressives. Il fait penser à un mousquetaire du temps de Louis XIII ou à l'un de ces sains et joviaux gentilshommes hollandais tels que les a si bien peints Franz Hals[2].

Tel est le musicien décrit en 1909 par un journaliste anglais. C'est le physique du jeune lauréat du prix de Rome dont le caractère s'est affirmé au fil du temps.

La même année, les premières atteintes du cancer du rectum qui va l'emporter se manifestent par des douleurs et des hémorragies. « Pendant deux jours j'ai continué à souffrir misérablement, ce n'est qu'à force de stupéfiants variés : morphine, cocaïne, et autres jolies drogues que j'ai pu me soutenir, cela au prix d'un complet abrutissement[3]. »

Debussy s'enfonce plus que jamais dans le travail, comme un ermite, déjà conscient ou pas que le temps lui est compté, non pour fournir de la partition à son éditeur mais pour poursuivre ses expérimentations. Ses souffrances n'ont pas disparu fin février alors qu'il est à Londres pour diriger le *Prélude à l'après-midi d'un faune* et les *Nocturnes*. Malgré un franc succès, sa maladie, dont il ignore encore la nature, l'oblige à annuler des concerts prévus à Édimbourg et Manchester.

Parallèlement à sa nouvelle activité de chef qui l'oblige à passer encore plus de temps en répétitions et déplacements, il travaille toujours sur l'orchestration des *Images* qu'il annonce, le 13 janvier, comme bientôt prête à Édouard Colonne. *Ibéria* est effectivement fini, mais pas *Gigue et Rondes de printemps* qui vont subir encore de nouvelles modifications jusqu'à leur achèvement en 1910 et 1911. Debussy reprend encore ponctuellement *Tristan* et la *Chute de la Maison Usher*. Le compositeur abandonne rarement un projet, il y pense parfois durant des années, compose quelques notes de musique comme une sorte de journal de travail. Des réflexions personnelles pour mener à bien quelques œuvres mais qui font penser au public et aux critiques qu'il est plus ou moins frappé de stérilité. Bon nombre d'œuvres avortées sont annoncées par lui ou bien par les programmateurs de concerts ou les journaux comme presque achevées et n'arrivent jamais. L'enthousiasme et le désir de travailler alternent avec des moments de fatigue liée à un perpétuel bouillonnement d'idées qu'il ne parvient pas à concrétiser et à ses souffrances physiques :

> Il n'y a pas à dire, je suis dans cet état d'esprit où l'on aimerait être une éponge au fond de la mer, une potiche sur la cheminée ; tout, plutôt qu'un homme de pensée, espèce de machine si fragile, qui ne marche que lorsqu'elle veut bien, et contre quoi la volonté de l'homme n'est de rien... On commande à quelqu'un qui ne vous obéit pas et ce quelqu'un, c'est soi-même ! Comme il est difficile de se traiter froidement d'idiot, l'on rêve dans un cercle vide ; comme de tristes chevaux de bois, sans musique et sur lesquels personne ne monte.
> Peut-être est-ce le châtiment de ceux qui aiment trop les idées, et qui s'acharnent à la poursuite d'une seule... d'où « l'idée fixe »... prologue de la folie[4].

Debussy, outre ses propres projets, reçoit beaucoup de livrets ou de propositions qu'il ne peut s'empêcher d'examiner, rêvant à d'hypothétiques œuvres. Au printemps 1909, Serge de Diaghilev et ses Ballets russes se produisent à Paris pendant un mois. Debussy fut peu sensible à la prestation du grand danseur de la troupe, Vaslav Nijinski, préférant les danseuses des Folies Bergère ! Il accepta cependant d'écrire de la musique pour la prochaine saison des Ballets russes dont l'intrigue devait se situer à Venise au XVIIIe siècle. Il rédigea un scénario, *Masques et Bergamasques*, puis renonça. On peut se demander pourquoi, une nouvelle fois, Debussy avait consacré du temps à un projet bien éloigné de son inspiration puisqu'il n'éprouvait aucun goût particulier pour Venise et sa commedia dell'arte et n'appréciait pas vraiment les artistes russes qui auraient été susceptibles d'interpréter le ballet.

Cette affaire manqua même de le brouiller avec Louis Laloy car ce dernier devait écrire le texte et Debussy se charger seulement de la musique. Le compositeur se justifia comme il put, assurant à Louis Laloy qu'il interviendrait aussi dans le projet. La parution de la première biographie de Debussy signée de Laloy en juillet 1909 apaisa leurs relations.

Première et officielle biographie en français, très élogieuse, elle contrebalançait les attaques dont Debussy était l'objet de la part de journalistes parfois peu musiciens, mais se piquant d'avoir des idées... Des chroniqueurs plus soucieux de faire parler d'eux et de créer une polémique comme Jean Lorrain avec ses « Pelléastes » en 1904 ou Raphaël Cor, publiant dans *La Revue du temps présent* un article intitulé « M. Claude Debussy et le snobisme contemporain » dans lequel il ne fait que reprendre les arguments des détracteurs du musicien et s'opposer aux critiques élogieuses :

Cette musique qu'il n'y avait qu'à goûter en passant, comme une petite formule d'exception, on crut y voir la révélation d'un idéal rénovateur. On la traita d'art de l'avenir, elle qui en a si peu ! L'esprit de mode aidant, on lui sacrifia, le plus ridiculement du monde, tous les chefs-d'œuvre antérieurs. [...]

[Cette musique] est comme une pluie de sons, pluie lente et monotone, quelque chose d'infiniment dilué et d'amorphe. Au début, l'on se laisse séduire par cette nouveauté : c'est une sorte de petit enchantement inédit. [...] Cela agit sur vous à la manière d'un stupéfiant. [...] Mais, que ce premier plaisir d'étonnement est donc bref ! [...] Une confidence indéfiniment répétée devient vite obsédante. Celle-là dépasse les limites de la plus fastidieuse monotonie[5]...

Ce pamphlet donna lieu à une enquête menée par la *Revue** qui demanda à une trentaine de personnalités variées quelle place selon elles Debussy occupait dans la vie et l'évolution musicale en France. Suivant le conseil que Louÿs lui avait donné en 1904, Debussy ignora cette nouvelle attaque et les jugements dont il fit l'objet. De tels textes, même hostiles, montraient que Debussy était l'un des musiciens les plus importants et le plus novateur, pour la joie des uns et la rage des autres.

L'année 1909 marque un nouveau retour de Debussy vers le piano avec la composition d'un *Hommage à Haydn* pour la S.I.M. (Société musicale indépendante) à l'occasion du centenaire de la mort du compositeur, puis celle du premier livre de *Préludes* dans lequel figurent des morceaux devenus de grands classiques du répertoire pianistique comme *Les Danseuses de Delphes*, *La Fille aux cheveux de lin* et *La Cathédrale engloutie*. Debussy compose aussi en 1909 le *Petit Nègre* qui parut d'abord chez Leduc dans une méthode de piano. Ce morceau assez facile procède de la même inspiration que le *Golliwog's cake-walk*, dernier opus des *Children's Corner*. Ces deux œuvres pour piano évoquent la musique américaine des Noirs qu'on pouvait entendre dans les

* *Le Cas Debussy* avec l'enquête, le texte de Raphaël Cor et une interview de Debussy furent publiés aux éditions Falque en 1910.

music-halls. Très rythmé, rapide, accentué, ce style tranche avec la plupart des compositions de Debussy tout en témoignant de son intérêt pour toutes les formes de musique, notamment les musiques populaires dont il apprécie la spontanéité. Entre décembre 1909 et février 1910 il compose ainsi douze préludes avec une facilité qu'il n'a plus avec d'autres formes ou instruments, comme si le piano était le seul avec lequel son inspiration trouvait encore un réel élan. L'œuvre sera cédée aux éditions Durand pour la somme de 7 000 francs. Le 25 mai 1910, il interprétera lui-même quatre de ses *Préludes* à la S.I.M, une nouvelle société fondée par de jeunes musiciens dont la plupart étaient d'anciens élèves de Gabriel Fauré.

Poursuivant sur sa lancée, Debussy compose en 1910 *Trois ballades de François Villon* pour chant et piano, *La plus que lente*, une valse pour piano. À ces œuvres s'ajoute une *Petite Pièce* pour piano et clarinette qui, comme la *Rapsodie pour clarinette*, était un morceau pour le concours du Conservatoire commandé par Fauré. Pour Emma, il écrit également deux nouvelles mélodies sur des poèmes de Tristan L'Hermite, qui s'ajoutent à une mélodie composée en 1904 et réunies sous le titre *Le Promenoir des deux amants*. L'année 1910 voit aussi la création d'*Ibéria* et de *Rondes de printemps*. La seconde des *Images* est dirigée par Gabriel Pierné aux concerts Colonne le 20 février et la troisième le 2 mars salle Gaveau, dans le cadre des concerts Durand et sous la direction de

Debussy lui-même. Lors de ces concerts Durand, organisés par l'éditeur, furent joués *Jet d'eau*, orchestré le 23 février et *La Mer*, le 9 mars.

Le musicien eut ses détracteurs habituels mais reçut des compliments de la part de critiques qui l'avaient apprécié dans *Pelléas* tout en se disant déçus de ses dernières productions comme Gaston Carraud, Jean Marnold ou encore Alfred Bruneau du *Ménestrel*. D'autres encore dénigraient ces œuvres au profit de plus anciennes. « *Les Rondes de printemps, la Mer*, n'en déplaisent aux maladroits admirateurs de l'autre soir, sont quelconques, cela aussi sent l'école, l'école buissonnière [...]. Rendez-moi les molles et tièdes rêveries des *Nocturnes*[6]. » Rares sont les artistes à inspirer des jugements aussi contraires. Les adversaires du compositeur entendent toujours la même musique et la jugent faible, peu harmonieuse et sans force. Ses partisans perçoivent une évolution. Enfin, bon nombre de critiques n'entendent jamais la même musique, aimant un morceau, en détestant un autre sans qu'on comprenne leurs arguments, comme si leur réception dépendait moins de leur sens esthétique que de leur impression de l'instant.

Parallèlement à cet accueil encore souvent mitigé, l'œuvre de Debussy continuait à se faire connaître dans le monde, parfois grâce à de prestigieux intermédiaires. Gustav Mahler dirigea à New York *Les Nocturnes* et le *Prélude à l'après-midi d'un faune* en février et mars 1910, puis les *Rondes de printemps*, le 15 novembre. Les deux musiciens se rencontrèrent en avril à Paris lors d'une réception donnée en l'honneur de Mahler venu diriger sa *Deuxième Symphonie*. Rencontre furtive entre deux musiciens peu liants et dont il ne reste aucun témoignage.

Même si les contrats d'acquisition de Durand étaient plus importants qu'au début, même si Debussy était de plus en plus joué, il ne parvenait pas à faire face aux dépenses liées à son train de vie. Les soucis de santé d'Emma, fragile du foie, et l'état de Debussy qui se dégradait s'ajoutaient aux angoisses financières et aux difficultés de l'artiste « croupis[sant...] dans les usines du Néant[7] » pour reprendre une formule dont il use souvent.

L'année 1910 fut aussi marquée par une crise conjugale avec Emma. L'aigreur de Debussy, dont il était le premier à souffrir, l'incitait à penser qu'un artiste n'était pas fait pour le mariage et une vie domestique réglée. Malgré les qualités musicales d'Emma, son respect pour le travail du maître, comme elle l'appelle dans ses lettres à leurs amis, malgré leur fille, il fut question de divorce. Debussy, dans sa correspondance, ne fait que quelques allusions à ces difficultés personnelles qui vont de pair avec les aléas de la création, un mal-être persistant et d'énormes dettes. Le mariage l'oblige à un rythme de vie régulier auprès d'une femme mondaine et qui se pose en gardienne du temple debussyste, ce dont se plaignent certains amis du compositeur :

[U]n artiste est, par définition, un homme habitué aux rêves et qui vit parmi les fantômes... Comment veut-on que ce même homme puisse se conduire dans la vie quotidienne dans la stricte observance des traditions, lois, et autres barrières posées par le monde hypocrite et lâche[8].

Je suis dans une humeur détestable et rebelle à toute espèce de joie, si ce n'est celle de me détruire tous les jours un peu plus[9].

Bien des fois, au cours de sa vie, Debussy a traversé des crises morales. Celle de 1910 touche un homme plus âgé et déjà malade, un homme qui se sent parfois isolé dans sa musique sans cependant pouvoir s'en libérer et s'agaçant d'en être détourné, un homme qui a bouleversé le paysage musical français et qui, en même temps, fuit la gloire par crainte de voir son œuvre livrée aux mains de n'importe qui. Durant l'été, il reprend son travail sur la *Chute de la Maison Usher*, une œuvre qui le fascine tout en provoquant en lui un malaise, comme si cette maison reflétait les menaces pesant sur son propre foyer. Cette *Maison* « n'a rien d'une maison de santé, et j'en sors parfois les nerfs tendus comme les cordes d'un violon[10] ».

À partir de l'automne 1910, Claude et Emma se rapprochent, suite à la mort de Manuel Debussy, le 28 octobre. Des rentrées d'argent viennent aussi rassurer le musicien en lui permettant d'éponger quelques dettes. Une danseuse canadienne, Maud Allan, lui commande un ballet d'après une légende égyptienne, *Khamma*. Le contrat prévoyait la somme de 10 000 francs versée à la signature, le 30 septembre. Debussy composa une partition pour orchestre en 1911, puis une réduction pour piano l'année suivante. Le musicien s'acquitta de son contrat mais se brouilla avec la danseuse qui voulut modifier le scénario :

Il est inadmissible qu'elle puisse formuler des jugements que rien n'autorise, et qu'elle emploie pour les formuler un style à peine convenable pour un bottier qui aurait mal compris sa commande.

Ma dose de philosophie n'est probablement pas assez forte, car j'avoue mon profond écœurement de ce débat... Comment, voilà une personne qui me fournit un argument tellement plat qu'un nègre aurait pu trouver mieux. Je trouve le moyen, aidé par je ne sais quelle providence, d'écrire tout de même la musique. Et voilà cette demoiselle qui me donne des leçons esthétiques, qui parle de son goût, et de celui des Anglais — ce qui dépasse toute mesure —. Encore une fois c'est à pleurer, ou mieux : c'est à la gifler[11] !

Finalement, l'orchestration fut terminée selon les vœux de Maud Allan par Charles Koechlin, ancien élève de Fauré, Debussy refusant de collaborer à une œuvre dont l'orientation ne lui convenait pas.

Une tournée d'une semaine fin novembre permit aussi à Debussy de « combattre une "mouise" obstinée[12] ». Il dirigea plusieurs de ses œuvres à Vienne et Budapest et adressa de là-bas des lettres tendres à Emma ainsi qu'à Chouchou. Une brève séparation qui acheva de renforcer les liens entre les époux. La crise leur avait fait comprendre qu'ils auraient souffert bien plus en se séparant. Le perfectionniste Debussy reconnut que le concert de Vienne avait été une réussite et jugea « fulgurante[13] » l'exécution d'*Ibéria*. Le compositeur profita aussi de son séjour pour écouter de la musique tzigane qui le fascina, notamment un joueur de cymbalum. Il introduira cet instrument à cordes dans la version orchestrale de *La plus que lente* et se fera envoyer des partitions de musique populaire. L'accueil viennois et hongrois et les qualités musicales des instrumentistes avaient su séduire Debussy qui revint à Paris le 6 décembre de meilleure humeur que lors de ses séjours à Londres et à Bruxelles.

En cette fin d'année, Debussy fut contacté par Gabriele D'Annunzio qui, sur les conseils de Robert de Montesquiou, s'était mis en tête de travailler avec lui. L'écrivain italien vivait alors à Arcachon pour fuir ses créanciers. Peu après, à peine revenu de tournée, le compositeur accepta d'écrire la musique du *Martyre de saint Sébastien*, un drame en quatre actes de D'Annunzio. Il signa un contrat avec Gabriel Astruc et Cie, responsable de la saison lyrique au théâtre du Châtelet. Debussy s'engageait à livrer la musique pour des représentations fin mai 1911 et reçut 8 000 francs d'avance auxquels devaient s'ajouter 12 000 francs lors de la livraison des danses et du matériel d'orchestre et un tiers des recettes. La danseuse Ida Rubinstein, choisie par l'écrivain, incarnerait saint Sébastien. Debussy, qui ne terminait pas de projets personnels, n'avait pas vraiment eu la liberté de refuser. Comme pour la commande de Maud Allan, il s'était engagé à composer sur un texte qu'il ne connaissait pas encore. L'avance financière était un argument décisif. D'Annunzio envoya bientôt son drame morceau par morceau et Debussy se lança dans la composition comme un « tâcheron[14] », conscient qu'il ne pouvait se permettre cette fois de repousser l'envoi de la musique. Debussy appréciait cependant le drame de l'auteur italien et mit toute son énergie dans l'œuvre composée en un temps record. « Cet important ouvrage était […] le résultat d'une "commande" ; mais son sujet était d'une telle qualité que le compositeur n'eut pas à se raidir et à se contraindre pour en écrire la partition[15]. » Dès le 11 février, Debussy dans une interview expliquait ainsi : « Le sujet du *Martyre de saint Sébastien* m'a séduit surtout par le mélange de vie intense et de foi chrétienne. Malheureusement, je suis pris par le temps. Des mois de recueillement m'auraient été nécessaires pour composer une musique adéquate au drame mystérieux et raffiné de D'Annunzio[16]. » Le compositeur joua la partition à Jacques Durand comme il en avait souvent l'habitude. « Debussy, au piano, sanglotait, tandis que j'en faisais autant dans mon fauteuil. Il avait mis, dans son jeu, tant d'émotion qu'elle l'avait gagné ainsi que son auditeur[17]. »

Par rapport aux difficultés habituelles de Debussy pour créer, ce *Martyre de saint Sébastien* apparaît comme un miracle. La production était fastueuse avec entre les danseurs et les instrumentistes pas moins de cinq cents artistes. Les répétitions commencèrent alors que toute la musique n'était pas terminée. La première était fixée au 20 mai. Dix représentations étaient prévues :

La majorité des musiciens affectait de ne voir dans cette partition qu'un ouvrage de circonstance, bâclé à la dernière minute pour satisfaire aux caprices fastueux de Mme Ida Rubinstein et de Gabriel Astruc. Il fut donc entendu qu'on ne la prendrait pas trop au sérieux.

Cependant, page par page, elle s'amoncelait sur nos pupitres et sa complexité mystérieuse remplissait les exécutants d'une sorte de terreur sacrée[18].

La répétition à l'italienne, qui s'annonçait catastrophique, créa la surprise. La musique « fut dépliée et déroulée devant l'auteur avec une émotion et une piété surprenantes. Cette exécution fut d'une qualité inégalable. Debussy, lui-même, qui avait à un très haut degré la pudeur de sa sensibilité, Debussy, le sceptique, l'ironique, le railleur, ne put conserver son attitude habituelle, et très ingénument, pleura. Ce fut, certainement, une minute unique dans sa vie d'artiste[19] ». La mise en scène causa plus de problèmes car elle était parfois incompatible avec la musique. Vuillermoz se souvient :

Un de nos soprani se trouvait soudain noyé au milieu des basses, tandis qu'un contralto envahissait le domaine inviolable des ténors. Allez donc chanter juste dans ces conditions. Pour sauver la situation, Chadeigne et moi dûmes revêtir deux vastes houppelandes à capuchon baissé, peintes par notre souriant ennemi, et nous mêler à la foule, sur scène, pendant l'action, pour secourir nos troupes désemparées, aller, négligemment, jeter dans l'oreille d'une choriste en perdition un *la* de sauvetage ou souffler une intonation difficile à un exilé prêt à sombrer dans son splendide isolement[20].

Enfin, trois jours avant la première, Debussy et D'Annunzio durent affirmer publiquement et sur leur foi que *Le Martyre de saint Sébastien* était une « œuvre profondément religieuse […] glorification lyrique non seulement de l'Athlète admirable du Christ mais de tout l'héroïsme chrétien[21] ». En effet, la Congrégation romaine avait mis à l'index toute l'œuvre de D'Annunzio et avait alerté l'archevêque de Paris en apprenant l'exécution prochaine du *Martyre*, obligeant les deux artistes à prêter serment. Debussy justifia la portée religieuse de sa nouvelle œuvre :

> Je n'ai pas de profession de foi à vous faire, mais si je ne suis pas de pratique catholique ou croyant, je n'ai pas eu grand effort à faire pour m'élever à la hauteur de mysticisme qu'atteint le drame du poète. […]
> Je vous assure que j'écris ma musique comme si elle m'avait été demandée pour une église. […] La foi que ma musique exprime est-elle orthodoxe ou non ? Je l'ignore. C'est la mienne, la mienne qui chante en toute sincérité[22].

Le scandale religieux n'eut pas lieu. Mais la critique et les spectateurs, en majorité, trouvèrent le drame ennuyeux et long. La musique de Debussy, qui ponctuait l'œuvre durant plus de quatre heures, s'attira plutôt des éloges par rapport au texte de D'Annunzio. Des critiques soulignaient le manque d'harmonie entre le drame flamboyant et la musique discrète. Alfred Bruneau, dans *Le Matin*, exprima son enthousiasme pour la musique, de même que Gaston Carraud dans *La Liberté* et Paul-Jean Toulet dans la *Revue critique des idées et des livres*, qui jugea le drame de D'Annunzio bien ennuyeux et dénué de beauté. Debussy avait, certes, réussi un tour de force mais, malgré les éloges et la sincérité qu'il y avait mis, l'œuvre reste secondaire aujourd'hui. Sans trahir ses idéaux, les œuvres de commandes que Debussy livre durant les dernières années de sa vie, souvent dans la hâte, manquent de ce supplément d'âme qu'il met dans une œuvre libre. Avec les années, ses charges de famille, sa santé déclinante, sa position dans le monde musical, il ne peut plus se permettre une vie de bohème intransigeante.

Le 19 juin, Debussy partit avec sa fille et son épouse à Turin. Il devait diriger un concert dans le cadre de l'Exposition internationale et y retrouver Vincent d'Indy et Toscanini, entre autres.

Une nouvelle fois, le compositeur se plaignit de l'orchestre :

> On vient de me faire mener une vie de chien ! Six heures de répétition par jour sont bien faites pour vous dégoûter de toute espèce de musique, y compris sa propre musique. Et puis, si vous saviez comme l'on sent, qu'au fond, la musique de Claude Debussy leur est indifférente et qu'au premier tournant, ils retourneront à Puccini, Verdi et tout ce que vous voudrez dans la langue du « si »[23]...

Debussy se montrait injuste. Les 28 et 29 septembre suivants, Toscanini dirigea *La Mer* avec grand succès, puis le 10 octobre d'Indy, *Nuages* et *Fêtes*. Mais la nature de Debussy l'incitait à ne voir que la partie sombre de la gloire, en dehors même des considérations financières. Ainsi se plaint-il auprès de Durand de voir monté *Pelléas* à Nice et à Cannes, jugeant « ridicule [...] ces exécutions où tout est ramené à la taille des gens[24] ». Toutes ces activités depuis des mois ont épuisé Debussy sans éponger ses dettes et font naître de nouvelles tensions entre sa femme et lui. « Ce mois de juillet hérissé de factures, de propriétaire, tout un bouquet d'ennuis domestiques qui reviennent chaque année avec une fidélité bien désagréable ! [...] Alors on s'énerve, et ne sachant plus à qui s'en prendre, on échange des propos aigres sur des sujets absolument étrangers à la situation[25]... » Jacques Durand lui consent une avance de 3 000 francs pour l'orchestration de la *Rapsodie pour clarinette* afin de lui permettre d'aller se reposer à Houlgate. Le séjour n'est guère profitable, Debussy ne supportant pas la vie d'hôtel et ne parvenant pas à travailler sur une petite table. Seules les dernières journées passées dans la campagne normande le réjouissent. Quant aux soucis financiers, ils demeurent. En 1912, Debussy demandera à Louis Laloy de lui trouver quelqu'un capable de lui prêter vingt mille francs.

À la mi-novembre, il décline une invitation à venir diriger *Pelléas* à Boston, Emma s'opposant à ce voyage, que ce soit en l'accompagnant ou en le laissant partir seul. Debussy fut déçu, attendant beaucoup de la mise en scène qu'on lui avait promise, mise en scène et orchestre qui, sur place, l'auraient peut-être à nouveau insatisfait. La fin de cette année épuisante s'achève en tout cas dans la morosité. Debussy reprend sans enthousiasme son travail sur *Khamma*, que Maud Allan attend toujours, et ses deux drames de Poe, où « tout [lui] paraît ennuyeux comme une cave[26] ».

Il commence aussi un second livre de *Préludes* pour piano qu'il achèvera en 1913. Encore une fois, c'est avec le piano qu'il renoue avec la véritable inspiration.

Au cours de l'année 1912, Vaslav Nijinski se décida à créer un ballet sur la musique du *Prélude à l'après-midi d'un faune*. Debussy ne fut mis que tardivement au courant de ce projet et en fut inquiet, tant il craignait la façon dont on allait utiliser sa musique. Admirant les musiciens russes, lié d'amitié avec Stravinski, il restait peu enthousiasmé par les Ballets russes. La première eut lieu le 29 mai au Châtelet. Debussy avait raison d'être soucieux car la chorégraphie de Nijinski fit scandale. On jugea les gestuelles impudiques, bestiales, notamment le geste final du faune exprimant son ardeur érotique sur l'écharpe de la nymphe. Debussy fut fâché de voir sa musique utilisée pour une chorégraphie grotesque et manquant de souplesse, selon lui. Un peu moins d'un an plus tard, le ballet connaîtra un grand succès à Londres, à Covent Garden.

Malgré le scandale du *Faune*, le 18 juin 1912, Debussy s'engagea avec Diaghilev pour un autre ballet, *Jeux*, qui devait toujours être interprété par Nijinski à la saison suivante. La somme de 10 000 francs promise l'incita à nouveau à accepter la commande. Au cours du mois d'août, il peut déjà livrer la particelle. Il confie à Jacques Durand sa mauvaise humeur à l'égard de Diaghilev et Nijinski :

Je me suis refusé à leur jouer ce qu'il y avait de fait, n'aimant pas que les Barbares mettent leur nez dans mes expériences de chimie personnelle ! Mais *à la fin de ce mois*, il faudra que je m'exécute, dans le sens désagréable de ce mot ! Que Dieu, le Tzar, et ma patrie veuillent bien m'assister dans ce dur moment[27].

Une nouvelle fois, Debussy réussit à fournir rapidement une musique de commande, au détriment de ses deux drames de Poe, de l'orchestration de *Gigues*, la première des *Images* et des *Préludes* pour piano auxquels il ne se remet qu'à la fin de l'année 1912.

L'année de ses cinquante ans, à partir de novembre, Debussy accepte à nouveau de prendre la plume pour parler des concerts Colonne mais aussi livrer ses réflexions esthétiques. Émile Vuillermoz, le rédacteur en chef, a ainsi réussi à le convaincre d'écrire dans la *Revue de la Société musicale indépendante*. La collaboration dura jusqu'en mai 1913 pour reprendre ponctuellement au printemps 1914.

Criblé de dettes, débiteur de 27 000 francs auprès du seul Jacques Durand, devant faire face à sa maladie qui se manifeste périodiquement et à la santé fragile d'Emma, en quête du moindre revenu, c'est en proie à des humeurs de plus en plus sombres que Debussy aborde les quatre dernières années de sa vie.

Dernières années (1913-1918)

Je suis bien las de lutter contre la réalité[1].

Au début de l'année 1913, Debussy se fait opérer d'un kyste bénin à un œil. Ce nouveau souci de santé, pour une fois, ne le met pas de mauvaise humeur. Au contraire, il a des raisons d'être heureux puisque, après avoir mis un point final aux *Images* pour orchestre commencées en 1905, il les dirige dans son intégralité aux concerts Colonne le 26 janvier. Son interprétation et l'orchestre le satisfont et, même si certains critiques habituels, comme Pierre Lalo et Gaston Carraud, émettent des réserves pour l'un ou l'autre des morceaux, le public accueille très bien cette œuvre. Deux jours plus tard, le 28 janvier, un grand souper est organisé au Café Riche pour célébrer la centième représentation de *Pelléas*. L'œuvre était reprise une nouvelle fois à l'Opéra-Comique avec Mathilde Carré, épouse d'Albert, dans le rôle de Mélisande, « une sorte de blanchisseuse mélancolique[2] », selon le compositeur qui ne boude cependant pas son plaisir de célébrer son opéra entouré de ses amis.

Debussy achève également le deuxième livre des *Préludes* comprenant douze morceaux pour piano que Durand publie le 19 avril. Les titres se trouvent non au début mais à la fin de chaque morceau. Pour Alfred Cortot, c'est « comme s'il paraissait désirer que le plaisir du lecteur soit de deviner le sentiment qu'il décrit musicalement et que, de la vérification d'une sensation juste, naisse une sorte d'épanouissement intime[3] ». Les trois premiers morceaux, *Brouillards*, *Feuilles mortes* et *Puerta del Vino*, sont joués par Debussy lui-même, salle Érard, le 5 mars. Les œuvres et l'interprète furent très applaudis. Le musicien se produisait assez peu au piano. En se faisant rare, de même que Chopin en son temps, ses exécutions étaient d'autant plus appréciées. Tous ses contemporains s'accordaient pour admirer la délicatesse de son toucher, des qualités qu'il possédait déjà du temps du Conservatoire et qu'il affina en débarrassant son jeu des accents plus brutaux que l'élève ajoutait davantage par provocation que par maladresse :

Il fut un bienfaiteur du clavier dont il sut enrichir magnifiquement le vocabulaire et multiplier les possibilités techniques. [...] Tous ceux qui ont eu la faveur de voir sourdre sous ses doigts une de ses œuvres ont salué en lui un exécutant miraculeusement doué. Je n'ai jamais entendu, pour ma part, un jeu plus souple, plus élégant et plus velouté à la fois. Il obtenait d'un piano des sonorités moelleuses qui adoucissaient les angles et les aspérités de ses hardiesses d'écriture. Il avait découvert la technique digitale exacte qu'exigeait son système harmonique. Qui ne l'a pas entendu modeler délicatement, dans un accord serré, le relief d'une appoggiature non résolue pour en souligner le caractère suspensif et la fonction allusive ne se doute pas des effets de charme auxquels peut atteindre cette façon de suggérer une note par une approche discrète qui la frôle sans la toucher. Le jeu de Debussy était une perpétuelle leçon d'harmonie[4].

Peu après, le 15 mai, la troupe des Ballets russes de Diaghilev donne *Jeux* au théâtre des Champs-Élysées qui venait juste d'ouvrir.

L'accueil fut hostile, surtout pour la chorégraphie, épargnant plus ou moins la musique de Debussy. Ce dernier se montrait poli avec les Russes mais avouait à ses intimes son agacement.

En envoyant la partition de *Jeux* à Robert Godet, il lui écrit ainsi à propos de la représentation :

Le génie pervers de Nijinski s'est ingénié à de spéciales mathématiques ! Cet homme additionne les triples croches avec ses pieds, fait la preuve avec ses bras, puis, subitement frappé d'hémiplégie, il regarde passer la musique d'un œil mauvais. Il paraît que cela s'appelle la « stylisation du geste »... C'est vilain !

La musique, croyez-le bien, ne se défend pas ! Elle se contente de poser ces légères arabesques à tant de pied malencontreux, — qui ne demandent même pas pardon[5] ! —

La saison se termina bien pour Debussy avec, le 19 juin, un gala organisé en son honneur dans le même théâtre des Champs-Élysées. Il joua avec Ricardo Viñes une transcription pour deux pianos d'*Ibéria* réalisée par André Caplet. Le compositeur interpréta aussi trois de ses *Préludes* du deuxième livre, trois de ses *Cinq Poèmes de Bau-*

delaire, les *Chansons de Charles d'Orléans*, *Le Promenoir des deux amants* et ses *Proses lyriques*. Enchanté par l'interprétation de la chanteuse Ninon Vallin-Pardo, le musicien se montra une fois de plus très critique à propos de l'interprétation de Ricardo Viñes. « À chaque sonorité dont je connais le précieux arrangement, je tombai sur un bec de gaz... ! Et ces trémolos qui semblaient remuer de lourds cailloux ! Décidément, mon vieux Caplet, la musique est un art fermé le Dimanche et les jours de la semaine, pour beaucoup trop de gens qui s'intitulent : musiciens[6] ! »

Debussy avait dû faire comprendre à Ricardo Viñes son mécontentement puisque celui-ci ne fut plus convié à jouer ses œuvres. Ce franc succès compensa l'échec de *Jeux*, la déception de Debussy qui ne put se rendre à Londres pour une reprise de *Pelléas* et lui fit un peu oublier ses perpétuels ennuis financiers. Il cachait une partie de ces derniers à Emma, souffrant toujours du foie, en faisant adresser certaines de ses lettres chez André Caplet. Il ne demandait plus 50 ou 100 francs comme du temps de Gaby mais avait besoin chaque fois de plusieurs milliers de francs. Durant l'été 1913, ses traites l'obligent à de gros emprunts, notamment auprès de Jacques Durand à qui il demande 6 000 francs en juillet, puis de 1 000 à 2 000 francs en septembre. Des prêts ou avances qui servent à régler les frais urgents, non à liquider des dettes dont certaines seront payées après la mort du compositeur par Raoul Bardac et Hélène de Tinan, les enfants d'Emma.

Au milieu des inquiétudes matérielles et des douleurs dentaires dont il est victime en août, la seule récréation de Debussy est la composition de la musique de *La Boîte à joujoux*, un ballet pour enfants proposé par le peintre André Hellé. « Vous ne pouvez vous figurer les heures d'angoisse par lesquelles je passe en ce moment ! Je vous assure que si je n'avais pas ma petite Chouchou, je me ferais sauter la cervelle, malgré la lâcheté, ou le ridicule, de ce geste[7] », écrit-il alors à Jacques Durand.

Après les *Children's Corner*, le musicien renoue avec l'univers de sa fille à travers cette histoire mettant en scène un soldat amoureux d'une poupée déjà fiancée à un polichinelle paresseux. « J'arrache des confidences aux vieilles poupées de Chouchou[8] », confie-t-il à son éditeur. L'œuvre pour piano fut composée entre juillet et octobre 1913 et sera publiée avec des illustrations d'Hellé. Au printemps 1914, Debussy commencera une version orchestrale qu'il n'achèvera pas et pour laquelle il reçut 2 000 francs d'avance en septembre 1913.

Fin novembre, il signe aussi un contrat pour la musique d'un ballet, le *Palais du silence*, histoire d'un prince chinois muet amoureux d'une princesse retenue prisonnière. L'œuvre, d'après un scénario de Georges de Feure, devait être représentée au théâtre de l'Alhambra à Londres, mais le musicien n'en fournit jamais la partition. Durand céda les droits d'adaptation de la suite symphonique *Printemps* comme musique pour le ballet. Énième signature de contrat qui avait permis au musicien de toucher immédiatement de l'argent, cette fois 10 000 francs.

Très préoccupé par ses dettes et sa santé, sollicité pour des concerts et pour des articles à paraître dans la *Revue de la Société musicale indépendante*, Debussy devait aussi préparer son voyage en Russie prévu de longue date.

Il part pour Moscou le 1er décembre et arrive le 3, chagriné d'être séparé d'Emma et de Chouchou et sans parvenir à oublier ses divers ennuis. Emma manifeste aussi ses angoisses et sa mauvaise humeur causées par ce lointain voyage. Debussy est ainsi obligé de lui réaffirmer qu'il n'a accepté ce voyage que pour des raisons financières, non pour s'échapper du quotidien de l'avenue du Bois-de-Boulogne, comme son épouse semble le lui reprocher. Malgré l'absence des lettres d'Emma, on devine bien les nouvelles tensions dans le couple rongé par les soucis que le musicien essaye d'atténuer par des mots d'amour et de courage :

> Quand j'ai bien mal de penser que tu es si déplorablement loin de moi, je m'efforce de revoir ce qui te fait m'être si chère : ces yeux qui prennent toutes les nuances de la tendresse. J'entends cette voix qui sait dire les pires comme les plus doux mots... et, très sincèrement, je n'ose ni me plaindre, ni me fâcher ! Souffre, mon garçon ! (dis-je) Si l'on t'arrache des petits morceaux de cœur, remercie encore la souffrance, elle est plus belle que ce vague néant de ceux qui n'ont rien à regretter qu'un néant encore plus noir[9].

Le programme pour le concert du 10 décembre donné à Saint-Pétersbourg (puis repris à Moscou) est chargé : *Nuages* et *Fêtes* extraits des *Nocturnes*, *Rhapsodies pour clarinette et orchestre*, *La Mer*, le *Prélude à l'après-midi d'un faune*, *Images* pour orchestre, *La Marche écossaise*. Debussy assure les répétitions, plus satisfait des musiciens qu'à l'ordinaire. « Je les fais travailler avec une sorte de rage lucide et tracassière... Ils sont gentils et bien disciplinés. C'est jeune, plein de bonne volonté ; les contrebasses sont admirables, jamais dans aucun orchestre, je n'en entendis de semblables ! C'est à la fois certes ferme et souple ! [...] Tout de même il y aura beaucoup à faire, ils n'ont jamais joué *La Mer*... Les "Bois" sont excellents musiciens, mais il sont lourds et canardants[10]. » La soirée fut un grand succès :

Il y a un charme étrange dans la manière de diriger chez les compositeurs, même lorsque la suprême habileté du chef d'orchestre leur fait défaut. Une beauté touchante se révèle dans cette combinaison d'une maladresse technique avec une interprétation convaincue et personnelle au plus haut degré. C'est ce qui fit le prix de l'apparition de Debussy au pupitre de chef d'orchestre. Ses yeux pensifs, grands et beaux, un peu souffrants, ne semblaient pas voir cette foule immense qui inondait la vaste salle. Une paix merveilleuse régnait dans ses mouvements. Jamais la musique admirable, si souvent entendue de *La Mer*, nous a paru si séduisante, si mystérieuse à la fois, si pleine de l'énigmatique vie du Cosmos, en ce soir merveilleux, où le grand créateur, d'une main douce, gouvernait ses ondes[11].

De retour à Paris, le 16 décembre, Debussy recommence à se débattre avec les créanciers et accepte, toujours pour des raisons financières, deux nouveaux voyages, à Rome et dans les Pays-Bas, perspective qui l'« attriste infiniment[12] ». Le 21 février, il dirige un concert à l'Augusteo de Rome. Il n'a pas l'esprit tranquille, faute de nouvelles de son épouse à cause de mauvaises transmissions de télégrammes de part et d'autre. « Hier je n'aurais pas donné quatre sous de mon âme. J'attendais un télégramme apportant des nouvelles de ma femme et de ma petite fille [...] dans cette attente je me désespérais. Que voulez-vous ? C'est une faiblesse. Loin de ces deux êtres, il me semble ne pas pouvoir vivre une heure sans anxiété[13]. » Anxieux à l'idée que les créanciers viennent tourmenter Emma, anxieux à cause de leur santé fragile à l'un comme à l'autre, privé des rires de sa petite fille qui font sa joie, Debussy vit ces voyages comme des calvaires. Sa fatigue est grande, comme en témoignent plusieurs personnes, notamment Gustave Doret. Les répétitions qui l'absorbaient tant par perfectionnisme lui importent moins que sa petite famille qui exerce sur lui « un pouvoir excessivement absorbant[14] ». L'angoisse d'Emma quand elle est séparée de lui devient la sienne au point de rendre alors la musique secondaire :

Pendant cette nuit vraiment j'ai eu la sincère impression que j'allais mourir... Je pensais qu'il est impossible que j'accepte plus avant d'aller conduire des concerts à travers l'Europe ! Je n'ose l'écrire qu'avec peine, mais il faut bien que j'avoue ma peur affreuse de perdre ton amour ! Chaque voyage m'en retire un peu, à la fin, je finirai par n'être plus pour toi qu'un étranger qui passe auquel il n'est plus besoin de s'attacher... Pour moi, c'est l'effet contraire : tes moindres gestes, tes paroles, les mauvaises aussi bien que les tendres, prennent une valeur que double l'angoisse[15].

De retour à Paris, il repart immédiatement en Hollande pour deux concerts, à La Haye le 28 février et à Amsterdam le 1er mars. Outre la direction de deux *Nocturnes*, de la *Marche écossaise* et du *Prélude à l'après-midi d'un faune*, Debussy interpréta au piano *Les Danseuses de Delphes*, *La Fille aux cheveux de lin* et la *Puerta del Vino*, extraits des *Préludes*. Des morceaux qu'il se juge capable de jouer en public. « [J]e ne suis pas un grand pianiste... [...] Il est vrai que j'interprète convenablement quelques-uns des *Préludes*. Mais les autres, où les notes se suivent à une extrême vitesse, me font frémir[16]... »

Gustave Doret, quelques années plus tard, évoquera ce dernier voyage avec son ami : « Il remporta à Amsterdam et à La Haye un succès magnifique, et reçut des témoignages d'admiration inoubliables [...]. Dans nos flâneries, sur les quais d'Amsterdam, que de beaux projets avons-nous élaborés, avec toutes les illusions des vingt ans... que nous n'avions plus ! Sinistre présage : en rentrant à Paris, Debussy se blessa assez grièvement, laissant prendre sa main gauche dans un joint de portière de wagon[17]. » Le 21 mars, son pouce gauche blessé était à peine remis. Dans le cadre d'une soirée spéciale Debussy organisée par la Société philharmonique salle Gaveau, le compositeur donna pourtant un concert durant lequel il joua notamment les *Children's Corner*, *Jardins sous la pluie* ainsi que *Trois Poèmes* de Mallarmé. Composés un an auparavant, ils furent exécutés en public pour la première fois avec la soprano Ninon Vallin. Le lendemain, Debussy est grippé et souffre d'un zona au thorax, nouveaux maux qui l'obligent à s'aliter pendant plus de trois semaines et augmentent sa fatigue générale. Le 28 avril, il se rend tout de même à Bruxelles chez les Wittouck, une famille fortunée, et joue sept de ses *Préludes* et des *Images* ainsi que les *Chansons de Bilitis* et le *Promenoir des deux amants*, toujours avec Ninon Vallin.

À la veille de la Première Guerre mondiale, Debussy sombre plus que jamais dans la morosité, traînant après lui des projets musicaux sans suite, des demandes de concerts qu'il accepte parfois pour des « raisons d'économie domestique[18] » mais sans enthousiasme pour la musique. « Pendant quatre mois et demi, je n'ai exactement pu rien faire ! Naturellement ces choses-là amènent des tracas domestiques misérables et des heures où l'on aperçoit guère plus que le suicide pour en sortir. [...] Je me perds, je me sens affreusement diminué ! Ah ! Le "magicien" que vous aimiez en moi, où est-il ? Ça n'est plus qu'un faiseur de tours morose, qui bientôt se cassera les reins dans une ultime pirouette, sans beauté[19]. »

Ce même été, il reprend en partie les *Chansons de Bilitis* afin d'en faire des suites pour quatre mains sous le titre de *Six Épigraphes antiques* et se rend une dernière fois à Londres avec Emma, entre le 16 et 19 juillet, pour diriger un concert organisé par lord Speyer. Le jour de la déclaration de la mobilisation générale, le 1er août 1914, Debussy adresse une lettre au tailleur et magasins d'articles de voyages et d'habillement, le Carnaval de Venise, pour demander un délai de paiement. Même s'il adoptera ponctuellement une attitude nationaliste, Debussy voit d'emblée dans la guerre un bouleversement de plus dans sa vie personnelle venant lui rappeler sa fragilité, sa fatigue, ses dettes, le poids de l'âge et du cancer qui le ronge sans qu'il le sache :

Vous savez que je n'ai aucun sang-froid, encore moins l'esprit militaire, — n'ayant jamais eu l'occasion de manier un fusil ; joignez-y des souvenirs de 70 qui m'empêchent de me laisser aller à l'enthousiasme ; l'inquiétude de ma femme dont le fils et le gendre sont à l'armée ! Tout cela me compose une vie à la fois intensive et troublée, où je ne suis plus qu'un pauvre atome roulé par ce terrible cataclysme ; ce que je fais me semble si misérablement petit ! J'en arrive à envier Satie qui va s'occuper sérieusement de défendre Paris en qualité de caporal[20].

On a beau lutter, tant de coups successifs, tant d'horreurs révoltantes, étreignent et broient le cœur. Je ne parle pas de deux mois pendant lesquels je n'ai pas écrit une note, ni touché au piano : c'est sans importance mis en regard des événements, je le sais bien, mais je ne peux m'empêcher d'y penser avec tristesse... À mon âge, le temps perdu est à jamais perdu[21].

Le 5 septembre, Debussy et sa famille quittent Paris pour se mettre à l'abri à Angers pendant quelques semaines. Voyage que le musicien juge inutile et coûteux mais qui rassure Emma. Musicalement, le compositeur est en proie à des sentiments ambivalents, trouvant ridicule d'ostraciser Wagner comme le font intellectuels et musiciens tels que Barrès et Saint-Saëns, tout en ajoutant : « Je crois que nous paierons cher le droit de ne pas aimer l'art de Richard Strauss et de Schönberg[22]. » Il suit les actualités en ressentant avec douleur un décalage entre sa position et celles des hommes partis sur le front. « Si j'osais, et si surtout, je ne craignais pas le certain "pompiérisme" qu'attire ce genre de composition, j'écrirais volontiers une marche héroïque... Mais encore une fois, faire de l'héroïsme, tranquillement, à l'abri des balles, me paraît ridicule[23]... » En novembre, Debussy compose cependant une *Berceuse héroïque* en hommage au roi Albert 1er de Belgique et ses soldats. Œuvre de commande de la part de l'écrivain anglais Hall Caine, pour un livre sur le roi. L'année suivante, en juin 1915, Debussy livrera une œuvre patriotique pour piano, *Page d'album*, au profit du Vêtement du blessé, un comité dont Emma faisait partie et pour lequel Debussy donna également des concerts caritatifs. En décembre, il compose pour piano et chant un *Noël des enfants qui n'ont plus de maison*. Cette œuvre fut le grand succès de Debussy, unanimement applaudie et jouée plusieurs fois au cours de la guerre, au grand agacement du compositeur qui n'y voyait là qu'un enthousiasme patriotique en dehors de toute considération esthétique. Entre 1916 et 1917, Debussy ébaucha aussi, d'après un poème de Louis Laloy, une *Ode à la France* pour solo, chœur et orchestre. Enfin, parmi les trois pièces pour deux pianos à quatre mains constituant *En blanc et noir*, composé durant l'été 1915, figure un morceau d'après la *Ballade contre les ennemis de la France* de François Villon. La contribution musicale et patriotique de Debussy resta donc bien peu importante et plutôt symbolique, parce que la musique lui paraît vaine en terme d'engagement et surtout parce qu'il ne sera bientôt plus capable de composer. Quant à son dernier article, paru dans *L'Intransigeant* du 10 mars 1915, intitulé « Enfin seuls ! », il est signé Debussy sans qu'on sache exactement si Vuillermoz, rédacteur en chef de la *Revue de la Société musicale indépendante* dans laquelle devait paraître le texte, n'y a pas collaboré. Cet article nationaliste reprend un thème déjà développé par le musicien : l'héritage de Rameau oublié par les musiciens français. « Depuis, nous avons cessé de cultiver notre jardin, mais, par contre nous avons serré la main des commis voyageurs du monde entier[24]. » La conclusion est un appel à une bataille musicale et nationaliste, notamment contre l'influence wagnérienne :

Nous avons adopté les procédés d'écriture les plus contraires à notre esprit, les outrances de langage les moins compatibles avec notre pensée ; nous avons subi les surcharges d'orchestre, la torture des formes, le gros luxe et la couleur criarde... Et nous étions à la veille de signer une dénaturalisation bien plus suspecte encore lorsque le canon demanda brusquement la parole !...

Sachons comprendre son éloquence brutale. Aujourd'hui que

s'exaltent toutes les vertus de notre race, la victoire va rendre aux artistes le sens de la pureté et de la noblesse du sang français[25].

Que Vuillermoz ait écrit ou non une partie de l'article, il n'a pas trahi l'état d'esprit de Debussy qu'on retrouve dans ses lettres. Il ne cache pas, en effet, sa haine pour l'ennemi : « Le fait brutal de pouvoir descendre un Boche doit contenir une sorte d'apaisement ? — Ils sont si bêtement malfaisants[26]. » Propos qu'il répétera dans les mêmes termes quelques jours plus tard à Louis Pasteur Vallery-Radot, l'un des plus vieux et plus fervents admirateurs de *Pelléas* qui adressait chaque année des fleurs au musicien pour commémorer la première de son opéra. Quant à la nécessité de revenir à la tradition, de « remettre la musique française dans son vrai chemin, que tant d'influences ont fait dévier[27] », c'est un thème cher au compositeur depuis des années et sur lequel il revient plusieurs fois au début de l'année 1915, alors que le conflit mondial s'enlise. Debussy est heureux également de découvrir le prospectus de Jacques Durand annonçant la publication des « Six Sonates pour divers instruments composées par Claude Debussy, musicien français... ». Si le contexte de la guerre a inspiré cette précision sur la nationalité, pour Debussy — Claude de France, comme l'appellera D'Annunzio —, elle symbolise également son désir d'être considéré comme une incarnation de la musique française, en filiation directe avec Rameau et Couperin.

Au-delà de ses déclarations et du contexte historique, les dernières œuvres de Debussy restent loin de l'ambiance belliqueuse. Pour le piano, il compose des études techniques dédiées à la mémoire de Chopin, après avoir songé à les dédier à Couperin. Dans le même temps, il revient à la musique de chambre avec trois sonates, au lieu des six annoncées par Durand. Parallèlement à ces compositions, il révise pour une nouvelle édition les œuvres de Chopin et rédige une préface. Alors que l'Europe est en guerre et que sa santé décline, Debussy revient à ce musicien qui a bercé son enfance et à ses leçons avec Mme Mauté de Fleurville : « Il était imprégné, comme *habité* par son jeu. Il recherchait dans ses exécutions personnelles tout ce qu'il pensait être des procédés de notre maître à tous[28] ! »

Au printemps 1915, le 23 mars, Debussy perd sa mère, puis quelques semaines plus tard, sa belle-mère. Après ces deuils, il séjourne de mai à octobre en Normandie, à Dieppe puis à Pourville dans une villa prêtée par des amis. Il y trouve un calme suffisant pour composer, ou plutôt « réapprendre » la musique, comme il le dit, et observer et écouter la mer dont il évoque les nuances régulièrement dans ses lettres à Jacques Durand, son principal interlocuteur et confident. Même si la guerre n'est pas oubliée, Debussy retrouve par moments un ton guilleret pour parler de la musique. « Pendant très longtemps, l'emploi continu des sixtes me faisait l'effet de demoiselles prétentieuses assises dans un salon, faisant maussadement tapisserie, en enviant le rire scandaleux des folles neuvièmes[29]... » Cet été normand est la dernière période sereine et inspirée pour Debussy. « J'ai écrit comme un enragé, ou comme quelqu'un qui doit mourir le lendemain matin[30]. » Après son retour à Paris, à l'automne, le cancer dont il est atteint entraîne de telles souffrances qu'il accepte de se faire opérer le 7 décembre par le docteur Abel Desjardins. Conscient de la gravité de son mal, il écrit une petite lettre à Emma pour lui redire son amour. « Lorsque mon bien-aimé mari a dû être opéré en décembre 1915 — il est resté des heures à déchirer tous ces bouts de papier si précieux, où quelquefois il jetait une pensée musicale. Les petits carnets avaient cessé depuis avant la guerre mille fois maudite — car elle précipita les événements cruellement[31] ! » L'opération ne pouvait que repousser la progression du mal que les médecins appelaient rectite pour diminuer la gravité de la maladie. « [J]'ai le cerveau vêtu de noir... parce que les jours passent, les médicaments sont sans effet soutenu... Je me demande où je vais ? Et ne puis rien répondre, hélas[32] ! »

Debussy dut rester alité des mois et souffrait malgré la morphine et un nouveau traitement au radium. Le musicien a beau essayer de faire un peu d'esprit, ses lettres écrites dans les premiers mois de l'année 1916 n'évoquent que ses douleurs et son ennui des jours perdus à ne rien faire :

Je tourne dans un rond en caoutchouc, regarde passer les heures qui se ressemblent, encore bien heureux quand elles ne sont pas trop douloureuses[33].

[J]e ne vais pas sensiblement mieux. Cette opération a déclenché d'autres misères, et le refrain de tout cela est toujours le même : Ayez de la patience… sans savoir exactement où me conduira cette patience[34].

Sa patience est momentanément récompensée puisqu'il passe par une phase de rémission. Les photos de cette période le montrent debout avec une canne, le visage amaigri. Victor Segalen, médecin, n'est pas dupe de cette amélioration : « Assis, convalescent comme on peut l'être dans une rémission de longue maladie grave et, on doit le comprendre, incurable. Triste, maigri, affectueux[35]. » D'abord assez confiant dans une guérison, le musicien devine peu à peu qu'il est condamné, même si ses médecins lui cachent la vérité :

Connaîtrai-je encore l'état d'homme bien portant ? Je n'ose plus l'espérer, et aimerais singulièrement mieux une fin brusque que cette poursuite à la santé où jusqu'ici la maladie m'a toujours devancé[36].

[J]'avoue perdre jour à jour ma patience, mise un peu trop à l'épreuve ; c'est à se demander si cette maladie n'est pas incurable ? On ferait mieux de m'en avertir tout de suite, alors ! oh ! alors ! (comme dit ce pauvre Golaud) ça ne serait pas long.

Vraiment la vie est trop dure, et puis, Claude Debussy ne faisant plus de musique, n'a plus de raison d'exister. Je n'ai pas de manies. On ne m'a pas appris autre chose que la seule musique… Ça n'est supportable qu'à la condition d'en écrire beaucoup, mais taper sur un cerveau qui sonne le vide, c'est désobligeant[37] !

Aux souffrances physiques s'ajoutent de nouveaux ennuis financiers. Debussy est de plus en plus endetté, puisqu'il ne travaille plus et doit faire face à ses frais médicaux. Il accumule les dettes envers les pharmaciens et les médecins, sommes qui vont encore augmenter en juillet alors qu'Emma et Chouchou sont atteintes de la coqueluche. En outre, le 15 juillet 1916, le tribunal de première instance le condamne à payer 30 000 francs correspondant à la rente viagère qu'il ne versait plus à Lilly depuis 1910, se contentant des 400 francs mensuels payés par Durand et pris sur ses droits d'auteur. Dans ces heures de misère, Debussy, comme une sorte de respiration, pense à *La Maison Usher*, son vieux rêve de composition impossible. « Mon précieux malade va beaucoup mieux, écrit Emma — *Il travaille* — Il joue — Il chante même — Sans infirmier, sans même de valet, sans docteur souvent, j'en tire quelque fierté cachée — [38]. »

Profitant de cette rémission, les Debussy décident de se rendre au Mouleau, près d'Arcachon, sur les conseils des médecins. Le séjour, du 11 septembre au 24 octobre, permet au compositeur de se remettre un peu au travail. Il reprend le final de la *Sonate pour piano et violon* dont il n'est pas satisfait et qu'il n'achèvera qu'en avril 1917. Même s'il n'apprécie pas la vie d'hôtel et se plaint du confort, l'air marin lui est profitable. À son retour à Paris, il peut davantage sortir et s'occuper de musique. Le 10 décembre, il écoute ainsi sa *Sonate pour flûte, alto et harpe* lors d'une audition privée chez Jacques Durand avec Darius Milhaud à l'alto. Ce dernier, âgé de vingt-quatre ans, admirait profondément son aîné et fut triste de voir le musicien « le teint terreux et les mains agitées d'un léger tremblement[39] ».

Malgré une grande fragilité, au début de l'année 1917, Debussy fait encore des projets, n'excluant même pas d'aller diriger deux concerts à Londres, si la traversée est sûre.

Un froid glacial et neigeux règne sur Paris durant tout l'hiver. Alimentations et combustibles sont rationnés. La dernière composition de Debussy lui sert à se chauffer : *Les Soirs illuminés*, une pièce de trente et une mesures pour piano écrite pour M. Tronquin, un marchand de charbon désireux d'avoir un autographe du musicien. Debussy, qui s'est longtemps battu pour ne faire de la musique que librement et pour son plaisir, était, une fois encore, une dernière fois, rattrapé par les tristes nécessités de la vie matérielle.

Le 24 mars, Debussy participe à un concert au profit du Vêtement du prisonnier de guerre. Il joue notamment les *Trois Ballades de François Villon* avec Claire Croiza et la *Sonate pour violoncelle et piano* avec Jacques Salmon. Au programme figuraient aussi les *Danses pour harpe*, des *Préludes* du premier livre, *L'Isle joyeuse*, ainsi que les *Six Épigraphes antiques*. Debussy interpréta aussi son *Noël pour les enfants qui n'ont plus de maison* qui fut très applaudi. André Suarès assista à l'un des deux concerts de charité que Debussy donna en 1917 à Paris :

Il venait d'être fort malade et on l'avait dit perdu : il l'était. Peu de temps après, il allait retomber dans le mal qui l'a tué. Je fus frappé, non point tant de sa maigreur ou de sa ruine que de son air absent et de sa lassitude grave. Il avait la couleur de la cire fondue et de la cendre. Ses yeux ne rendaient pas la flamme de la fièvre, mais le reflet lourd des étangs. Il n'y avait même pas d'amertume dans son sourire ténébreux : il y perçait plutôt un ennui de souffrir, et ces roseaux de l'angoisse qui coupe la rive rêveuse d'une mare, un soir d'automne, dans la paix qui ment. Sa main, qui était ronde, souple, potelée, un peu forte, épiscopale, pesait à son bras ; son bras, à son épaule ; sa tête, à tout son corps ; et, à cette tête, la vie, l'unique, adorable et si cruelle vie. Quelques personnes, s'entretenant de lui, affectaient la confiance et le trouvaient en meilleure santé qu'elles ne s'y fussent attendues. Cependant, comme il venait de s'asseoir, il regarda les auditeurs, d'un œil lent, sous la paupière rapide, à la façon de ceux qui veulent voir sans être vus et qui dérobent par-dessous ce que le regard semble toucher directement qu'à demi. Il était dévoré de pudeur, comme peut l'être l'artiste, dans le dégoût et presque la honte de souffrir. On a prétendu même qu'il a laissé croître son mal en le dissimulant. [...]

Dans ces yeux qui fuyaient la rencontre, j'ai reconnu l'ironie désespérée et si naturelle à ceux qui vont quitter la vie pour ceux qu'ils y laissent. Entre eux, il est déjà un tel abîme. Ce jour-là, Debussy, quoi qu'on puisse supposer ou qu'il pût espérer pour lui-même, a fait ses adieux. Il savait qu'il ne mettrait plus, en public, sur le clavier ses mains magiciennes. Car, en interprétant ses propres œuvres, il ne touchait pas l'étrange instrument aux doubles palettes d'ébène et d'ivoire : il enchantait. Le jeu de Debussy était une incantation, la musique la plus immatérielle et la plus nuancée jamais ouïe. Il ne réalisait par la sonorité en pianiste, même pas en musicien, mais en poète. Il prit aussi congé de l'orchestre, et de son pouvoir sur le beau peuple des sons, et de la joie qui naît de la douleur même quand l'œuvre d'art contente un peu le désir de l'artiste. Et sans doute, en s'inclinant avec lenteur, il fit mystérieusement son adieu à la vie[40].

Durant le printemps 1917, Debussy achève le final de la *Sonate pour violon et piano*. « Par une contradiction bien humaine, elle est pleine d'un joyeux tumulte. Défiez-vous à l'avenir des œuvres qui paraissent planer en plein ciel, souvent elles ont croupi dans les ténèbres d'un cerveau morose... Tel, le final de cette même sonate qui passa par les plus curieuses déformations, pour aboutir au jeu simple d'une idée qui tourne sur elle-même[41]. » Debussy joua l'œuvre avec Gaston Poulet salle Gaveau, le 5 mai, au profit des soldats aveugles. Outre ce morceau, le compositeur accompagna Rose Féart dans les *Trois Ballades de François Villon*, les *Chansons de Bilitis* et à nouveau le chant de Noël.

L'état physique de Debussy était stationnaire mais son moral était au plus bas du fait des rigueurs de la guerre. « Cette vie dans laquelle il faut lutter pour avoir un morceau de sucre, du papier à musique, — sans parler du pain quotidien, exige des nerfs mieux trempés que les miens[42]. »

Pour l'été, il loue au colonel Nicol, un Anglais, le chalet Habas à Saint-Jean-de-Luz et y séjourne avec Emma et Chouchou du 3 juillet au 8 octobre. Il retrouve la jeune Marguerite Long, rencontrée en 1914 et avec laquelle il travaille *L'Isle joyeuse*, malgré « la fatigue et la maladie [qui le] taraudaient[43] ». Même si ces trois mois seront peu productifs, le musicien au début du séjour se plaît dans cette maison, plus calme que l'hôtel particulier de l'avenue du Bois-de-Boulogne, même s'il regrette beaucoup de n'avoir pas une vue sur la mer :

> Un jardin paisible et facile à connaître. Au fond, des petites montagnes douces, sans prétention à devenir célèbres. Un calme biblique. [...]
> Jusqu'à ce jour, je n'éprouve qu'une horrible fatigue et, ce dégoût de l'action que m'a laissé ma dernière maladie. Il y a des matins où : faire ma toilette me semble un des douze travaux d'Hercule ! Et j'attends — je ne sais quoi : une révolution, un tremblement de terre, qui m'évitera la peine de la faire[44].

Au moment où il atteint ses cinquante-cinq ans, Debussy semble ne pas savoir que son entérite est un cancer qui ne lui laisse plus que quelques mois à vivre. Cela ne l'empêche pas d'être d'humeur sombre, s'agaçant de ne pas travailler et se lassant au fil des jours du cadre de Saint-Jean-de-Luz au point de regretter d'avoir quitté Paris : « Je ne puis travailler, ou, si vous préférez, je travaille dans le vide, m'épuisant en de petites spéculations qui ne me rapportent qu'un peu plus de désespoir. Jamais, je ne me suis senti aussi fatigué de cette poursuite vers l'inaccessible[45]... »

Le 11 septembre, il joue en concert sa *Sonate pour piano et violon* avec Gaston Poulet à Saint-Jean-de-Luz et recommence le 14 septembre à Biarritz pour une soirée donnée au profit de la Somme dévastée. Debussy ne rejouera plus en public. Ces dernières apparitions ont épuisé ce qui lui restait de forces et il regagne Paris en octobre plus fatigué qu'il n'est parti.

Le 21 octobre, il ne peut se rendre à une exécution du *Prélude à l'après-midi d'un faune* aux concerts Lamoureux-Colonne qui avaient fusionné à cause de la guerre. Peu après, le 6 novembre, il est obligé de s'aliter et peine à écrire de sorte qu'Emma se charge de donner des nouvelles à leurs amis comme à Paul-Jean Toulet et Louis Pasteur Vallery-Radot.

À nouveau, il doit subir de longues et mornes journées durant lesquelles il n'a plus assez d'énergie pour les occuper. « Au cours des derniers mois, Debussy, ne pouvant plus écrire de musique, en lisait. [...] Il s'agaçait même de sa petite fille qu'il adorait et qui était son vivant portrait. La charmante enfant supportait bien gentiment sa nervosité morbide, qui éclatait brusquement, sous le prétexte le plus futile[46]. » Le 31 décembre et le 1er janvier, il s'efforce d'écrire à Emma comme il le faisait chaque année pour le nouvel an, mais l'un de ses billets reste inachevé et son écriture est très difficile à déchiffrer :

Selon une tradition qui nous était chère, c'était la veille au soir que je t'envoyais mes vœux de nouvelle année.

Cette fois, je suis tristement ligoté et je n'ai que ces moyens tristement restreints pour te dire mon amour.

Mais s'il est admis que l'amour est plus fort que la mort...

Comment ne sera-t-il pas[47].

Chère petite Mienne,

Les années se suivent et se ressemblent — ce n'est pas nouveau et c'est bien l'époque des restrictions[48]...

Une légère amélioration se dessine début janvier 1918. « Le Maître me paraît mieux — il mange — lit — chante ! ! Mais souffre souvent de son mal et ne peut toujours pas s'asseoir dans son lit — Et puis on ne trouve rien pour diminuer cette terrible entérite épuisante[49]. » Quelques jours plus tard, Emma écrit à Marie Toulet, l'épouse de l'écrivain : « Claude va pourtant beaucoup mieux et se lève un peu — très peu, chaque matin. Les nuits sont meilleures sans morphine. La mine, l'appétit sont assez bons — les forces sont pourtant très longues à revenir — et puis il y a si longtemps qu'elles ont commencé à l'abandonner qu'il faudra s'armer de patience et attendre[50]... » Debussy a, semble-t-il, ignoré jusqu'à la fin qu'il était atteint d'un cancer. Le 17 mars, il renouvelle sa candidature pour entrer à l'Institut, signant avec peine une lettre rédigée de la main d'Emma. Les dernières lettres de son épouse à ses amis sont inquiètes, elle n'ose prononcer le nom de la maladie tout en s'efforçant de garder espoir, guettant la moindre amélioration.

Pas de nouvelles mauvaises nouvelles mon pauvre ami ! Mais il faut que je me décide à vous écrire — et Dieu sait s'il m'en coûte et si chaque jour je veux espérer un meilleur lendemain. Mais après avoir essayé d'autres médicaments il ne va pas mieux... Quoi qu'il en soit un peu moins abattu aujourd'hui. Mais ce n'est pas une véritable amélioration comme je le souhaite si ardemment, si vainement ! ! Ses forces s'épuisent — j'ai peur — et je ne peux pas tout vous dire... Vous seriez même là, que je ne pourrais pas — mais vous me

devineriez sûrement et vous auriez pitié de nous — de lui surtout ! —

Pourvu que je me trompe[51] !

Le 24 mars, Jacques Durand rend une dernière
visite au compositeur :

Je savais ses jours comptés ; les ravages de la souffrance se
lisaient sur son visage tellement expressif. Debussy, en
m'apercevant, exprima son contentement ; il désira causer
seul à seul avec moi. Il me dit, d'abord, l'horreur de la nuit
précédente, où, voyant le danger du bombardement, il
n'avait pas eu la force de se lever pour s'abriter dans la cave
avec les siens, ceux-ci ne voulant pas le quitter. Cette incapacité physique, jointe à l'angoisse de la guerre, le torturait.
J'essayais de le remonter, de lui faire entrevoir une amélioration prochaine de son état. Il me remercia, puis, regardant
fixement avec ses yeux profonds qui déjà voyaient l'au-delà,
il me dit que tout était fini, qu'il le savait, que c'était une
question d'heures, très courtes maintenant. Hélas ! C'était la
vérité. Devant ma dénégation, il me fit signe qu'il voulait me
donner l'accolade ; puis il me pria de lui passer une cigarette,
sa dernière consolation. Je sortis de chez Debussy fort bouleversé, ne conservant aucun espoir. Le surlendemain c'était la
fin[52] !...

L'émouvant témoignage de Jacques Durand
révèle la profonde amitié qui avait lié l'éditeur au
musicien. Comme Hartmann en son temps,
Durand n'avait pas abandonné Debussy matériellement comme le prouve les 66 235 francs que
Debussy laissait en débit aux éditions Durand à sa
mort, le 25 mars. Le second texte évoquant la fin
du musicien a été écrit par sa fille Chouchou, âgée
alors de douze ans. Il s'agit d'une longue lettre

qu'elle adressa à son demi-frère Raoul Bardac quelques jours plus tard :

Lorsque je suis entrée dans la chambre papa dormait et respirait régulièrement mais très courtement — il continua à dormir ainsi jusqu'à 10 h 1/4 du soir et à cette heure-là, doucement, angéliquement il s'endormit pour toujours — Ce qui s'est passé après je ne peux pas le dire — Un torrent de larmes voulait s'échapper de mes yeux mais je les refoulais immédiatement à cause de maman — Toute la nuit seule dans le grand lit de maman, je ne pus dormir une minute. J'avais la fièvre et mes yeux secs interrogeaient les murs et je ne pouvais croire à la réalité ! ! !... [...]
Jeudi arriva Jeudi où l'on devait nous l'emporter pour toujours ! Je le revis une dernière fois dans cette horrible boîte par terre — il avait l'air heureux, ô si heureux cette fois-là, je n'eus pas le courage de retenir mes larmes et tombant presque, je ne pus l'embrasser — Au cimetière maman naturellement ne put se comporter mieux qu'elle le faisait et quant à moi ne pensant plus à rien, sauf. « Il ne faut pas pleurer à cause de maman. » — Je rassemblais tout mon courage qui venait d'où ? Je ne sais pas — Je ne versais pas une larme — les larmes refoulées valent les larmes versées, et maintenant c'est la nuit pour toujours. Papa est mort ! Ces trois mots, je ne les comprends pas plutôt je les comprends trop bien — Et être là toute seule à lutter contre l'indescriptible chagrin de maman est vraiment épouvantable[53].

Chouchou ne devait pas longtemps consoler sa mère puisqu'elle mourut à son tour le 16 juillet 1919 des suites d'une diphtérie. Les obsèques de Debussy eurent lieu le jeudi 28 mars alors que la capitale était en proie depuis quelques jours aux bombardements allemands utilisant des canons surnommés la Grosse Bertha.

Jacques Durand se souvient :

Nous étions quelques amis à rendre les derniers devoirs à la dépouille de cet enchanteur des sons [...]. En signe de glas, ce fut malheureusement le canon allemand qui tonna et non celui de la France[54].

Louis Laloy raconte :

Dans le jardin de sa maison, une cinquantaine de personnes étaient venues, mais la plupart se défilèrent en route, et nous n'étions guère que vingt à l'arrivée. Par les rues d'un Paris qu'on devinait inquiet, malgré sa bonne contenance, Camille Chevillard et Gabriel Pierné avaient fait à pied toute la route, rendant ainsi au musicien et à l'ami le plus fidèle hommage[55].

Outre Laloy et Alfred Debussy, Paul Dukas, Jacques Durand, Louis Pasteur Vallery-Radot et Henri de Régnier, entre autres, firent partie du convoi funèbre. L'inhumation provisoire eut lieu au cimetière du Père-Lachaise. Emma lui survécut jusqu'en 1934.

Debussy, musicien français, selon l'inscription sur sa tombe, repose avec sa femme et sa fille au cimetière de Passy. Même si sa mort était grande pour la musique, la guerre qui durait depuis près de quatre ans rendait tout autre événement assez accessoire depuis bien longtemps. En outre, la maladie avait tenu Debussy éloigné du monde artistique depuis des mois. Enfin, même si son œuvre avait fait l'objet d'une reconnaissance internationale, une partie de la critique française s'était montrée sévère ou nuancée jusqu'au bout et n'était pas certaine que l'originalité de Debussy lui survivrait. Sa disparition passa donc assez inaperçue dans les journaux qui continuaient à paraître (*Le Ménestrel*, *Le Mercure musical*, notamment, n'étaient plus publiés depuis 1914). *Le Journal des débats* lui consacra une petite nécrologie non signée en concluant qu'il était mort dans « un murmure de gloire ». *Le Mercure de France*, bimestriel, relégua sa mort dans les échos de son numéro du 16 avril : « Son œuvre délicate et quasi crépusculaire, relevant beaucoup de l'impressionnisme demeurera impérissable[56]. » *Le Figaro*, sous la plume élogieuse d'Henri Quittard, lui accorda un peu plus d'une colonne :

À mesure que s'est développé son génie, il parut de plus en plus évident que ce qu'il apportait de nouveau dans la musique lui demeurerait éternellement personnel. Quelque exquises que fussent ses œuvres, peut-être n'étaient-elles point de celles à la suite desquelles se peut développer une tradition durable. En fait il ne semble pas avoir suscité d'imitateurs, ni de disciples directs. [...] Dans l'admirable floraison de la musique française des cinquante dernières années, il demeure unique et en quelque sorte isolé.

[...]

Il fallut la radieuse apparition de *Pelléas et Mélisande* à l'Opéra-Comique, en 1902, pour que l'on reconnut à peu près sans conteste que la musique française comptait un grand maître de plus. [...]

Telle qu'elle demeure connue, l'œuvre de Debussy reste assez vaste et assez riche pour que son nom soit assuré de ne point périr. À mesure que le temps s'écoulera, on percevra mieux quelle place il doit occuper parmi les maîtres de la musique. Dès à présent, on peut affirmer hautement qu'elle est à côté des plus grands[57].

Le *Gaulois* place Debussy dans une tradition musicale qu'il a su personnaliser :

Aux uns comme aux autres il était apparu comme un révolutionnaire, comme un miracle imprévu, alors qu'il n'était qu'un phénomène très logique, très rationnel : la nouveauté de son œuvre était l'évolution même que subissait à notre époque l'art de la musique. Il ne faut pas voir dans l'esthétique de Debussy le détail, l'innovation des harmonies ; ces harmonies inattendues vous les trouverez parfois chez Rameau et surtout chez Moussorgski dont Debussy avait étudié, médité la technique. La novation de Debussy réside en ce que le musicien s'est insurgé contre les accords parfaits prêchés par les traités didactiques. Il leur a substitué des frôlements harmoniques qui ont été employés par tous les anciens. [...]

Ce qui est admirable dans le talent du musicien, c'est qu'il rompait sa propre chaîne, il n'était pas captif de lui-même. Chacune de ses œuvres avait sa forme particulière, où le musicien se cherchait, inquiet, mais progressant toujours sur lui-même. [...]

Debussy aurait pu être populaire, il a préféré rester un artiste. La postérité ne peut pas l'oublier[58].

Robert Godet lui consacrera un très long article publié en deux fois dans la *Semaine littéraire de Genève* des 13 et 27 avril 1918, avant de participer à des publications collectives commémoratives. Une fois la guerre terminée, musiciens et amis de Debussy lui rendirent hommage à l'occasion des anniversaires de sa naissance et de sa mort ou d'événements comme la pose d'une plaque sur sa maison natale à Saint-Germain-en-Laye, devenue depuis un musée dédié au compositeur. Événements qui donnèrent lieu à des publications et concerts. Les debussystes disparurent pour ne laisser place qu'au musicien qui n'eut aucun disciple ou héritier véritable.

La Première Guerre mondiale marquait aussi la fin d'une époque et en ouvrait une autre. Debussy, dans les dernières années de sa vie, s'était montré assez peu curieux des nouveaux mouvements littéraires et picturaux et des jeunes musiciens. Après 1918, sa musique appartenait à l'Histoire.

Encore aujourd'hui, la question fait débat : Debussy était-il impressionniste ou symboliste ? Bon nombre de critiques tranchèrent pour l'un ou l'autre. Camille Mauclair disait de sa musique que c'était « un impressionnisme de taches sonores[59] ». Vuillermoz compara l'art de Debussy à celui de Monet pour, ensuite, dans sa biographie du musicien, donner une définition plus large, plus symboliste de l'impressionnisme :

Être impressionniste, c'est chercher à traduire et à transposer dans le vocabulaire des lignes, des couleurs, des volumes ou des sons, non pas l'aspect extérieur et réaliste des choses, mais les impressions qu'elles éveillent dans notre sensibilité. C'est recueillir leur langage le plus secret, leurs confidences les plus intimes, c'est capter leurs irradiations, c'est écouter leurs voix intérieures. Car les choses voient, les choses parlent, les choses ont une âme[60].

Au contraire, André Suarès réfute le qualificatif d'impressionniste : « Debussy est grand peintre de paysages, assurément, mais sans jamais peindre l'objet. [...] Debussy n'est pas impressionniste le moins du monde. Il est au contraire le musicien qui fait partout usage des symboles. Car le paysage digne de la musique, digne de la poésie, digne de l'art enfin, est un symbole, et un symbole seulement[61]. » Kandinsky suit la même analyse : « Les musiciens les plus modernes, comme Debussy, apportent des impressions qu'ils empruntent souvent à la nature et transforment en images spirituelles sous une forme purement musicale. [...] Malgré ses affinités avec les impressionnistes, il est si fortement tourné vers le contenu intérieur qu'on retrouve dans ses œuvres l'âme torturée de notre temps, vibrante des passions et des secousses nerveuses[62]. »

Debussy lui-même n'a jamais tranché la question, se disant honoré d'être considéré comme « l'élève de Claude Monet[63] », avouant l'influence de Turner et Whistler sur son œuvre tout en ne cachant pas sa fascination pour les symbolistes en littérature, notamment Mallarmé. N'est-ce pas le reflet seulement de l'attirance de Debussy pour une certaine forme de peinture, lui qui aime tant les images, et une passion pour la littérature à laquelle il n'ose se livrer lui-même complètement mais qu'il approche à travers ses relations amicales avec des écrivains et ses lectures ? En outre, peut-on appliquer à une œuvre musicale un qualificatif qu'on donne déjà à différents peintres qui ont, certes, de nombreux points communs, mais qui ont également chacun une spécificité propre ? De même pour le symbolisme à la fois employé en peinture et en littérature et qui désigne également des artistes bien différents ?

Debussy, musicalement en marge par rapport aux autres compositeurs, apparaît cependant bien de son temps si on le lie à des peintres et des écrivains qui lui sont contemporains. Il a choisi la musique parce qu'elle lui permettait le mieux de peindre et de décrire son monde imaginaire constitué de sensations et d'interprétations. En ce sens, il est impressionniste et symboliste, à sa façon au service de son ambition première : « amener [la musique] à représenter d'aussi près que possible la vie même[64] ». Une vie faite de sensations, de volupté mais aussi de rêve et d'interprétations cachées, une vie et une œuvre multiple en quête d'un idéal qui n'appartenait qu'à lui :

[J]e veux écrire mon songe musical avec le plus complet détachement de moi-même. Je veux chanter mon paysage intérieur avec la candeur naïve de l'enfance.

Sans doute, cette innocente grammaire d'art ne va pas sans heurts. Elle choquera toujours les partisans de l'artifice du mensonge. [...]

Il faut s'efforcer d'être un grand artiste pour soi-même et non pour les autres. Je veux oser être moi-même et souffrir pour ma vérité[65].

ANNEXES

1862. *22 août* : naissance d'Achille-Claude Debussy, 38 rue au Pain à Saint-Germain-en-Laye. Ses parents, Manuel et Victorine, tiennent un commerce de faïence. Quatre autres enfants naîtront : Adèle (1863-1952), Emmanuel (1867-1937), Alfred (1870-1937) et Eugène (1873-1877).

1864. *31 juillet* : baptême d'Achille-Claude. Clémentine Debussy, sa tante, et Achille Arosa, ancien amant de Clémentine, sont sa marraine et son parrain.

Décembre : les Debussy revendent leur commerce peu prospère et s'installent à Clichy chez la mère de Victorine.

1868. Manuel Debussy trouve un emploi à l'imprimerie Paul Dupont. La famille emménage 69 rue Saint-Honoré.

1870. Victorine et ses enfants séjournent chez Clémentine, à Cannes. Achille prend des cours de musique avec un violoniste, Jean Cerutti, qui ne lui trouve aucune disposition.

19 juillet : la France déclare la guerre à la Prusse.

4 septembre : Napoléon III, fait prisonnier à Sedan, est déchu et la république est proclamée.

19 septembre : Paris est assiégé par les Prussiens.

1871. *26 février* : Adolphe Thiers veut signer un traité de paix avec l'Empire allemand. Les Parisiens menacent de se révolter contre les mesures prises par l'Assemblée nationale et organisent la résistance sous la direction du conseil de la Commune.

28 mars : la Commune de Paris est proclamée. Manuel Debussy y prend part rapidement. Il est nommé sous-lieutenant puis, le 3 mai, capitaine.

22 mai : les troupes de Mac-Mahon pénètrent dans Paris. Manuel est emprisonné au camp de Satory. Il rencontre Charles de Sivry qui lui recommande sa mère, Mme Mauté de Fleurville, comme professeur de piano pour Achille.

Juin : l'Alsace et une partie de la Lorraine sont annexées à l'Allemagne suite au traité de Francfort

11 décembre : Manuel Debussy est condamné à quatre ans de prison, peine commuée un an plus tard en quatre ans de suspension de ses droits civiques et familiaux.

1872. *22 octobre* : grâce aux leçons de Mme Mauté, belle-mère de Verlaine, Debussy est admis au Conservatoire après l'audition de l'*Opus 65* de Moscheles. Il entre dans la classe d'Antoine Marmontel pour le piano et d'Albert Lavignac pour le solfège.

1873. *1er septembre* : libéré au début de l'année, Manuel Debussy emménage avec sa famille au 13 rue Clapeyron, près de la place de Clichy.

1874. *Juillet* : Debussy obtient le deuxième accessit au piano en présentant le deuxième *Concerto* de Chopin. Il va se lier durant sa scolarité avec Raymond Bonheur, Gabriel Pierné, Paul Vidal et René Chansarel.

1875. *Juillet* : Debussy obtient le premier accessit en piano avec la *Première Ballade* de Chopin.

1876. *16 janvier* : Debussy se produit en public pour la première fois à Chauny, dans l'Aisne, en accompagnant une cantatrice, Léontine Mendès, ainsi qu'un violoniste et un violoncelliste.

18 mars : Debussy joue à nouveau à Chauny. Son talent est applaudi dans la presse locale.

Juin : Debussy n'obtient pas de récompense en piano, mais une première médaille en solfège.

1877. *27 novembre* : Debussy entre dans la classe d'harmonie d'Émile Durand.

1878. *Juin* : Debussy n'obtient aucune récompense au Conservatoire.

1879. *30 janvier* : Jules Grévy est élu président de la République.

Été : grâce à Marmontel, Debussy est engagé comme pianiste pour divertir Marguerite Wilson-Pelouze. Ancienne maîtresse de Grévy, grande admiratrice de Wagner, elle passe les beaux jours au château de Chenonceau dont elle est propriétaire.

Octobre : Debussy entre dans la classe d'accompagnement d'Auguste Bazille. Il commence à composer des mélodies d'après des poèmes de Musset et de Théodore de Banville.

1880. *Juin* : Debussy n'obtient qu'un premier prix en accompagnement.

20 juillet-5 novembre : Debussy est au service de la baronne von Meck comme pianiste. Il la rejoint, elle et ses enfants, en Suisse et les suit à Arcachon puis en Italie. Il compose un *Trio en sol majeur pour piano, violon et violoncelle.*

Décembre : Debussy s'inscrit dans la classe de composition d'Ernest Guiraud, un grand admirateur de Wagner. Il devient accompagnateur chez Mme Moreau-Saintin, professeur de chant et rencontre Marie Vasnier.

1881. Debussy compose de nombreuses mélodies pour Marie Vasnier.

Juillet-décembre : Debussy séjourne à nouveau auprès de la baronne von Meck, près de Moscou puis en Italie.

1882. *8 janvier* : Debussy compose sa première mélodie d'après Verlaine, *Fantoches.*

12 mai : le musicien accompagne Marie Vasnier lors d'un concert public. Les deux amants interprètent des mélodies de Debussy notamment *Fête galante*, d'après Théodore de Banville.

Juin : Debussy compose *Intermezzo*, d'après Heinrich Heine, et le présente au Conservatoire comme morceau d'examen.

Printemps-été : le musicien se rend régulièrement à Ville-d'Avray où Marie Vasnier et son mari sont installés pour les beaux jours.

Septembre-fin décembre : Debussy séjourne chez Mme von Meck près de Moscou. Il découvre la musique populaire russe puis suit la baronne à Vienne. Là-bas, il compose *Mandoline* sur un poème de Verlaine.

1883. *Janvier* : Debussy compose *Pantomime* sur un poème de Verlaine.

Mars : Debussy devient accompagnateur à la chorale la Concordia en remplacement de Paul Vidal.

5-11 mai : Debussy participe à l'examen d'essai du prix de Rome avec *Invocation*, pour chœur d'hommes et orchestre sur un poème de Lamartine.

19 mai-13 juin : admis à concourir pour le prix de Rome, Debussy compose *Le Gladiateur* sur un poème d'Émile Moreau, cantate pour trois solistes et orchestre. Il termine deuxième derrière son ami Paul Vidal.

Septembre : Debussy compose plusieurs mélodies sur des poèmes de Paul Bourget extraits du recueil *Les Aveux*.

1884. *10-16 mai* : Debussy passe à nouveau l'examen pour être admis au concours du prix de Rome et présente *Le Printemps*, un chœur à quatre voix et orchestre.

28 juin : Debussy obtient le prix de Rome avec sa composition *L'Enfant prodigue* sur un poème d'Édouard Guinand.

Été : Debussy compose *Divertissement* pour piano à quatre mains.

1885. *27 janvier* : Debussy quitte Paris pour la villa Médicis à Rome. Il est désespéré d'avoir dû quitter sa maîtresse, Marie Vasnier.

27 avril : Debussy fait une fugue d'une semaine à Paris et se rend chez les Vasnier.

8 juin : le peintre Ernest Hébert prend la direction de la villa Médicis.

Juin : Debussy commence *Zuleima*, une ode symphonique d'après Heine, son premier envoi à l'Académie du prix de Rome.

8 juillet : Debussy obtient un congé et retourne en France. Il rejoint en cachette Marie Vasnier en vacances à Dieppe.

Hiver : Debussy commence *Diane au bois* d'après Banville et compose des mélodies sur des poèmes de Paul Bourget : *Romance* et *Les Cloches*.

1886. *8 janvier* : Debussy rencontre Liszt, invité à la villa Médicis, et joue avec Paul Vidal une transcription de *Faust-Symphonie* pour deux pianos.

Fin janvier : Debussy cesse d'écrire à Henri Vasnier qui a connaissance de sa liaison avec sa femme.

Juillet-août : Debussy est en congé à Paris mais ne voit pas Marie Vasnier.

1887. *Février* : Debussy termine *Printemps*, une suite symphonique pour piano, orchestre et chœurs. Ce deuxième envoi est très critiqué par l'Institut.

2 mars : le séjour de Debussy à la villa Médicis prend fin. Il rentre à Paris et habite chez ses parents.

Printemps : Debussy revoit Paul Dukas, croisé quelques années auparavant au Conservatoire. Il fait la connaissance de plusieurs mélomanes fortunés : la famille Peter, le financier Étienne Dupin, Léopold Stevens et sa sœur Catherine.

Décembre : Debussy commence la composition de mélodies : *Cinq poèmes de Baudelaire*.

1888. *8 janvier* : Debussy devient membre de la Société nationale de musique. Il fait la connaissance d'Ernest Chausson.

Août : grâce à Étienne Dupin qui finance son voyage Debussy se rend à Bayreuth et entend *Parsifal*, *Tristan et Isolde* et *Les Maîtres chanteurs* de Wagner. Il y rencontre Robert Godet, compositeur et musicologue suisse.

Hiver : Debussy achève son troisième envoi pour l'Académie du prix de Rome, *La Damoiselle élue* sur un poème de Dante Gabriel Rossetti. L'œuvre est davantage appréciée par l'Institut.

1889. *1er mars* : *La Petite Suite* pour piano à quatre mains est jouée par Debussy et Jacques Durand après sa publication chez Durand le 12 février.

Printemps : Debussy fait la connaissance de Jean Moréas et Catulle Mendès. Il fréquente la Librairie de l'art indépendant où il rencontre, notamment, Henri de Régnier.

Avril-mai : Debussy séjourne en Bretagne chez Michel Peter fils et travaille à sa *Fantaisie pour piano et orchestre*.

6 mai : ouverture de l'Exposition universelle à Paris. La tour Eiffel est construite pour l'occasion.

Juin-juillet : Debussy se rend à l'Exposition universelle et découvre des musiques asiatiques, notamment le gamelan javanais. Il assiste aussi à des concerts de compositeurs russes du groupe des Cinq, notamment Rimski-Korsakov.

Août : Debussy séjourne une seconde fois à Bayreuth. Il entend *Tristan et Isolde*.

Hiver : Debussy rencontre Gabrielle Dupont, dite Gaby.

1890. *Février* : publication par souscription des *Cinq poèmes de Baudelaire*.

Avril : Debussy retire la partition de sa *Fantaisie pour piano et orchestre* car seul le premier mouvement devait être joué à la Société nationale de musique sous la direction de Vincent d'Indy, au grand dam du musicien. Catulle Mendès lui demande d'écrire une musique sur son livret *Rodrigue et*

Chimène. Il compose aussi pour piano *Rêverie, Tarentelle styrienne, Valse romantique, Ballade slave*.

Hiver : Debussy fait la connaissance de Mallarmé. Peu après, il commence à travailler au *Prélude à l'après-midi d'un faune*.

1891. *Printemps* : le musicien commence à composer des mélodies d'après des poèmes de Verlaine extraits des *Fêtes galantes*. Debussy fait la connaissance de Camille Claudel.

11 avril : Debussy vend aux éditions Durand ses *Deux Arabesques* pour piano.

Juin : Debussy s'installe avec Gaby 42 rue de Londres.

30 août : le musicien cède aux éditions Hamelle ses *Trois Mélodies* sur des poèmes de Verlaine ainsi que *Rêverie et Mazurka*, œuvres pour piano déjà vendues à Choudens en mars.

1892. *Mars* : Debussy, reçu chez Mallarmé, rue de Rome, rencontre Pierre Louÿs.

Juin : Debussy adopte Claude comme seul prénom.

1893. *Printemps* : Debussy lit *Pelléas et Mélisande* de Maurice Maeterlinck.

Debussy se lie plus intimement à Chausson et fait partie de ses familiers. Il est invité chez lui 22 rue de Courcelles et dans sa résidence à Luzancy. Debussy se lie aussi avec les familles Fontaine et Lerolle, apparentées à Chausson.

8 avril : exécution de *La Damoiselle élue* à la Société nationale de musique grâce au soutien de Chausson, avec Thérèse Roger parmi les interprètes.

Juillet : Debussy joue à Mallarmé le *Prélude à l'après-midi d'un faune*. Il emménage avec Gaby 10 rue Gustave-Doré.

13 octobre : Debussy vend aux éditions Durand le *Quatuor à cordes* pour deux violons, alto et violoncelle. Il devait être dédié à Chausson qui se montra réservé à l'égard de l'œuvre. Debussy la dédia alors à Ysaÿe.

6-12 novembre : Debussy voyage en Belgique avec Pierre Louÿs. Il rencontre Maeterlinck à Gand qui lui donne son accord pour mettre en musique *Pelléas et Mélisande*.

29 décembre : le quatuor Ysaÿe interprète à la Société nationale de musique le *Quatuor à cordes*.

1894. *15 janvier* : Debussy cède à Georges Hartmann ses quatre *Proses lyriques*.

Février-mi-mars : Debussy commence à donner des confé-rences commentées au piano sur Wagner chez Mme Escu-dier, la belle-mère de Chausson. Chaque séance est payée mille francs.

17 février : *De Fleurs* et *De soirs*, deux de ses *Proses lyriques*, sont exécutées à la Société nationale de musique. Debussy accompagne la chanteuse Thérèse Roger avec qui il se fiance peu après.

Printemps : les fiançailles de Debussy sont rompues après l'envoi de lettres anonymes à l'entourage de Thérèse Roger révélant les dettes du musicien et son concubinage avec Gaby. Ernest Chausson cesse ses relations avec Debussy. Louÿs prend la défense du compositeur.

Été : Debussy poursuit l'écriture de *Pelléas et Mélisande*.

Septembre : début de l'affaire Dreyfus. Debussy achève le *Prélude à l'après-midi d'un faune*.

Hiver : Debussy compose des *Images* pour piano dédiées à la fille d'Henry Lerolle (Yvonne), avec lequel le musicien est resté en bons termes en dépit de l'affaire Thérèse Roger.

22 décembre : première exécution du *Prélude à l'après-midi d'un faune* d'après l'œuvre de Mallarmé à la Société natio-nale de musique sous la direction de Gustave Doret.

1895. *Janvier-juillet* : Debussy et Louÿs envisagent diverses colla-borations, aucune n'aboutira. Debussy travaille toujours à *Pelléas* et en joue régulièrement des passages à ses amis.

17 août : Debussy achève *Pelléas et Mélisande*.

13 et 20 octobre : le *Prélude à l'après-midi d'un faune* est donné dans le cadre des concerts Colonne. La presse se fait l'écho de cette exécution mais la critique est réservée.

1896. *Mai* : Debussy commence *La Saulaie* d'après un poème de Rossetti traduit par Louÿs. Il n'achèvera pas l'œuvre.

Novembre : Debussy se brouille avec Ysaÿe pour qui il vou-lait écrire trois *Nocturnes pour violon et orchestre*. L'œuvre ne verra pas le jour.

1897. *Février* : conflit avec Gaby qui tente peut-être de se suicider. Debussy traverse une période difficile et ne parvient pas à composer.

Mai : Debussy commence à composer les *Trois Chansons de Bilitis* d'après l'œuvre de Pierre Louÿs.

Décembre : le musicien commence les *Nocturnes pour orchestre* (*Nuages, Fêtes, Sirènes*).

1898. *Avril* : Debussy compose la première et troisième des *Trois Chansons de Charles d'Orléans* pour la chorale de Lucien Fontaine, qu'il dirige. Le musicien y rencontre Michèle Worms de Romilly qui deviendra l'une de ses élèves et laissera un témoignage sur Debussy en tant que professeur.

Mai : Albert Carré, directeur de l'Opéra-Comique, envisage la création de *Pelléas et Mélisande* mais le projet est ajourné.

Hiver : Debussy rompt avec Gabrielle Dupont et emménage peu après 58 rue Cardinet.

1899. *Avril* : Debussy s'éprend de Lilly Texier, mannequin dans une maison de couture. Il compose *Berceuse* pour voix seule pour *La Tragédie de la mort*, pièce de son ami René Peter.

10 juin : Chausson meurt brutalement après une chute à bicyclette. Debussy ne se rend pas à ses obsèques.

24 juin : mariage de Pierre Louÿs avec Louise de Heredia. Debussy compose une marche nuptiale qui a été perdue.

19 octobre : Debussy épouse Lilly Texier à la mairie du XVIIe arrondissement. Louÿs, Satie et Lucien Fontaine sont ses témoins.

1900. *Février* : Debussy publie ses *Nocturnes* chez Fromont, prête-nom de Georges Hartmann.

Mars : projet de créations de *Pelléas et Mélisande* à l'Opéra-Comique. Debussy retravaille sa partition en la copiant en vue d'une représentation.

17 mars : les *Chansons de Bilitis* sont interprétées par Blanche Marot et Debussy à la Société nationale de musique.

15 avril : ouverture de l'Exposition universelle à Paris.

23 avril : Georges Hartmann meurt, laissant Debussy désemparé et endetté.

22 juin : le *Quatuor à cordes* est exécuté dans le cadre de l'Exposition universelle.

14-23 août : Lilly Texier est hospitalisée à la suite d'une fausse couche.

23 août : *La Damoiselle élue* est jouée dans le cadre de l'Exposition universelle.

9 décembre : les deux premiers *Nocturnes* (*Nuages* et *Fêtes*) sont joués aux concerts Lamoureux sous la direction de Camille Chevillard.

1901. *7 février* : représentation unique des douze *Chansons de Bilitis* sur une musique de scène écrite par Debussy. Le compositeur reprendra cette musique pour composer ses *Six Épigraphes antiques*.

1er avril : Debussy commence à écrire dans la *Revue blanche* et crée le personnage de Monsieur Croche. Il met un terme à sa collaboration avec la revue le 1er décembre.

Avril : à la demande de Debussy, Raoul Bardac travaille avec Ravel à la réduction pour deux pianos des *Nocturnes*. Debussy compose *Lindaraja*, pour deux pianos à quatre mains.

3 mai : Albert Carré, directeur de l'Opéra-Comique, s'engage par écrit à créer *Pelléas et Mélisande* la saison suivante.

27 octobre : les trois *Nocturnes* sont joués aux concerts Lamoureux, notamment le troisième, *Sirènes*, jamais encore exécuté.

Hiver : Debussy travaille à l'orchestration de *Pelléas et Mélisande*.

1902. *11 janvier* : Ricardo Viñes joue *Pour le piano* (*Prélude, Sarabande* et *Toccata*) à la Société nationale de musique. Le pianiste espagnol interprétera plusieurs fois des œuvres de Debussy en concert.

13 janvier : début des répétitions de *Pelléas et Mélisande* à l'Opéra-Comique, avec André Messager en tant que chef d'orchestre. Jean Périer et Mary Garden sont choisis pour les rôles-titres.

Février : Maeterlinck porte plainte à la SACD contre Debussy, fâché que sa compagne, Georgette Leblanc, ne soit pas retenue pour interpréter Mélisande.

14 avril : Maeterlinck publie dans *Le Figaro* une lettre ouverte contre Debussy et Carré et appelle de ses vœux la chute de l'opéra.

30 avril : la générale de *Pelléas et Mélisande* est agitée entre les pour et contre Debussy. L'œuvre est abondamment commentée et critiquée dans la presse. Au bout de quelques représentations, l'opéra triomphe.

Juin : Debussy commence *Le Diable dans le beffroi*, d'après Edgard A. Poe, l'un des auteurs favoris du musicien.

12-20 juillet : Debussy séjourne à Londres sans Lilly. Il rend visite à Messager et Mary Garden qui ont un engagement à Covent Garden.

24 juillet-15 septembre : Debussy et Lilly passent l'été à Bichain, en Bourgogne, chez les parents de cette dernière.

30 octobre : *Pelléas et Mélisande* est repris à l'Opéra-Comique pour dix représentations.

Novembre : Louis Laloy, un jeune musicologue, fait l'éloge de *Pelléas* dans *La Revue musicale*, puis se lie d'amitié avec le compositeur.

1903. *Janvier* : Debussy est promu chevalier de la Légion d'honneur grâce à l'intervention de Louis Laloy.

12 janvier : Debussy collabore au *Gil Blas* jusqu'au 28 juin.

23 avril-3 mai : Debussy séjourne à Londres où il assiste à la *Tétralogie* de Wagner, dirigée par Hans Richter que le compositeur admire.

Mai-juillet : Debussy travaille à la *Rapsodie pour orchestre et saxophone* commandée par Elise Hall en 1901 pour l'Orchestral Club de Boston.

8 juillet : le compositeur signe un contrat avec Durand pour les *Images* pour piano (première et deuxième séries).

10 juillet-1er octobre : Debussy et son épouse passent l'été à Bichain. Debussy commence *La Mer* et termine les *Estampes* pour piano.

15 novembre : le *Prélude à l'après-midi d'un faune* est joué aux concerts Lamoureux et aux concerts Colonne le même soir.

1904. *9 janvier* : Ricardo Viñes joue les *Estampes* à la Société nationale de musique.

22 janvier : Jean Lorrain publie « Les Pelléastres » dans *Le Journal*. Louÿs déconseille à Debussy de réagir à cet article pamphlétaire dirigé surtout contre les admirateurs du musicien.

Février : Debussy enregistre avec Mary Garden des *Ariettes oubliées* et un extrait de *Pelléas* pour la Compagnie française du gramophone.

8 avril : signature entre la France et le Royaume-Uni d'une série d'accords diplomatiques, dits « Entente cordiale », pour faire face à la montée en puissance de l'Allemagne.

Mai : les éditions Durand publient *Trois Chansons de France* sur des poèmes de Charles d'Orléans (première et troisième chansons) et de Tristan L'Hermite (deuxième chanson).

Juin : Debussy et Emma Bardac, mère de Raoul, un élève de Debussy, se déclarent leur amour et deviennent amants. Le musicien offre à Emma un exemplaire dédicacé des *Fêtes galantes*, mélodies sur des poèmes de Verlaine

16 juin : première audition des *Fêtes galantes* (premier recueil), chez Mme Colonne avec Debussy au piano.

15 juillet : Lilly part seule à Bichain. Debussy lui cache sa liaison avec Emma tout en la préparant à une séparation.

Août-mi-octobre : Debussy séjourne avec Emma à Jersey puis à Pourville, en Normandie. Debussy termine *Masques* et *L'Isle joyeuse*.

13 octobre : Debussy a quitté la rue Cardinet. Lilly tente de se suicider en se tirant une balle dans l'estomac. De nombreux amis du musicien vont aider Lilly et se ranger du côté de l'épouse délaissée, notamment Pierre Louÿs.

6 novembre : les *Deux Danses pour harpe et orchestre* sont jouées aux concerts Colonne.

1905. *Janvier-août* : pourparlers avec Lilly et son avocat pour le règlement du divorce. Emma Bardac entame aussi une procédure de divorce.

5 mars : Debussy achève *La Mer*.

31 mars : Guillaume II, empereur d'Allemagne, débarque à Tanger pour s'opposer à l'influence française au Maroc. Le gouvernement français évite une guerre avec l'Allemagne, mais un sentiment germanophobe se développe en France. Debussy cède aux éditions Durand tous ses droits sur *Pelléas et Mélisande*.

Juin : les éditions Fromont publient *Suite bergamasque* commencée en 1890, ensemble de quatre morceaux pour piano dans lequel figure le célèbre *Clair de lune*.

17 juillet : Debussy est condamné à payer 400 francs par mois à Lilly ainsi qu'une rente de 3 600 francs par an en guise d'assurance en cas de décès du musicien.

Fin juillet-30 août : Debussy et Emma séjournent à Eastbourne.

Fin septembre : le couple s'installe dans un hôtel particulier, 64 avenue du Bois-de-Boulogne.

15 et 22 octobre : *La Mer* est jouée aux concerts Lamoureux. Dans l'ensemble la critique est sévère.

30 octobre : Emma met au monde Claude-Emma dite Chou-chou. Sa naissance sera légitimée par le mariage de ses parents en 1908.

1906. *8 mars* : Debussy compose la *Sérénade à la poupée* pour une méthode de piano. Le morceau sera repris dans le recueil des *Children's Corner*.

Avril : Debussy rencontre Segalen qui lui fait découvrir la musique polynésienne. Leurs projets de collaboration (*Siddhartha* et *Orphée*) n'aboutiront pas.

8 août-1er septembre : Debussy et sa famille séjournent à Dieppe.

1907. *Janvier* : Debussy participe aux répétitions de la première de *Pelléas* au théâtre de la Monnaie à Bruxelles mais n'assiste pas à la représentation.

Août-mi-septembre : les Debussy passent l'été à Pourville. Debussy travaille aux *Rondes de printemps*, la troisième des *Images* pour orchestre.

Novembre : Debussy travaille à la deuxième série des *Images* pour piano.

1908. *16 janvier* : pour la première fois Debussy dirige une de ses œuvres, *La Mer*, aux concerts Colonne.

20 janvier : Debussy épouse Emma.

1er février : Debussy dirige le *Prélude à l'après-midi d'un faune* et *La Mer* à Londres.

21 février : Ricardo Viñes joue la deuxième série des *Images*.

Été : Debussy termine les *Children's Corner* dédiés à sa petite Chouchou et les *Chansons de Charles d'Orléans*. Il travaille à la *Chute de la Maison Usher* d'après Poe.

25-30 décembre : Debussy achève *Ibéria*, deuxième *Image* pour orchestre.

1909. *Fin février* : Debussy souffre des premiers symptômes du cancer du rectum qui l'emportera. Après avoir dirigé le *Prélude à l'après-midi d'un faune* et les *Nocturnes* à Londres, il doit annuler des concerts à Edimbourg et Manchester.

Mai : Debussy séjourne avec Emma à Londres pour la création de *Pelléas et Mélisande* à Covent Garden mais le couple n'assiste pas à la première. Le musicien compose *Hommage à Haydn* pour piano.

Septembre : Louis Laloy publie la première biographie en français de Debussy.

Octobre : parution dans *La Revue du temps présent* d'un pamphlet de Raphaël Cor, « M. Claude Debussy et le snobisme contemporain ».

Décembre : Debussy commence le premier cahier des *Préludes* pour piano et le termine en février de l'année suivante.

1910. *Janvier* : Debussy termine la *Première Rapsodie pour clarinette* composée pour le concours du Conservatoire où le musicien est membre du jury.

20 février : *Ibéria* est joué aux concerts Colonne sous la direction de Gabriel Pierné.

2 mars : Debussy dirige *Rondes de printemps* aux concerts Durand, salle Gaveau.

Mai : Debussy compose *Trois Ballades de François Villon* pour chant et piano.

25 mai : Debussy joue quatre de ses *Préludes* à la Société musicale indépendante (S.I.M.).

Juillet : les éditions Durand publient *La plus que lente*, une valse pour piano.

Début septembre : Debussy signe avec Maud Allan un contrat pour la musique de son ballet *Khamma*.

Août : *Le Promenoir des deux amants*, mélodies sur des poèmes de Tristan L'Hermite, paraît chez Durand.

28 octobre : Manuel Debussy meurt à l'âge de 74 ans.

29 novembre-7 décembre : Debussy est en tournée à Vienne et Budapest. Il est très satisfait des orchestres et obtient un grand succès.

9 décembre : Debussy signe un contrat avec Gabriele D'Annunzio qui lui demande d'écrire la musique pour son drame *Le Martyre de saint Sébastien*.

1911. *3 janvier* : Gustav Mahler dirige *Ibéria* à New York.

Avril : début des répétitions du *Martyre de saint Sébastien* sous la direction d'André Caplet.

16 mai : l'archevêque de Paris veut faire interdire le drame de D'Annunzio. L'écrivain et le musicien doivent certifier publiquement que l'œuvre ne porte pas atteinte à la religion.

22 mai : première du *Martyre* au théâtre du Châtelet avec Ida Rubinstein dans le rôle principal. La musique est louée mais le drame très critiqué.

19 juin : Debussy dirige quelques-unes de ses œuvres à Turin.

Été : les Debussy passent les beaux jours à Houlgate.

1er juillet : coup d'État d'Agadir : l'Allemagne envoie des navires armés de canons. Le gouvernement français, dirigé par Joseph Caillaux, avec le soutien du Royaume-Uni résout ce nouveau conflit par voie diplomatique.

28 novembre : les navires allemands quittent définitivement la baie d'Agadir.

1912. *29 mai* : Nijinski exécute une chorégraphie sur le *Prélude à l'après-midi d'un faune*. Le ballet fait scandale et déplaît à Debussy.

18 juin : Debussy signe un contrat avec Diaghilev et les Ballets russes pour la musique d'un nouveau ballet, *Jeux*. Comme avec *Le Martyre de saint Sébastien* et *Khamma*, Debussy s'engage pour des raisons financières car ses dettes s'accumulent.

Novembre : Debussy accepte d'écrire dans la *Revue de la Société musicale indépendante* sur l'insistance du rédacteur en chef, Émile Vuillermoz.

1913. *Janvier* : Debussy se fait opérer d'un kyste bénin à un œil.

26 janvier : Debussy dirige les trois *Images* pour orchestre aux concerts Colonne.

28 janvier : le compositeur célèbre au Café Riche la centième représentation de *Pelléas et Mélisande*.

5 mars : Debussy interprète *Brouillards*, *Feuilles mortes* et *Puerta del Vino*, ses trois premiers *Préludes* du second livre, salle Érard.

2 avril : Debussy dirige le *Prélude à l'après-midi d'un faune* pour l'inauguration du théâtre des Champs-Élysées.

19 avril : les éditions Durand publient le second livre des *Préludes* pour piano.

15 mai : première de *Jeux* au théâtre des Champs-Élysées par Nijinski et la troupe des Ballets russes.

Été : Debussy commence à composer *La Boîte à joujoux* sur un livret illustré d'André Hellé et *Trois Poèmes de Stéphane Mallarmé*, en hommage au poète.

1er-16 décembre : Debussy donne des concerts à Moscou et Saint-Pétersbourg. Son voyage est assombri par ses soucis financiers, sa fatigue et les problèmes conjugaux avec Emma qui supporte mal son absence.

1914 : *18-24 février* : Debussy se rend à Rome pour diriger un concert.

26 février-2 mars : Debussy donne des concerts à La Haye et à Amsterdam. Dans le train qui le ramène à Paris, il se blesse le pouce gauche avec la portière d'un wagon.

21 mars : une soirée Debussy est organisée par la Société philharmonique, salle Gaveau. Le musicien se produit au piano et donne aussi en première audition ses *Trois Poèmes de Stéphane Mallarmé* avec Ninon Vallin au chant.

22 mars : grippé et atteint d'un zona au thorax, Debussy doit s'aliter pendant trois semaines.

28 juin : attentat à Sarajevo contre François-Ferdinand d'Autriche. L'événement sert d'élément déclencheur à la Première Guerre mondiale.

16-19 juillet : Debussy donne un dernier concert à Londres, au Queen's Hall.

Juillet : Debussy achève *Six Épigraphes antiques* pour piano à quatre mains d'après les *Chansons de Bilitis*.

1er août : déclaration de mobilisation générale.

4 septembre : les Debussy fuient Paris pour Angers. Emma craint l'avancée des Allemands.

6-14 septembre : première bataille de la Marne.

Octobre : Debussy s'occupe de la révision et de l'édition des œuvres complètes de Chopin publiées par Durand.

Novembre : Debussy compose une *Berceuse héroïque*, commande pour un recueil en hommage au roi Albert 1er de Belgique et à ses soldats.

1915. *23 mars* : mort de la mère de Debussy à l'âge de 79 ans.

12 juillet-12 octobre : les Debussy séjournent à Pourville dans une villa prêtée par des amis. Debussy compose *En blanc et noir*, trois morceaux pour deux pianos à quatre mains et *Douze Études* pour piano dédiées à la mémoire de Chopin.

Fin septembre-octobre : Debussy compose une *Sonate en trio pour flûte, alto et harpe*.

Décembre : Debussy compose un chant avec piano, *Noël des enfants qui n'ont plus de maison*.

4 décembre : les éditions Durand publient la *Sonate pour violoncelle et piano*, composée en juillet, première pièce faisant partie d'un ensemble de trois œuvres, au lieu de six prévues initialement.

7 décembre : Debussy subit une opération qui ne fait que retarder un peu les effets du cancer dont il est atteint. Le compositeur reste alité plusieurs semaines. Il est traité au radium et avec de la morphine.

1916. *21 février* : début de la bataille de Verdun.

1er juillet : début de la bataille de la Somme.

15 juillet : Debussy est condamné à payer 30 000 francs, somme qui correspond à la rente viagère annuelle de 3 600 francs qu'il ne versait plus à Lilly depuis 1910.

11 septembre-24 octobre : les Debussy séjournent près d'Arcachon.

Octobre : Debussy commence sa *Sonate pour violon et piano*, troisième et dernière pièces de son ensemble pour musique de chambre.

10 décembre : chez Durand, Darius Milhaud participe à l'exécution de la *Sonate pour flûte, alto et harpe* en tenant la partie pour alto.

21 décembre : Debussy joue *En blanc et noir* avec Roger Ducasse au profit du Vêtement du prisonnier de guerre, comité dont s'occupe Emma.

1917. *Février-mars* : Debussy écrit *Les Soirs illuminés*, une pièce pour piano pour son marchand de charbon qui lui avait demandé un autographe en échange du combustible cher et précieux.

24 mars : Debussy donne un second concert caritatif.

6 avril : les États-Unis entrent en guerre.

5 mai : Debussy joue avec Gaston Poulet sa *Sonate pour violon et piano* au bénéfice du Foyer du soldat aveugle.

3 juillet-8 octobre : les Debussy séjournent à Saint-Jean-de-Luz dans le chalet Habas loué au colonel Nicol. Debussy travaille le piano avec la jeune Marguerite Long.

11 et 14 septembre : Debussy donne à Biarritz deux concerts au profit d'œuvres caritatives. Il ne se reproduira plus en public.

6 novembre : Debussy doit à nouveau s'aliter. Il ne se relèvera plus.

1918. *8-14 mars* : Paris est en proie à des attaques aériennes allemandes. Debussy, cloué au lit, ne peut se mettre à l'abri lors des alertes.

17 mars : Debussy se porte candidat à l'Institut. Son épouse Emma rédige la lettre, le compositeur a seulement la force de la signer.

25 mars : Debussy meurt avenue du Bois-de-Boulogne à 22 heures 15.

28 mars : Debussy est inhumé au cimetière du Père-Lachaise. Les canons de la Grosse Bertha bombardent Paris.

RÉFÉRENCES BIBLIOGRAPHIQUES

ÉCRITS DE CLAUDE DEBUSSY

Correspondance de Claude Debussy (1872-1918), édition établie par François Lesure et Denis Herlin et annotée par François Lesure, Denis Herlin, Georges Liébert, Gallimard, 2005.

Lettres à deux amis, précédé d'un entretien préliminaire entre Robert Godet et Georges Jean-Aubry, José Corti, 1942.

Monsieur Croche et autres écrits, édition établie par François Lesure, Gallimard, coll. « L'Imaginaire », 1987.

Livret de *Pelléas et Mélisande*, *L'Avant-scène Opéra*, n° 9, 1998.

PRINCIPAUX TÉMOIGNAGES DE CONTEMPORAINS

La Revue musicale, numéro spécial Debussy, 1ᵉʳ décembre 1920, La Nouvelle Revue française.

La Revue musicale, numéro spécial « La Jeunesse de Claude Debussy », mai 1926, La Nouvelle Revue française.

Henri BUSSER, *De Pelléas aux Indes Galantes... de la flûte au tambour*, Fayard, 1955.

Le Cas Debussy : une opinion de M. Claude Debussy, un article de M. Raphaël Cor, une enquête de la Revue du temps présent. *Le secret de M. Debussy par C.-Francis Caillard et José de Béry*, Falque, 1910.

Albert CARRÉ, *Souvenirs de théâtre*, Plon, 1950.

Ernest CHAUSSON, *Écrits inédits*, Le Rocher, 1999.

Léon DAUDET, *Souvenirs et polémiques*, Robert Laffont, coll. « Bouquins », 1992.

Gustave DORET, *Temps et contretemps, souvenirs d'un musicien*, éditions de la librairie de l'Université, 1942.

Jacques DURAND, *Quelques souvenirs d'un éditeur de musique*, Durand et Cie, 1924.

Maurice EMMANUEL, *Pelléas et Mélisande de Debussy, étude et analyse*, Mellottée, 1929.

D. E. Inghelbrecht, *Mouvement contraire*, Domat, 1947.

Louis LALOY, *Claude Debussy*, Les Bibliophiles fantaisistes, 1909.

— *La Musique retrouvée*, Desclée de Brouwer, 1974.

Georgette LEBLANC, *Souvenirs (1895-1918)*, Grasset, 1931.

Marguerite LONG, *Au piano avec Claude Debussy*, Gérard Billaudot, 1960.

Jean LORRAIN, *Pelléastres, le poison de la littérature*, Albert Méricant, 1910.

Camille MAUCLAIR, *Servitudes et grandeurs littéraires*, Ollendorff, 1922.

Aloÿs MOSSER, « Heurs et malheurs du *Prélude*... à Saint-Pétersbourg », *Cahier Debussy 16*, 1992.

René PETER, *Claude Debussy*, Gallimard, coll. « Leurs Figures », 1944.

Gustave SAMAZEUILH, *Musiciens de mon temps*, La Renaissance du livre, 1947.

Erik SATIE, *Écrits*, réunis par Ornella Volta, Champ libre, 1977.

André SUARÈS, *Debussy*, Émile-Paul, 1936.

Louis PASTEUR VALLERY-RADOT, *Tel était Debussy* suivi de *Lettres à l'auteur*, Julliard, 1958.

Ricardo VIÑES, « Journal inédit », *Revue internationale de musique française*, juin 1980.

Émile VUILLERMOZ, *Claude Debussy*, Flammarion, 1957.

— « Claude Debussy », conférence du 15 avril 1920 aux concerts Pasdeloup, Le Ménestrel, 1920.

Michèle WORMS DE ROMILLY, « Debussy professeur, par l'une de ses élèves », *Cahier Debussy*, nouvelle série 2, 1978.

BIOGRAPHIES ET ÉTUDES PRINCIPALES

Jean BARRAQUÉ, *Debussy*, Le Seuil, coll. « Solfèges », 1994.

Maurice BOUCHER, *Claude Debussy*, Rieder, 1930.

Daniel CHENNEVIÈRE, *Claude Debussy et son œuvre*, Durand, 1913.

Marcel DIETSCHY, *La Passion de Claude Debussy*, Neuchâtel, La Baconière, 1962.

François LESURE, *Claude Debussy*, Fayard, 2003.

Edward LOCKSPEISER et Harry HALBREICH, *Claude Debussy*, Fayard, 1980.

Gilles MACASSAR et Bernard MÉRIGAUD, *Claude Debussy, le plaisir et la passion*, Télérama/Découvertes Gallimard, 1992.

Jean-Michel NECTOUX, *Harmonie en bleu et or, Debussy, la musique et les arts*, Fayard, 2005.

Romain ROLLAND, *Musiciens d'aujourd'hui*, Hachette, 1908.

Léon VALLAS, *Claude Debussy et son temps*, Albin Michel, 1958.

— *Claude Debussy*, Puf, 1944.

AUTRES OUVRAGES CONSULTÉS

Camille BELLAIGUE, *Souvenirs de musique et de musiciens*, Nouvelle librairie nationale, 1938.

Jacques-Émile BLANCHE, *La Pêche aux souvenirs*, Flammarion, 1949.

Pierre BOULEZ, *Relevés d'apprenti* , Le Seuil, coll. « Tel quel », 1966.

Alfred CORTOT, *La Musique française de piano*, Puf, coll. « Quadrige », 1981.

Gustave DORET, *Lettres à sa nièce sur la musique suisse, 1917-1918*, Genève, Henn, 1919.

Michel FAURE, *Musique et société du Second empire aux années vingt. Autour de Saint-Saëns, Fauré, Debussy et Ravel*, Flammarion, 1985.

Jean GALLOIS, *Ernest Chausson*, Fayard, 1994.

Jules et Edmond DE GONCOURT, *Journal*, Robert Laffont, coll. « Bouquins », 1989.

Jean-Paul GOUJON, *Pierre Louÿs, une vie secrète 1870-1925*, Seghers/Jean-Jacques Pauvert, 1988.

Vladimir Jankélévitch, *Debussy et le mystère de l'instant, De la musique au silence*, Plon, 1989, t. 2.

Stefan Jarocinski, *Debussy, impressionnisme et symbolisme*, Le Seuil, 1970.

Annie Joly-Segalen et André Schaeffner, *Segalen et Debussy*, Le Rocher, 1962.

Vassily Kandinsky, *Du spirituel dans l'art*, Denoël, 1954.

René Martineau, *Promenades biographiques*, Librairie de France, 1920.

Darius Milhaud, *Notes sans musique*, Julliard, 1949.

Jules Renard, *Journal*, Union générale d'éditions, coll. « 10/18 », 1984.

François Sabatier, *Miroirs de la musique, la musique et ses correspondances avec la littérature et les beaux-arts, 1800-1950*, Fayard, 1995.

André Schaeffner, *Variations sur la musique*, Fayard, 1980.

Émile Vuillermoz, *Histoire de la musique*, Fayard, 1973.

DOCUMENTS ICONOGRAPHIQUES

Catalogue de l'exposition *Claude Debussy*, BNF, 1962.

François Lesure, *Claude Debussy, Iconographie*, Genève, Minkoff, 1975.

DOCUMENTS AUDIO ET VIDÉO

Claudio Abbado et Wiener Philharmoniker, *Pelléas et Mélisande*, CD, Deutsche Grammophon, 1992.

Claudio Arrau, *Pièces pour piano*, CD, Philips, 2003.

Léonard Bernstein et l'Orchestra dell'Accademia Nazionale di Santa Cecilia, *La Mer, Prélude à l'après-midi d'un faune, Images*, CD, Deutsche Grammophon, 2005.

Pierre Boulez, *Debussy par Boulez*, CD, Sony classical, 2007.

Pierre Boulez et Welsh National Opera de Cardiff, *Pelléas et Mélisande*, DVD, Deutsche Grammophon, 2002.

Aldo CICCOLINI, *Œuvre intégrale pour piano de Debussy*, CD, Emi Classic, 2006.

The Chamber Music Society Of Li, *Œuvre intégrale pour musique de chambre de Debussy*, CD, Delos International, 2011.

Debussy plays Debussy, CD, Dal Segno, 2011.

Walter GIESEKING, *Intégrale de l'œuvre pour piano de Debussy*, CD, Emi classics, 1995.

Claude HELFFER et Haakon AUSTBÖ, *Œuvre pour deux pianos et piano à quatre mains de Debussy*, CD, Harmonia mundi, 2008.

Sandrine PIAU (soprano), Jos van Immerseel (piano), *Mélodies de Debussy*, CD, Naïve, 2003.

Gérard SOUZAY (baryton), Dalton Baldwin (piano), *Mélodies de Debussy*, CD, Deutsche Grammophon, 2002.

Yann-Pascal TORTELIER et Ulster Orchestra, *Œuvre intégrale pour orchestre de Debussy*, CD, Chandos, 1998.

Jean-François ZYGEL, *La Leçon de musique Debussy*, DVD, Naïve classique, 2005.

SITE INTERNET

Centre de documentation Claude Debussy : www.debussy.fr

NOTES

ANNÉES D'APPRENTISSAGE (1862-1879)

1. Raymond Bonheur, cité in « La Jeunesse de Claude Debussy », numéro spécial de *La Revue musicale*, Nouvelle Revue française, p. 5, mai 1926.

2. Debussy à André Caplet, 22 décembre 1911, *Correspondance de Claude Debussy (1872-1918)*, Gallimard, 2005, p. 1473.

3. Émile Vuillermoz, *Histoire de la musique*, Fayard, 1973, chap. 28, p. 371.

4. Debussy à Jacques Durand, 24 mars 1908, *Correspondance de Claude Debussy (1872-1918)*, *op. cit.*, p. 1076.

5. Gabriel Pierné, cité in « La Jeunesse de Claude Debussy », *op. cit.*, p. 11.

6. René Peter, *Claude Debussy*, Gallimard, coll. « Leurs Figures », 1944, chap. 1, p. 14.

7. Louis Laloy, *Claude Debussy*, Les bibliophiles fantaisistes, 1909, p. 11-12.

8. Debussy à Jacques Durand, 27 janvier 1915, *Correspondance de Claude Debussy (1872-1918)*, *op. cit.*, p. 1871.

9. Émile Vuillermoz, *Claude Debussy*, Flammarion, 1957, p. 24.

10. Debussy à André Caplet, 29 novembre 1909, *Correspondance de Claude Debussy (1872-1918)*, *op. cit.*, p. 1224.

11. Erik Satie, *Écrits*, réunis par Ornella Volta, Champ libre, 1977, p. 67. Nous avons conservé la graphie de Satie dans toutes ses citations.

12. Gabriel Pierné, cité in « La Jeunesse de Claude Debussy », *op. cit.*, p. 10.

13. Marguerite Vasnier, *ibid.*, p. 17.

14. Paul Vidal, *ibid.*, p. 12.

15. Raymond Bonheur, *ibid.*, p. 4.

16. Julien Tiersot, « Adieu au vieux Conservatoire », troisième article, *Le Ménestrel*, 9 novembre 1912.

17. Camille Bellaigue, *Souvenirs de musique et de musiciens*, Nouvelle librairie nationale, 1938, p. 35.

18. Observations de Marmontel, 13 janvier 1874, cité par Léon Vallas, in *Claude Debussy et son temps*, Albin Michel, 1958, p. 17.

19. Article signé A.R, cité in « Numéro spécial Debussy », édité par François Lesure, *Revue de musicologie*, 1962, p. 97.

20. Paul Vidal, cité in « La Jeunesse de Claude Debussy », *op. cit.*, p. 12.

21. *Ibid.*

22. Antoine Banès, *Le Figaro*, 19 avril 1920.

23. Interview de Debussy par Maurice Leudet, « Que faire au Conservatoire ? », *Le Figaro*, 14 février 1909, in *Monsieur Croche et autres écrits*, Gallimard, coll. « L'Imaginaire », 1987, p. 288.

24. Raymond Bonheur, « La Jeunesse de Claude Debussy », *op. cit.*, p. 3-4.

25. Paul Vidal, *ibid.*, p. 12.

26. Paul Vidal à Henriette Fuchs, 12 mai 1884, cité par François Lesure, in *Claude Debussy*, Fayard, 2003, p. 71.

27. Raymond Bonheur, cité in « La Jeunesse de Claude Debussy », *op. cit.*, p. 5.

28. René Martineau, *Promenades biographiques*, Librairie de France, 1920, p. 11.

29. *Correspondance de Claude Debussy (1872-1918)*, *op. cit.*, p. 67.

PREMIÈRES COMPOSITIONS, PREMIER AMOUR
(1880-1884)

1. Maurice Emmanuel, « La Jeunesse de Claude Debussy », numéro spécial de *La Revue musicale*, mai 1926, la Nouvelle Revue française, p. 43.

2. Nadejda von Meck à Tchaïkovski, 7/19 août 1880, cité par Edward Lockspeiser et Harry Halbreich, in *Claude Debussy*, Fayard, 1980, p. 75.

3. Tchaïkovski à Nadejda von Meck, cité par François Lesure, in *Claude Debussy*, Fayard, 2003, p. 46.

4. *Id.*, *ibid.*, p. 44.

5. *Id.*, 12/24 novembre 1880, *ibid.*, p. 47.

6. Nadejda von Meck à Debussy, 8/20 février 1881, *Correspondance de Claude Debussy (1872-1918)*, Gallimard, 2005, p. 11-12.

7. Nadejda von Meck à Tchaïkovski, 28 août/9 septembre 1882, citée par Edward Lockspeiser et Harry Halbreich, in *Claude Debussy*, *op. cit.*, p. 66.

8. Nadejda von Meck à Tchaïkovski, citée par François Lesure, in *Claude Debussy*, *op. cit.*, p. 59.

9. *Id.*, *ibid.*

10. Raymond Bonheur, cité in « La Jeunesse de Claude Debussy », *op. cit.*, p. 7.

11. *Revue Blanche*, 15 avril 1901, *Monsieur Croche et autres écrits*, *op. cit.*, p. 29-31.

12. Cité par François Lesure, in *Claude Debussy*, *op. cit.*, p. 60.

13. Jacques Durand, *Quelques souvenirs d'un éditeur de musique*, Durand et Cⁱᵉ, 1924, p. 28-29.

14. Raymond Bonheur, cité in « La Jeunesse de Claude Debussy », *op. cit.*, p. 8.

15. Marguerite Vasnier, *ibid.*, p. 21.

16. Maurice Emmanuel, *ibid.*, p. 45.

17. *Ibid.*, p. 44.

18. Cité par François Lesure, in *Claude Debussy*, *op. cit.*, p. 69.

19. Maurice Emmanuel, « La Jeunesse de Claude Debussy », *op. cit.*, p. 46.

20. Cité par Jean Barraqué, in *Debussy*, Le Seuil, coll. « Solfèges », 1994, p. 65.

21. *Gil Blas*, 10 juin 1903, *Monsieur Croche et autres écrits*, Gallimard, coll. « L'Imaginaire », 1987, p. 188-189.

22. Erik Satie, *Écrits*, *op. cit.*, p. 67.

23. Émile Vuillermoz, *Claude Debussy*, *op. cit.*, p. 32.

24. Marguerite Vasnier, « La Jeunesse de Claude Debussy », *op. cit.*, p. 17.

25. Jacques-Émile Blanche, *La Pêche aux souvenirs*, Flammarion, 1949, p. 244.

26. Paul Vidal à Henriette Fuchs, 12 mai 1884, cité par François Lesure, in *Claude Debussy*, *op. cit.*, p. 71.

27. Marguerite Vasnier, in « La Jeunesse de Claude Debussy », *op. cit.*, p. 20.

28. Cité par François Lesure, in *Claude Debussy, op. cit.*, p. 473.

29. Debussy à Marie Vasnier, début janvier 1883, *Correspondance de Claude Debussy (1872-1918), op. cit.*, p. 13.

30. Cité par François Lesure, in *Claude Debussy, op. cit.*, p. 475.

31. *Ibid.*, p. 476-477.

32. Marguerite Vasnier, in « La Jeunesse de Claude Debussy », *op. cit.*, p. 17 et 19.

33. Paul Vidal à Henriette Fuchs, 12 mai 1884, cité par François Lesure, in *Claude Debussy, op. cit.*, p. 71.

34. Marguerite Vasnier, in « La Jeunesse de Claude Debussy », *op. cit.*, p. 19.

35. *Ibid.*, p. 20.

36. Louis Laloy, *Claude Debussy*, Les Bibliophiles fantaisistes, 1909, p. 52.

37. Paul Vidal à Henriette Fuchs, 12 mai 1884, cité par François Lesure, in *Claude Debussy, op. cit.*, p. 70.

38. Debussy à Henriette Fuchs, 15 janvier 1885, *Correspondance de Claude Debussy (1872-1918), op. cit.*, p. 21.

39. Cité par François Lesure, in *Claude Debussy, op. cit.*, p. 73-74.

À LA VILLA MÉDICIS (1885-1887)

1. Debussy à Henri Vasnier, février-mars 1885, *Correspondance de Claude Debussy (1872-1918)*, Gallimard, 2005, p. 25.

2. *Id.*, 28 janvier 1885, *ibid.*, p. 21.

3. Marguerite Vasnier, in « La Jeunesse de Claude Debussy », numéro spécial de *La Revue musicale*, mai 1926, Nouvelle Revue française, p. 20.

4. Debussy à Henri Vasnier, 4 juin 1885, *Correspondance de Claude Debussy (1872-1918), op. cit.*, p. 28.

5. *Id.*, début février 1885, *ibid.*, p. 22-23.

6. Gabriel Pierné, in « La Jeunesse de Claude Debussy », *op. cit.*, p. 11.

7. *Gil Blas*, 10 juin 1903, *Monsieur Croche et autres écrits*, Gallimard, coll. « L'Imaginaire », 1987, p. 190.

8. *Ibid.*, p. 189-190.

9. Debussy à Henri Vasnier, février-mars 1885, *Correspondance de Claude Debussy (1872-1918)*, op. cit., p. 25.

10. *Id.*, début février 1885, *ibid.*, p. 22-23.

11. *Id.*, février-mars 1885, *ibid.*, p. 24-25.

12. *Gil Blas*, 10 juin 1903, *Monsieur Croche et autres écrits*, op. cit., p. 188-189.

13. Debussy à Claudius Popelin, 24 juin 1885, *Correspondance de Claude Debussy (1872-1918)*, op. cit., p. 31.

14. Debussy à Henri Vasnier, mi-mai 1885, *ibid.*, p. 28.

15. Debussy à Gustave Popelin, début juillet 1885, *ibid.*, p. 34.

16. *Id.*, 11 septembre 1885, *ibid.*, p. 38.

17. Debussy à Henri Vasnier, fin juin 1885, *ibid.*, p. 33.

18. Debussy à Gustave Popelin, début juillet 1885, *ibid.*, p. 34.

19. *Id.*, *ibid.*, p. 33.

20. Debussy à Émile Baron, 6 novembre 1886, *ibid.*, p. 53.

21. Paul Vidal, in « La Jeunesse de Claude Debussy », *op. cit.*, p. 16.

22. Debussy à Henri Vasnier, 16 septembre 1885, *Correspondance de Claude Debussy (1872-1918)*, op. cit., p. 40.

23. *Id.*, 4 juin 1885, *ibid.*, p. 29.

24. *Id.*, 19 octobre 1885, *ibid.*, p. 42-43.

25. Debussy à Claudius Popelin, 7 décembre 1885, *ibid.*, p. 46.

26. Debussy à Émile Baron, septembre 1886, *ibid.*, p. 50-51.

27. *Ibid.*, p. 51.

28. Cité par François Lesure, in *Claude Debussy*, Fayard, 2003, p. 498.

29. Debussy à Émile Baron, 9 février 1887, *Correspondance de Claude Debussy (1872-1918)*, op. cit., p. 59.

30. Cité par François Lesure, in *Claude Debussy*, op. cit., p. 500.

31. Debussy à Henri Vasnier, fin novembre 1885, *Correspondance de Claude Debussy (1872-1918)*, op. cit., p. 44.

32. *Ibid.*, p. 44-45.

ANNÉES DE BOHÈME (1887-1889)

1. Debussy à Ernest Hébert, 17 mars 1887, *Correspondance de Claude Debussy (1872-1918)*, Gallimard, 2005, p. 61.

2. *Ibid.*

3. *Ibid.*

4. Marguerite Vasnier, citée in « La Jeunesse de Claude Debussy », numéro spécial de *La Revue musicale*, mai 1926, Nouvelle Revue française, p. 21-22.

5. Debussy à Raymond Bonheur, 10 février 1890, *Correspondance de Claude Debussy (1872-1918)*, *op. cit.*, p. 84-85.

6. Debussy à un ami, 1888 (?), *ibid.*, p. 66.

7. *Revue blanche*, 15 mai 1901, *Monsieur Croche et autres écrits*, Gallimard, coll. « L'Imaginaire », 1987, p. 39.

8. Cité par François Lesure, in *Claude Debussy*, Fayard, 2003, p. 502.

9. Maurice Emmanuel, in « La Jeunesse de Claude Debussy », *op. cit.*, p. 50.

10. Robert Godet, *ibid.*, p. 55-56.

11. S.I.M, 15 février 1913, *Monsieur Croche et autres écrits*, *op. cit.*, p. 229.

12. *Gil Blas*, 6 avril 1903, *ibid.*, p. 144.

13. Lettre à Ernest Guiraud, Bayreuth, début août 1889, *Correspondance de Claude Debussy (1872-1918)*, *op. cit.*, p. 78.

14. René Peter, *Claude Debussy*, Gallimard, coll. « Leurs Figures », 1944, chap. 3, p. 23.

15. Edmond de Goncourt, 11 août 1892, *Journal*, Robert Laffont, coll. « Bouquins », 1989, t. 3, p. 742.

16. Henri de Régnier, cité in « La Jeunesse de Claude Debussy », *op. cit.*, p. 89.

17. *Ibid.*, p. 90.

18. Debussy à André Poniatowski, février 1893, *Correspondance de Claude Debussy (1872-1918)*, *op. cit.*, p. 117.

19. Henri de Régnier, in « La Jeunesse de Claude Debussy », *op. cit.*, p. 90.

20. Cité in *Correspondance de Claude Debussy (1872-1918)*, *op. cit.*, note 2, p. 154.

21. Robert Godet, in « La Jeunesse de Claude Debussy », *op. cit.*, p. 63-64.

22. René Peter, *Claude Debussy*, *op. cit.*, chap. 9, p. 90.

23. Erik Satie, *Écrits*, Champ libre, 1977, p. 67-98.

24. René Peter, *op. cit.*, 1944, p. 33.

25. *Ibid.*, p. 33-34.

26. Debussy à Vincent d'Indy, 2 avril 1890, *Correspondance de Claude Debussy (1872-1918)*, *op. cit.*, note 2, p. 86-87.

27. Paul Poujaud cité in *ibid.*, note 2, p. 87.

28. Maurice Emmanuel, cité in « La Jeunesse de Claude Debussy », *op. cit.*, p. 47.

29. Robert Godet, *ibid.*, p. 68.

30. *Ibid.*, p. 69.

31. Cité par Edward Lockspeiser et Harry Halbreich, in *Claude Debussy*, Fayard, 1980, p. 128.

AUTOUR DU *PRÉLUDE*
À *L'APRÈS-MIDI D'UN FAUNE* (1890-1894)

1. Debussy à André Poniatowski, février 1893, *Correspondance de Claude Debussy (1872-1918)*, Gallimard, 2005, p. 116.

2. Debussy à Robert Godet, 25 décembre 1889, *ibid.*, p. 82.

3. René Peter, *Claude Debussy*, Gallimard, coll. « Leurs Figures », 1944, chap. 4, p. 32.

4. Cité par Edward Lockspeiser et Harry Halbreich, in *Claude Debussy*, Fayard, 1980, p. 234.

5. René Peter, *Claude Debussy*, op. cit., p. 45.

6. Debussy à Robert Godet, 30 janvier 1892, *Correspondance de Claude Debussy (1872-1918)*, op. cit., p. 103.

7. Gustave Samazeuilh, *Musiciens de mon temps*, La Renaissance du livre, 1947, p. 129.

8. Debussy à Ernest Chausson, 3 décembre 1893, *Correspondance de Claude Debussy (1872-1918)*, op. cit., p. 155.

9. Debussy à André Poniatowski, 9 septembre 1892, *ibid.*, p. 109.

10. Scène racontée par Robert Godet, in « La Jeunesse de Claude Debussy », numéro spécial de *La Revue musicale*, mai 1926, Nouvelle Revue française, p. 70.

11. Debussy à André Poniatowski, 9 septembre 1892, *Correspondance de Claude Debussy (1872-1918)*, op. cit., p. 110.

12. *Id.*, février 1893, *ibid.*, p. 115.

13. *Id.*, *ibid.*, p. 116.

14. Michèle Worms de Romilly, « Debussy professeur par l'une de ses élèves », *Cahier Debussy*, nouvelle série 2, 1978, p. 5.

15. Debussy à un ami, 1890, *Correspondance de Claude Debussy (1872-1918)*, op. cit., p. 93.

16. Erik Satie, *Écrits*, Champ libre, 1977, p. 67.

17. Debussy à Robert Godet, 30 janvier 1892, *Correspondance de Claude Debussy (1872-1918)*, *op. cit.*, p. 103.

18. Robert Godet, in « La Jeunesse de Claude Debussy », *op. cit.*, p. 67.

19. Jules Renard, 19 mars 1895, *Journal*, Union générale d'éditions, coll. « 10/18 », 1984, t. I, p. 261.

20. Entretien préliminaire entre Robert Godet et G. Jean-Aubry, dans Claude Debussy, *Lettres à deux amis*, José Corti, 1942, p. 44.

21. Edmond de Goncourt, Jeudi 8 mars 1894, *Journal*, Robert Laffont, coll. « Bouquins », 1989, t. 3, p. 929.

22. Claude Debussy, *Lettres à deux amis*, *op. cit.*, p. 41.

23. Debussy à Robert Godet, 12 février 1891, *Correspondance de Claude Debussy (1872-1918)*, *op. cit.*, p. 95.

24. Mallarmé à Edmont Deman, 29 novembre 1889, *Correspondance de Stéphane Mallarmé, 1890-1891*, Gallimard, 1973, t. 4, p. 164.

25. Vital Hocquet, *La Liberté*, 11 décembre 1931.

26. Debussy à G. Jean-Aubry, 25 mars 1910, *Correspondance de Claude Debussy (1872-1918)*, *op. cit.*, p. 1261.

27. Debussy à André Poniatowski, février 1893, *ibid.*, p. 113-114.

28. Raymond Bonheur, in « La Jeunesse de Claude Debussy », *op. cit.*, p. 6.

29. Debussy à Ernest Chausson, 3 septembre 1893, *Correspondance de Claude Debussy (1872-1918)*, *op. cit.*, p. 154-155.

30. Debussy à G. Jean-Aubry, 25 mars 1910, *ibid.*, p. 1261.

31. Gustave Doret, *Temps et contretemps, souvenirs d'un musicien*, éditions de la librairie de l'Université, 1942, p. 96.

32. Debussy à Stéphane Mallarmé, 20 décembre 1894, *Correspondance de Claude Debussy (1872-1918)*, *op. cit.*, p. 228.

33. Stéphane Mallarmé à Debussy, 23 décembre 1894, *ibid.*, p. 229-230.

34. Debussy à G. Jean-Aubry, 25 mars 1910, *ibid.*, p. 1261.

35. Pierre Louÿs à Claude Debussy, 23-23 décembre 1894, *ibid.*, p. 229.

36. Article signé L'ouvreuse du cirque d'été (Willy), *Écho de Paris*, 15 octobre 1895.

37. *Le Ménestrel*, 20-26 octobre 1895.

38. Charles-Henry Hirsch, *Le Mercure de France*, novembre 1895, p. 255.

39. Alfred Bruneau, *Le Figaro*, 14 octobre 1895.

AVEC ERNEST CHAUSSON (1893-1894)

1. Jacques Durand, *Quelques souvenirs d'un éditeur de musique*, Durand et Cie, 1924, p. 125.

2. Ernest Chausson à Debussy, 9 avril 1893, *Correspondance de Claude Debussy (1872-1918)*, Gallimard, 2005, p. 120.

3. Debussy à Ernest Chausson, 10 avril 1893, *ibid.*, p. 121.

4. Ernest Chausson à Henry Lerolle, Paris 28 novembre 1893, in Ernest Chausson, *Écrits inédits*, Le Rocher, 1999, p. 365.

5. Ernest Chausson à Debussy, 25 septembre 1893, *Correspondance de Claude Debussy (1872-1918)*, op. cit., p. 159.

6. Debussy à Ernest Chausson, 15 août 1893, *ibid.*, p. 149.

7. Henry Lerolle à Ernest Chausson, cité in *ibid.*, note 1, p. 192.

8. Gustave Samazeuilh, *Musiciens de mon temps*, La Renaissance du livre, 1947, p. 118.

9. *Ibid.*, p. 126.

10. Debussy à Ernest Chausson, 3 septembre 1893, *Correspondance de Claude Debussy (1872-1918)*, op. cit., p. 154.

11. Ernest Chausson à Debussy, 4 septembre 1893, *ibid.*, p. 157.

12. Camille Mauclair, « Souvenirs sur Ernest Chausson », *La Vogue*, n° 7, 15 juillet 1899, p. 74.

13. Debussy à Edgard Varèse, 12 février 1911, *Correspondance de Claude Debussy (1872-1918)*, op. cit., p. 1389.

14. *Revue blanche*, 1er juillet 1901, in *Monsieur Croche et autres écrits*, Gallimard, coll. « L'Imaginaire », 1987, p. 49.

15. Debussy à Ernest Chausson, 7 mai 1893, *Correspondance de Claude Debussy (1872-1918)*, op. cit., p. 126.

16. Raymond Bonheur, in « La Jeunesse de Claude Debussy », numéro spécial de *La Revue musicale*, mai 1926, la Nouvelle Revue française, p. 7-8.

17. Debussy à Ernest Chausson, 4 juin 1893, *Correspondance de Claude Debussy (1872-1918)*, op. cit., p. 132.

18. Ernest Chausson à Debussy, 4 juin 1893, *ibid.*, p. 133-134.

19. Debussy à Ernest Chausson, 5 juin 1893, *ibid.*, p. 135-136.

20. *Id.*, 23 octobre 1893, *ibid.*, p. 168-169.

21. Jacques Durand, *Quelques souvenirs d'un éditeur*, op. cit., p. 93-94.

22. Debussy à Henry Lerolle, vers le 24 février 1894, *Correspondance de Claude Debussy (1872-1918)*, *op. cit.*, p. 196-197.

23. *Ibid.*, p. 197.

24. Ernest Chausson à Henry Lerolle, 27 février 1894, *ibid.*, note 2, p. 197.

25. *Id.*, 5 avril 1894, *ibid.*, note 2, p. 202.

26. G. Jean-Aubry, cité par Jean-Paul Goujon, in *Pierre Louÿs, une vie secrète 1870-1925*, Seghers/Jean-Jacques Pauvert, 1988, p. 119-120.

27. Cité par Louis Pasteur Vallery-Radot, in *Tel était Debussy* suivi de *Lettres à l'auteur*, Julliard, 1958, p. 41-43.

28. Debussy à Ernest Chausson, 8 mars 1894, *Correspondance de Claude Debussy (1872-1918)*, *op. cit.*, p. 199.

29. André Lebey, *Disques et Pellicules*, cité in *ibid.*, note 1, p. 208.

30. Debussy à Pierre Louÿs, 1895 (?), *ibid.*, p. 300-301.

PIERRE LOUŸS ET *PELLÉAS* (1893-1896)

1. Debussy à Ernest Chausson, 1ᵉʳ janvier 1894, *Correspondance de Claude Debussy (1872-1918)*, Gallimard, 2005, p. 184.

2. « Pourquoi j'ai écrit *Pelléas* », avril 1902, *Monsieur Croche et autres écrits*, Gallimard, coll. « L'Imaginaire », 1987, p. 62-63.

3. Debussy à Ernest Chausson, 16 novembre 1893, *Correspondance de Claude Debussy (1872-1918)*, *op. cit.*, p. 176.

4. Cité in *ibid.*, note 1, p. 176.

5. Camille Mauclair, *Servitudes et grandeurs littéraires*, Ollendorff, 1922, p. 177.

6. René Peter, *Claude Debussy*, Gallimard, 1944, coll. « Leurs Figures », chap. 4, p. 33.

7. Debussy à Ernest Chausson, 2 octobre 1893, *Correspondance de Claude Debussy (1872-1918)*, *op. cit.*, p. 160-161.

8. Henry Lerolle à Ernest Chausson, *ibid.*, note 1, p. 169.

9. René Peter, *Claude Debussy*, *op. cit.*, chap. 3, p. 27.

10. Debussy à Ernest Chausson, fin janvier-début février 1894, *Correspondance de Claude Debussy (1872-1918)*, *op. cit.*, p. 189.

11. Debussy à Pierre Louÿs, 27 juillet 1894, *ibid.*, p. 215.

12. Debussy à Henry Lerolle, 28 août 1894, *ibid.*, p. 219-220.

13. Debussy à Pierre Louÿs, 22 janvier 1895, *ibid.*, p. 237-238.

14. *Id.*, avril 1895, *ibid.*, p. 254.

15. Debussy à Eugène Ysaÿe, 22 septembre 1894, *ibid.*, p. 223.

16. Debussy à Henry Lerolle, 10 décembre 1894, *ibid.*, p. 227.

17. *Id.*, 17 août 1895, *ibid.*, p. 267-268.

18. Léon Daudet, « Souvenirs des milieux littéraires, salons et journaux », in *Souvenirs et polémiques*, Robert Laffont, coll. « Bouquins », 1992, chap. 9, p. 507-508.

19. Pierre Louÿs à Debussy, 19 avril 1895, *Correspondance de Claude Debussy (1872-1918)*, *op cit.*, p. 252.

20. *Id.*, 12 mai 1895, *ibid.*, p. 257.

21. Debussy à Pierre Louÿs, 27 mars 1898, *ibid.*, p. 395.

22. Pierre Louÿs à Debussy, vers le 14 janvier 1896, *ibid.*, p. 303.

23. Debussy à Pierre Louÿs, 20 mars 1896, *ibid.*, p. 307.

24. *Id.*, 4 novembre 1897, *ibid.*, p. 372-373.

25. *Id.*, 24 juillet 1896, *ibid.*, p. 319-320.

26. *Id.*, 28 juillet 1896, *ibid.*, p. 320.

27. Debussy à Eugène Ysaÿe, 13 octobre 1896, *ibid.*, p. 326.

28. Eugène Ysaÿe à Debussy, 17 octobre 1896, *ibid.*, p. 327.

29. Debussy à Eugène Ysaÿe, 13 octobre 1896, *ibid.*, p. 326.

30. Debussy à Pierre Louÿs, 27 mars 1898, *ibid.*, p. 395.

31. Debussy à Georges Hartmann, 14 juillet 1898, *ibid.*, p. 412.

32. *Id.*, 25 juin 1898, *ibid.*, p. 408.

33. *Id.*, 9 août 1898, *ibid.*, p. 415.

CRISE MUSICALE ET SENTIMENTALE (1897-1899)

1. Debussy à Georges Hartmann, 6 juillet 1898, *Correspondance de Claude Debussy (1872-1918)*, Gallimard, 2005, p. 409.

2. Pierre Louÿs à Debussy, fin mai 1897, *ibid.*, p. 353-354.

3. Debussy à Pierre Louÿs, 19 janvier 1901, *ibid.*, p. 582.

4. *Le Journal*, 8 février 1901, cité in *ibid.*, note 5, p. 583-584.

5. Debussy à Georges Hartmann, 16 septembre 1898, *ibid.*, p. 419.

6. *Id.*, 31 décembre 1897, *ibid.*, p. 380.

7. Debussy à René Peter, avril 1899, *ibid.*, p. 471.

8. Debussy à Pierre Louÿs, 9 février 1897, *ibid.*, p. 342.

9. *Id.*, 27 mars 1898, *ibid.*, p. 394.

10. *Id.*, 21 avril 1898, *ibid.*, p. 398.

11. Pierre Louÿs à Debussy, 5 mai 1898, *ibid.*, p, . 400.

12. Debussy à Georges Hartmann, 25 juin 1898, *ibid.*, p. 408.

13. *Id.*, 14 et 23 juillet 1898, *ibid.*, p. 411-412.

14. Debussy à René Peter, mars 1898, *ibid.*, p. 396.

15. Michèle Worms de Romilly, « Debussy professeur, par une de ses élèves », *Cahier Debussy*, nouvelle série 2, 1978, p. 3.

16. *Ibid.*, p. 5-6.

17. Cité par Jean-Michel Nectoux, in *Harmonie en bleu et or ; Debussy, la musique et les arts*, Fayard, 2005, p. 111.

18. Debussy à Georges Hartmann, 3 avril 1899, *Correspondance de Claude Debussy (1872-1918)*, *op. cit.*, p. 465.

19. Pierre Louÿs à Debussy, 29 janvier 1899, *ibid.*, p. 455.

20. René Peter, *Claude Debussy*, *op. cit.*, p. 60-61.

21. Debussy à Robert Godet, 5 janvier 1900, *Correspondance de Claude Debussy (1872-1918)*, *op. cit.*, p. 531.

22. Debussy à Lilly Texier, lundi 24 avril 1899, *ibid.*, p. 468-469.

23. *Id.*, 5 mai 1899, *ibid.*, p. 474.

24. *Id.*, 27 mai 1899, *ibid.*, p. 485.

25. *Id.*, 1er mai 1899, *ibid.*, p. 472.

26. *Id.*, 5 mai 1899, *ibid.*, p. 474.

27. *Id.*, 24 mai 1899, *ibid.*, p. 482-483.

28. Debussy à Pierre Louÿs, 16 mai 1899, *ibid.*, p. 479.

29. Debussy à Lilly Texier, 24 mai 1899, *ibid.*, p. 483.

30. *Id.*, 27 mai 1899, *ibid.*, p. 485-486.

31. Pierre Louÿs à Debussy, 15 mai 1899, *ibid.*, p. 478-479.

32. Debussy à Lilly Texier, 17 juin 1899, *ibid.*, p. 500-501.

33. Debussy à Georges Hartmann, 3 juillet 1899, *ibid.*, p. 510.

34. Debussy à Lilly Texier, 3 juillet 1899, *ibid.*, p. 510-511.

35. *Id.*, juillet-août (?) 1899, *ibid.*, p. 514.

36. Debussy à Georges Hartmann, 22 octobre 1899, *ibid.*, p. 521.

37. Michèle Worms de Romilly, « Debussy professeur, par une de ses élèves », *op. cit.*, p. 9.

38. Debussy à Georges Hartmann, 3 juillet 1899, *Correspondance de Claude Debussy (1872-1918)*, *op. cit.*, p. 510.

39. Mot employé par Debussy dans une lettre à Georges Hartmann, 24 septembre 1899, *ibid.*, p. 518.

40. Georges Hartmann à Édouard Colonne, 22 septembre 1899, cité in *ibid.*, note 2, p. 518.

41. Debussy à Gabriel Mourey, 6 janvier 1909, *ibid.*, p. 1145.

42. Michèle Worms de Romilly, « Debussy professeur, par une de ses élèves », *op. cit.*, p. 10.

1. Debussy à Pierre Louÿs, 22 février 1895, *Correspondance de Claude Debussy (1872-1918)*, Gallimard, 2005, p. 242.

2. Debussy à Georges Hartmann, 4 février 1900, *ibid.*, p. 538-539.

3. Debussy à Paul Dukas, 11 février 1901, *ibid.*, p. 586.

4. Émile Vuillermoz, *Claude Debussy*, conférence du 15 avril 1920 aux concerts Pasdeloup, *Le Ménestrel*, 1920.

5. Debussy à Mathieu Crickboom, 27 septembre 1900, *Correspondance de Claude Debussy (1872-1918)*, op. cit., p. 569.

6. Georges Hartmann à Debussy, 12 avril 1900, *ibid.*, p. 555.

7. Debussy à Pierre Louÿs, 25 avril 1900, *ibid.*, p. 557.

8. *Id.*, 14 mai 1900, *ibid.*, p. 559.

9. Pierre Lalo, *Le Temps*, 28 août 1900, cité in *ibid.*, p. 568.

10. Debussy à Mathieu Crickboom, 27 septembre 1900, *ibid.*, p. 569.

11. Debussy à Georges Hartmann, 10 avril 1900, *ibid.*, p. 553.

12. *Revue blanche*, 1er avril 1901, *Monsieur Croche et autres écrits*, Gallimard, coll. « L'Imaginaire », 1987, p. 25.

13. L'ouvreuse (Willy), *L'Écho de Paris*, 11 décembre 1900.

14. Alfred Bruneau, *Le Figaro*, 10 décembre 1900.

15. Pierre de Bréville, *Mercure de France*, janvier 1901, p. 114.

16. Paul Dukas, *Revue hebdomadaire*, février 1901, cité in *Correspondance de Claude Debussy (1872-1918)*, op. cit., note 2, p. 585.

17. Debussy à Paul Dukas, 11 février 1901, *ibid.*, p. 586.

18. *Revue blanche*, 1er avril 1901, *Monsieur Croche et autres écrits*, op. cit., p. 27.

19. *Ibid.*, p. 50

20. *Ibid.*, p. 53.

21. *Musica*, janvier 1908, *ibid.*, p. 200.

22. *Gil Blas*, 28 juin 1903, *ibid.*, p. 192.

23. *Id.*, 23 mars 1903, *ibid.*, p. 134.

24. *Revue Blanche*, 1er avril 1901, *ibid.*, p. 23-24.

25. *Id.*, 15 avril 1901, *ibid.*, p. 29-30.

26. *Id.*, 15 mai 1901, *ibid.*, p. 38 et 40.

27. *Id.*, 1er juin 1901, *ibid.*, p. 47.

28. Debussy à Paul Dukas, 11 février 1901, *Correspondance de Claude Debussy (1872-1918)*, *op. cit.*, p. 585.

29. Louis Pasteur Vallery-Radot, *Tel était Claude Debussy*, Julliard, 1958, p. 60.

30. Debussy à Félix Fénéon, décembre 1901, *Correspondance de Claude Debussy (1872-1918)*, *op. cit.*, p. 628.

31. Debussy à Pierre Louÿs, début janvier 1902, *ibid.*, p. 635.

32. Debussy à Pierre de Bréville, 24 mars 1898, *ibid.*, p. 394.

33. Debussy à Pierre Louÿs, avant le 26 octobre 1901, *ibid.*, p. 622.

34. Debussy à Henri de Régnier, 3 août 1901, *ibid.*, p. 610.

PELLÉAS ET MÉLISANDE (1902-1903)

1. Gustave Carraud, *La Liberté*, cité par Léon Vallas, in *Claude Debussy et son temps*, Albin Michel, 1958, p. 235.

2. André Messager, in « La Jeunesse de Claude Debussy », numéro spécial de *La Revue musicale*, mai 1926, la Nouvelle Revue française, p. 110.

3. Albert Carré, *Souvenirs de théâtre*, Plon, 1950, p. 279.

4. *Ibid.*, p. 279.

5. André Messager, in « La Jeunesse de Claude Debussy », *op. cit.*, p. 110.

6. *Ibid.*, p. 111.

7. *Ibid.*, p. 111-112.

8. Émile Vuillermoz, *Claude Debussy*, Flammarion, 1957, p. 57.

9. Debussy à Henri de Régnier, mars-avril 1902, *Correspondance de Claude Debussy (1872-1918)*, Gallimard, 2005, p. 643.

10. *Le Figaro*, 14 avril 1902.

11. Lettre de Mirbeau à Albert Carré, 18 avril 1902, cité par René Peter, in *Claude Debussy*, Gallimard, coll. « Leurs Figures », 1944, p. 177.

12. *Revue d'histoire et de critique musicale*, avril 1902, *Monsieur Croche et autres écrits*, Gallimard, coll. « L'Imaginaire », 1987, p. 271-273.

13. Jean Marnold, *Mercure de France*, juin 1902, p. 804 et 808.

14. Romain Rolland, *Musiciens d'aujourd'hui*, Hachette, 1908, p. 203.

15. André Messager, in « La Jeunesse de Claude Debussy », *op. cit.*, p. 112-113.

16. Léon Daudet, « Souvenirs des milieux littéraires, salons et journaux », chap. 9, *Souvenirs et Polémiques*, Robert Laffont, coll. « Bouquins », 1992, p. 995.

17. Jean Marnold, *Mercure de France*, juin 1902, p. 802.

18. Robert Godet, « La Jeunesse de Claude Debussy », *op. cit.*, p. 85.

19. André Messager, *ibid.*, p. 113.

20. Adolphe Jullien, *Journal des débats*, 11 mai 1902.

21. Albert Carré, *Souvenirs de théâtre, op. cit.*, p. 282.

22. Debussy à André Messager, 9 mai 1902, *Correspondance de Claude Debussy (1872-1918), op. cit.*, p. 656.

23. *Le Figaro*, 16 mai 1902, *Monsieur Croche et autres écrits, op. cit.*, p. 275.

24. Louis de Fourcaud, *Le Gaulois*, 1er mai 1902.

25. Cité par Léon Vallas, in *Claude Debussy et son temps*, Albin Michel, 1958, p. 230-231.

26. *Ibid.*, p. 231.

27. Paul Milliet, *Le Monde artiste*, 4 mai 1902.

28. Arthur Pougin, *Le Ménestrel*, 4 mai 1902.

29. Cité par Léon Vallas, in *Claude Debussy et son temps, op. cit.*, p. 236.

30. *Le Figaro*, 1er mai 1902.

31. André Corneau, *Le Matin*, 1er mai 1902.

32. *Ibid.*

33. Jean Marnold, *Mercure de France*, juin 1902, p. 809.

34. *Le Figaro*, 1er mai 1902.

35. *Le Figaro*, 5 mai 1902.

36. Cité par Léon Vallas, in *Claude Debussy et son temps, op. cit.*, p. 240.

37. Émile Vuillermoz, *Claude Debussy, op. cit.*, p. 103.

38. *Ibid.*, p. 105.

39. Albert Carré, *Souvenirs de théâtre, op. cit.*, p. 272.

40. Discours de Maurice Denis lors de l'inauguration d'une plaque sur la maison Debussy à Saint-Germain-en-Laye le 1er juillet 1923 paru dans le *Petit réveil* du 5 juillet.

1. Interview pour *The American*, novembre 1908, *Monsieur Croche et autres écrits*, Gallimard, coll. « L'Imaginaire », 1987, p. 285.

2. Debussy à André Messager, 9 juin 1902, *Correspondance de Claude Debussy (1872-1918)*, Gallimard, 2005, p. 668.

3. *Id.*, 2 juillet 1902, *ibid.*, p. 673.

4. *Id.*, 22 juillet 1902, *ibid.*, p. 679.

5. Debussy à Robert Godet, 13 juin 1902, *ibid.*, p. 670.

6. *Ibid.*, p. 670.

7. Debussy à André Messager, 8 septembre 1902, *ibid.*, p. 687.

8. Debussy à Louis Laloy, 4 janvier 1903, *ibid.*, p. 712.

9. *Gil Blas*, 9 mars 1903, *Monsieur Croche et autres écrits*, *op. cit.*, p. 118.

10. *Id.*, 23 mars 1903, *ibid.*, p. 131.

11. Enquête de *La Plume*, 15 mars 1903, *ibid.*, p. 121.

12. *Ibid.*, p. 121.

13. Déclaration dans le cadre d'une enquête menée par Charles Joly, *Musica*, octobre 1902, *ibid.*, p. 66.

14. *La Revue bleue*, 2 avril 1904, *ibid.*, p. 278.

15. *Gil Blas*, 2 février 1903, *ibid.*, p. 91.

16. *La Revue bleue*, 2 avril 1904, *ibid.*, p. 278.

17. *Le Figaro*, 8 mai 1908, *ibid.*, p. 204-205.

18. Louis Laloy, *La Musique retrouvée*, Desclée de Brouwer, 1974, p. 228.

19. Debussy à André Messager, 8 juin 1903, *Correspondance de Claude Debussy (1872-1918)*, *op. cit.*, p. 742.

20. *Id.*, 7 septembre 1903, *ibid.*, p. 778.

21. *Le Figaro*, 22 juin 1932.

22. Debussy à André Messager, 12 septembre 1903, *Correspondance de Claude Debussy (1872-1918)*, *op. cit.*, p. 780.

23. *Ibid.*

24. Aloÿs Mosser, « Heurs et malheurs du *Prélude...* à Saint-Pétersbourg », article paru dans *La Suisse*, 4 août 1963, repris dans *Cahier Debussy 16*, 1992, p. 67.

25. *Ibid.*

26. Jean Lorrain, *Pelléastres, le poison de la littérature*, Albert Méricant, 1910, p. 24-25.

27. Pierre Louÿs à Debussy, 23 janvier 1904, *Correspondance de Claude Debussy (1872-1918)*, *op. cit.*, p. 825.

28. Erik Satie, *Écrits*, réunis par Ornella Volta, Champ libre, 1977, p. 65-66.

TRANSITIONS MUSICALES ET BOULEVERSEMENTS SENTIMENTAUX (1904-1908)

1. Debussy à André Messager, 19 septembre 1904, *Correspondance de Claude Debussy (1872-1918)*, Gallimard, 2005, p. 866.

2. Cité par François Lesure, in *Claude Debussy*, Fayard, 2003, p. 172.

3. *Correspondance de Claude Debussy (1872-1918)*, *op. cit.*, p. 2219.

4. Debussy à Emma Bardac, 6 juin 1904, *ibid.*, p. 844-845.

5. *Id.*, 9 juin 1904, *ibid.*, p. 845.

6. Louis Laloy, *La Musique retrouvée*, Desclée de Brouwer, 1974, p. 140.

7. Claude à Lilly Debussy, 16 juillet 1904, *Correspondance de Claude Debussy (1872-1918)*, *op. cit.*, p. 852-853.

8. *Id.*, 19 juillet 1904, *ibid.*, p. 853.

9. *Id.*, 24 juillet 1904, *ibid.*, p. 854-855.

10. Debussy à Jacques Durand, Jersey, entre le 31 juillet et le 4 août 1904, *ibid.*, p. 859.

11. Claude à Lilly Debussy, 11 août 1904, *ibid.*, p. 861-862.

12. Debussy à Pierre Lalo, 25 octobre 1905, *ibid.*, p. 928.

13. Cité par François Lesure, in *Claude Debussy*, *op. cit.*, p. 266.

14. Cité dans *Impressions de voyages et autres*, Messein, 1906, p. 116.

15. Debussy à Paul Robert, 5 décembre 1904, *Correspondance de Claude Debussy (1872-1918)*, *op. cit.*, p. 877.

16. Debussy à Louis Laloy, 14 avril 1905, *ibid.*, p. 900-901.

17. Debussy à Jacques Durand, 18 août 1905, *ibid.*, p. 914.

18. Pierre Lalo, *Le Temps*, 24 octobre 1905.

19. Jean Chantavoine, *Revue hebdomadaire*, 28 octobre 1905.

20. Michel Dimitri Calvocoressi, *Le Guide musical*, 22 octobre 1905.

21. Camille Mauclair, *Courrier musical*, 15 septembre 1905.

22. Debussy à Jacques Durand, 18 avril 1906, *Correspondance de Claude Debussy (1872-1918)*, *op. cit.*, p. 951.

23. Debussy à Jacques Durand, Bruxelles, 3 janvier 1907, *ibid.*, p. 986.

24. Debussy à Louis Laloy, Bruxelles, 23 janvier 1907, *ibid.*, p. 993.

25. *La Nouvelle Presse*, 3 mars 1907, cité par François Lesure, in *Claude Debussy*, *op. cit.*, p. 288.

26. Debussy à Louis Laloy, 8 mars 1907, *Correspondance de Claude Debussy (1872-1918)*, *op. cit.*, p. 999.

27. Pierre Lalo, *Le Temps*, 24 mars 1908.

28. Entretien avec Victor Segalen, 8 octobre 1907, Annexe 1, *Correspondance de Claude Debussy (1872-1918)*, *op. cit.*, p. 2199.

29. Debussy à Louis Laloy, 25 juillet 1907, *ibid.*, p. 1019.

30. Debussy à Victor Segalen, 26 août 1907, *ibid.*, p. 1027.

31. Entretien avec Victor Segalen, 10 octobre 1907, Annexe 1, *ibid.*, p. 2202.

32. Debussy à Victor Segalen, 15 janvier 1908, *ibid.*, p. 1055.

33. L'ouvreuse (Willy), *Comoedia*, 20 janvier 1908.

34. Robert Brussel, *Le Figaro*, 20 janvier 1908.

35. Amédée Boutarel, *Le Ménestrel*, 25 janvier 1908.

36. Debussy à Paul Dukas, 22 janvier 1908, *Correspondance de Claude Debussy (1872-1918)*, *op. cit.*, p. 1057.

37. *The Etude* (Philadelphie), juin 1914, interview de Michel Dimitri Calvocoressi, *Monsieur Croche et autres écrits*, Gallimard, coll. « L'Imaginaire », 1987, p. 335.

38. Manuel de Falla, *La Revue musicale*, numéro spécial Debussy, La Nouvelle Revue française, 1er décembre 1920, p. 207.

39. Claude Debussy, dédicace à sa fille de la partition des *Children's Corner*, 1908.

40. Souvenirs de Giulio Gatti-Casazza, cité in *Correspondance de Claude Debussy (1872-1918)*, *op. cit.*, p. 1101.

DES COMMANDES CONTRE LE NÉANT
(1909-1912)

1. Debussy à Arthur Hartmann, 15 septembre 1910, *Correspondance de Claude Debussy (1872-1918)*, Gallimard, 2005, p. 1313.

2. R. de C., *Daily Mail*, 28 mai 1909, *Monsieur Croche et autres écrits*, Gallimard, coll. « L'Imaginaire », 1987, p. 291.

3. Debussy à Jacques Durand, 5 février 1909, *Correspondance de Claude Debussy (1872-1918), op. cit.*, p. 1149.

4. Debussy à André Caplet, 24 juillet 1909, *ibid.*, p. 1197-1198.

5. Raphaël Cor, *La Revue du temps présent*, octobre 1909, repris in *Essais sur la sensibilité contemporaine*, Falque, 1910, p. 157 et 159-160.

6. Paul de Stoecklin, *Le Courrier musical*, 1er avril 1910.

7. Debussy à Gabriel Mourey, 5 avril 1910, *Correspondance de Claude Debussy (1872-1918), op. cit.*, p. 1273.

8. Debussy à Jacques Durand, 8 juillet 1910, *ibid.*, p. 1299.

9. Debussy à Louis Laloy, 24 août 1910, *ibid.*, p. 1302.

10. Debussy à Jacques Durand, 15 juillet 1910, *ibid.*, p. 1302.

11. *Id.*, 12 septembre 1912, *ibid.*, p. 1545.

12. Claude à Emma Debussy, Vienne, 30 novembre 1910, *ibid.*, p. 1338.

13. *Id.*, Budapest, 3 décembre 1910, *ibid.*, p. 1344.

14. Debussy à Jacques Durand, 12 février 1911, *ibid.*, p. 1388.

15. Émile Vuillermoz, *Claude Debussy*, Flammarion, 1957, p. 144.

16. *Excelsior*, 11 février 1911, *Monsieur Croche et autres écrits, op. cit.*, p. 324.

17. Jacques Durand, *Quelques souvenirs d'un éditeur de musique*, Durand et Cie, 1924, p. 124.

18. Émile Vuillermoz, *Claude Debussy, op. cit.*, p. 147-149.

19. *Ibid.*, p. 147-149.

20. *Ibid.*, p. 150.

21. Debussy et Gabriele D'Annunzio aux journaux, *Correspondance de Claude Debussy (1872-1918), op. cit.*, p. 1418.

22. *Comoedia*, 18 mai 1911, *Monsieur Croche et autres écrits, op. cit.*, p. 326-327.

23. Debussy à Jacques Durand, 25 juin 1911, *Correspondance de Claude Debussy (1872-1918), op. cit.*, p. 1432-1433.

24. *Id.*, 26 août 1911, *ibid.*, p. 1449.

25. *Id.*, 19 juillet 1911, *ibid.*, p. 1437.

26. Debussy à André Caplet, 22 décembre 1911, *ibid.*, p. 1472.

27. Debussy à Jacques Durand, 9 août 1911, *ibid.*, p. 1536.

1. Debussy à Robert Godet, 31 octobre 1913, *Correspondance de Claude Debussy (1872-1918)*, Gallimard, 2005, p. 1679.

2. *Id.*, 18 janvier 1913, *ibid.*, p. 1579.

3. Alfred Cortot, *La Musique française de piano*, Puf, coll. « Quadrige », 1981, p. 41.

4. Émile Vuillermoz, *Claude Debussy*, Flammarion, 1957, p. 80.

5. Debussy à Robert Godet, 9 juin 1913, *Correspondance de Claude Debussy (1872-1918)*, *op. cit.*, p. 1619.

6. Debussy à André Caplet, 23 juin 1913, *ibid.*, p. 1630-1631.

7. Debussy à Jacques Durand, 30 août 1913, *ibid.*, p. 1659.

8. *Id.*, 25 juillet 1913, *ibid.*, p. 1646.

9. Claude à Emma Debussy, 7 décembre 1913, *ibid.*, p. 1715-1716.

10. *Id.*, 4 décembre 1913, *ibid.*, p. 1711.

11. Lazare Saminski, « Debussy à Pétrograd », *La Revue musicale*, numéro spécial Debussy, n° 2, La Nouvelle Revue française, 1er décembre 1920, p. 216.

12. Debussy à Jacques Durand, 4 janvier 1914, *Correspondance de Claude Debussy (1872-1918)*, *op. cit.*, p. 1738.

13. Interview de Debussy par Alberto Gasco pour la *Tribuna*, à Rome, cité in *ibid.*, p. 1767.

14. *Ibid.*

15. Claude à Emma Debussy, 21 février 1914, *ibid.*, p. 1767.

16. Interview de Debussy par Alberto Gasco pour la *Tribuna*, à Rome, *ibid.*, p. 1767.

17. Gustave Doret, *Lettres à ma nièce sur la musique suisse, 1917-1918*, Genève, Henn, p. 89.

18. Debussy à Robert Godet, 14 juillet 1914, *Correspondance de Claude Debussy (1872-1918)*, *op. cit.*, p. 1836.

19. *Ibid.*, p. 1836.

20. Debussy à Jacques Durand, 8 août 1914, *ibid.*, p. 1842-1843.

21. *Id.*, 21 septembre 1914, *ibid.*, p. 1847.

22. Debussy à Nicolas G. Coronio, fin septembre 1914, *ibid.*, p. 1849.

23. Debussy à Jacques Durand, 9 octobre 1914, *ibid.*, p. 1852.

24. *L'Intransigeant*, 10 mars 1915, *Monsieur Croche et autres écrits*, Gallimard, coll. « L'Imaginaire », 1987, p. 266.

25. *Ibid.*

26. Debussy à Robert Godet, 1er janvier 1915, *Correspondance de Claude Debussy (1872-1918)*, op.cit., p. 1863.

27. Debussy à Bernardino Molinari, 9 janvier 1915, *ibid.*, p. 1866.

28. Marguerite Long, *Au piano avec Claude Debussy*, Gérard Billaudot éditeur, 1960, p. 25-26.

29. Debussy à Jacques Durand, 28 août 1915, *ibid.*, p. 1924.

30. Debussy à Robert Godet, 14 octobre 1915, *ibid.*, p. 1947.

31. Emma Debussy à Arthur Hartmann, cité in *ibid.*, p. 1960.

32. Claude à Emma Debussy, 8 janvier 1916, *ibid.*, p. 1966.

33. Debussy à Robert Godet, 4 février 1916, *ibid.*, p. 1972.

34. *Id.*, 3 mars 1916, *ibid.*, p. 1979.

35. Victor Segalen à sa femme, 4 mai 1916, cité in *ibid.*, note 4, p. 1999.

36. Debussy à Victor Segalen, 5 juin 1916, *ibid.*, p. 1999.

37. Debussy à Jacques Durand, 8 juin 1916, *ibid.*, p. 2000.

38. Emma Debussy à Louis Pasteur Vallery-Radot, 18 août 1916, *ibid.*, p. 2019.

39. Darius Milhaud, *Notes sans musique*, Julliard, 1949, chap. 10, p. 77.

40. André Suarès, *La Revue musicale*, n° 2, op. cit., p. 123-124. Repris dans *Debussy*, Émile-Paul, 1936, chap. 16, p. 171-173.

41. Debussy à Robert Godet, 7 mai 1917, *Correspondance de Claude Debussy (1872-1918)*, op. cit., p. 2106.

42. *Ibid.*

43. Marguerite Long, *Au piano avec Claude Debussy*, op. cit., p. 59-60.

44. Debussy à Jacques Durand, 22 juillet 1917, *Correspondance de Claude Debussy (1872-1918)*, op. cit., p. 2131.

45. Debussy à André Caplet, 29 août 1917, *ibid.*, p. 2142.

46. D. E. Inghelbrecht, *Mouvement contraire*, Domat, 1947, p. 145.

47. Claude à Emma Debussy, 31 décembre 1917, *Correspondance de Claude Debussy (1872-1918)*, op. cit., p. 2167.

48. *Id.*, 1er janvier 1918, *ibid.*, p. 2168.

49. Emma Debussy à Louis Pasteur Vallery-Radot, 9 janvier 1918, *ibid.*, p. 2172.

50. Emma Debussy à Marie Toulet, mi-janvier 1918, *ibid.*, p. 2173.

51. Emma Debussy à André Caplet, 20 mars 1918, *ibid.*, p. 2187.

52. Jacques Durand, *Quelques souvenirs d'un éditeur*, Durand et Cie, 1924, p. 90-91.

53. Claude-Emma (Chouchou) Debussy à Raoul Bardac, 8 avril 1918, *Correspondance de Claude Debussy (1872-1918)*, *op. cit.*, p. 2195-2196.

54. Jacques Durand, *Quelques souvenirs d'un éditeur de musique*, *op. cit.*, p. 126.

55. Louis Laloy, *La Musique retrouvée*, Desclée de Brouwer, 1974, p. 229.

56. *Mercure de France*, échos du 16 avril 1918.

57. Henri Quittard, *Le Figaro*, 27 mars 1918.

58. Louis Schneider, *Le Gaulois*, 27 mars 1918.

59. *Revue bleue*, 6 septembre 1902, 4ᵉ série, t. XVIII, p. 301.

60. Émile Vuillermoz, *Claude Debussy*, Flammarion, 1957, p. 39.

61. André Suarès, Debussy, in *La Revue musicale*, numéro spécial consacré à Debussy, n° 2, *op. cit.*, p. 106-107. Repris dans *Debussy*, *op. cit.*, chap. 5, p. 47.

62. Vassily Kandinsky, *Du spirituel dans l'art*, Denoël, 1954, p. 30-31.

63. Debussy à Émile Vuillermoz, 25 janvier 1916, *Correspondance de Claude Debussy (1872-1918)*, *op. cit.*, p. 1970.

64. Interview au *Daily Mail*, 28 mai 1909, *Monsieur Croche et autres écrits*, *op. cit.*, p. 293.

65. Interview de Debussy par Henry Malherbe, *Excelsior*, 11 février 1911, *ibid.*, p. 325.

ANNEXES

FOLIO BIOGRAPHIES

Alain-Fournier, par ARIANE CHARTON

Alexandre le Grand, par JOËL SCHMIDT

Lou Andreas-Salomé, par DORIAN ASTOR

Attila, par ÉRIC DESCHODT. Prix « Coup de cœur en poche 2006 » décerné par *Le Point*.

Joséphine Baker, par JACQUES PESSIS

Bach, par MARC LEBOUCHER

Balzac, par FRANÇOIS TAILLANDIER

Baudelaire, par JEAN-BAPTISTE BARONIAN

Beethoven, par BERNARD FAUCONNIER

Sarah Bernhardt, par SOPHIE AUDE PICON

Bouddha, par SOPHIE ROYER

James Brown, par STÉPHANE KOECHLIN

Maria Callas, par RENÉ DE CECCATTY

Calvin, par JEAN-LUC MOUTON

Camus, par VIRGIL TANASE

Le Caravage, par GÉRARD-JULIEN SALVY

Casanova, par MAXIME ROVERE

Céline, par YVES BUIN

Jules César, par JOËL SCHMIDT

Cézanne, par BERNARD FAUCONNIER. Prix de la biographie de la ville d'Hossegor 2007.

Chaplin, par MICHEL FAUCHEUX

Chopin, par PASCALE FAUTRIER

Churchill, par MARIE-SOPHIE DOUDET

Cléopâtre, par JOËL SCHMIDT

Albert Cohen, par FRANCK MÉDIONI

Colette, par MADELEINE LAZARD

Christophe Colomb, par MARIE-FRANCE SCHMIDT

Marie Curie, par JANINE TROTEREAU

Alexandra David-Néel, par JENNIFER LESIEUR

COLLECTION FOLIO

Dernières parutions

Composition Nord Compo
Impression Maury-Imprimeur
45330 Malesherbes
le 4 avril 2014.
Dépôt légal : avril 2012.
1ᵉʳ dépôt légal dans la collection : janvier 2012
Numéro d'imprimeur : 189313.

ISBN 978-2-07-043982-9. / Imprimé en France.